L'HÉRITAGE DE VICHY

Ces 100 mesures
toujours en vigueur

Du même auteur

Ville lumière, Années noires : les lieux du Paris de la Collaboration
Denoël, 2008

Paris dans la Collaboration
Seuil, 2009

Sous l'œil de l'occupant. La France vue par l'Allemagne 1940-1944
Armand Colin, 2010

Cécile Desprairies

L'HÉRITAGE DE VICHY

Ces 100 mesures toujours en vigueur

Préface d' Emmanuel Le Roy Ladurie

ARMAND COLIN

Conception de maquette et mise en page :
Atelier Didier Thimonier/Hélène Crochemore

Couverture : Peinture murale à la gloire
du maréchal Pétain, France, 1940 © Keystone-France

ISBN : 978-2-200-27512-9
www.armand-colin.fr

«Notre héritage n’est précédé d’aucun testament.»

René Char, *Feuillets d’Hypnos*, 1946.

Moi et Vichy

Préface d'Emmanuel Le Roy Ladurie

Le point de vue de Mme Desprairies sur les quatre années d'Occupation et sur Vichy concerne l'héritage législatif que nous devons à ce régime. Ma vision personnelle (j'étais alors âgé de treize ans) fut, au point de départ, beaucoup plus limitée – la chose va de soi !

On me permettra de la résumer en quelques phrases : au printemps 1942, mon père devint ministre de l'Agriculture et du Ravitaillement dans la célèbre ville d'eaux. Cet épisode me valut pendant quelque temps de la part de mes camarades du collège Saint-Joseph de Caen, l'appellation ironique et secrètement admirative de « Fils de ministre ». Après la fin de ce ministère, quelques mois plus tard, à l'automne 1942, je fus qualifié d'un terme analogue mais plus long : « Fils de ministre détrôné ». Puis, en 1943, on eut d'autres soucis ; je redevins « moi », tout simplement, sans autre appellation. La carrière paternelle devait avoir d'autres conséquences à mon égard. En 1943-1944, mon père entrait dans la Résistance puis se cachait, recherché par les Allemands ; enfin il terminait l'Occupation, au moment du Débarquement, comme combattant actif du maquis en forêt d'Orléans.

Nécessairement, je pris une attitude plus critique vis-à-vis du régime pétainiste, du fait de ces nouveaux développements. Même en ce cas, néanmoins, les choses me parvenaient toujours à travers un brouillard. Je m'intéressais davantage à la littérature, à l'agriculture et à la religion plutôt qu'à la politique.

Le point de vue de l'auteur (dans le jargon actuel, on dit l'« auteure ») du présent ouvrage est évidemment beaucoup plus vaste. Elle fait profession d'objectivité, ce qui n'est pas si fréquent ni si évident dès lors qu'on aborde le vaste domaine de la *vichystologie*. L'historienne s'intéresse en tout premier lieu à la vie quotidienne. Sait-on, par exemple, que la carte nationale d'identité qui semble aujourd'hui faire partie de la chair et du sang d'un chacun procède notamment, après divers débuts, d'une décision datée du 28 mars 1942 lors des dernières semaines du gouvernement de l'amiral Darlan ?

La plupart de nos compatriotes ignorent aussi qu'en septembre 1941 fut promulguée par le Maréchal, la loi dite aujourd'hui de « l'accouchement sous X ». Ce terme à la fois bizarre et mystérieux désigne une loi qui tendait à sauver la vie de centaines de milliers d'enfants nés d'unions franco-allemandes. Sans aller si loin, j'ai le souvenir d'une jeune femme de naissance très distinguée qui, dans des circonstances – malheureuses, quand même – eut besoin d'une petite dizaine d'années pour épouser enfin le beau lieutenant allemand (*sic*) qu'elle avait rencontré vers 1942 dans le château paternel alors occupé par la Wehrmacht.

Les artisans et les agriculteurs dont on imagine volontiers qu'ils furent « bichonnés » par Vichy auront la mauvaise surprise d'apprendre qu'ils furent les derniers à bénéficier de l'extension des allocations familiales octroyées précédemment par les autorités vichyssoises à bien d'autres catégories sociales, avant même que la paysannerie pût enfin prétendre à de telles faveurs.

J'apprécie à sa juste mesure le pèlerinage de Lourdes, mais j'ai appris avec quelque appréhension que sa notoriété accrue et sa considérable croissance datent du printemps 1941, un printemps de Vichy s'il en fut jamais. Quant au pèlerinage à la Grande Chartreuse, doit-on vraiment persévérer en cette pieuse démarche ? Oui, bien sûr. Et pourtant, je découvre avec Mme Desprairies que la loi du 4 mars 1941 porte pour la première fois reconnaissance légale de la réouverture de cet ordre « grand-chartreux » des moines contemplatifs, chargés de gérer ce lieu de sacralité.

La journée des Mères dans sa forme définitive, le Noël des entreprises, l'institution si traumatique de l'heure d'été, tout cela remonte également aux « années maudites » du maréchalisme.

De nos jours, le brouillard qui environnait il y a si longtemps mon âme adolescente à propos de Vichy s'est enfin dissipé. Je lis avec passion quantité d'ouvrages qui concernent les quatre années noires. On n'a que l'embarras du choix des adjectifs pour caractériser le quadriennat en question. En réalité, noirceur et malédiction ne sont pas les seuls concepts disponibles dès lors que l'on veut définir la difficile période qui va de la mi-juin 1940 à la fin août 1944.

Trop de gens ignorent en effet que les dernières lois vichyssoises concernant les métiers paramédicaux sont inscrites au *Journal officiel* le 28 août 1944 et sont toujours en vigueur. On n'en finirait pas, dès lors qu'il s'agit de débrouiller l'écheveau entremêlé du vaste et difficile héritage des années pré-Darlan, Darlan, puis Laval. Ce legs immense, Cécile Desprairies l'affronte ci-après, en gros et en détail, dans un livre d'une grande richesse.

On est frappé en lisant les travaux déjà nombreux de cette historienne, par le sens aigu de la complexité dont elle fait preuve. Cette même complexité dont Edgar Morin, dans une série d'ouvrages, a fait la vertu cardinale de tout spécialiste de quelque domaine que ce soit dans le champ des sciences humaines et sociales.

Pour des raisons familiales et autres que chacun peut comprendre, j'ai toujours été fasciné par la période ainsi mise en cause. Je me suis soigneusement abstenu, sauf rare exception, d'écrire ou de publier à ce propos, mais c'est avec d'autant plus de gratitude et d'émotion que je considère la démarche de Cécile Desprairies. Elle a pris un risque, elle a osé un pari et elle l'a gagné.

Introduction

À partir du 10 juillet 1940, la IIIe République n'existe plus. La France vit sous un autre régime, celui de Vichy, autoritaire et antirépublicain. Prenant acte de la défaite, Pétain s'efforce de construire un ordre nouveau, imprégné d'une idéologie traditionaliste et réactionnaire, et tempéré par un courant technocratique. Les Français assistent pendant quatre ans à un foisonnement législatif, d'autant plus important que le Maréchal concentre tous les pouvoirs, les chambres ayant été congédiées *sine die*. Le chef de l'État légifère à son gré et peut promouvoir la Révolution nationale qu'il appelle de ses vœux. Parmi ces mesures, certaines visent le cadre républicain – interdiction des partis et syndicats, nomination des maires, soumission de la presse à la censure –, d'autres à épurer et exclure les éléments de « l'anti-France », l'antisémitisme de Vichy en étant la preuve la plus sordide, d'autres enfin obéissent à une volonté de construction d'un ordre nouveau.

À la Libération, et après ces années sombres marquées par la Collaboration avec l'occupant, l'antisémitisme et la répression, la légalité républicaine est rétablie. Quel est le sort des 16786 lois et décrets promulgués entre 1940 et 1944 ? Ces mesures sont déclarées pour la plupart nulles et les textes attentatoires aux libertés publiques et discriminatoires à l'égard des citoyens envoyés aux poubelles de l'Histoire. Mais certaines d'entre elles – soixante-huit exactement – perdurent telles quelles ou légèrement modifiées, sans compter certaines habitudes et pratiques nées de l'Occupation. Car en effet, l'« héritage de Vichy » n'est pas ici entendu au sens strict de « régime », mais au sens plus large de « période », incluant l'influence allemande dont nous avons pu, chaque fois que nous l'avons constatée, souligner la prégnance.

Dans un premier temps, il nous a paru important de revenir aux textes mêmes. Car, si l'intérêt des historiens s'est porté en priorité sur les textes criminels – les actes constitutionnels, le statut des Juifs, le STO –, les autres, considérés comme insignifiants ou circonstanciels, ont été peu étudiés. Or, lorsque ces lois ont été maintenues, elles constituent précisément la matière qui nous intéresse.

Pour rassembler notre corpus, nous avons dû croiser différentes sources. La plupart des lois promulguées sous Vichy figurent au *Journal officiel de l'État français* – « l'Officiel » comme on l'appelle au gouvernement de Vichy – mais certaines en sont exemptes. Parmi ces dernières, les lois dont le caractère civil cache mal les finalités militaires, telle la loi du 4 février 1942 relative au statut des ingénieurs des services et fabrications chimiques leur permettant d'être impliqués notamment dans la mise au point de poudres pour l'armée.

Nous avons également consulté le *Journal officiel du Haut Commandement militaire allemand en France* (*Verordnungsblatt des Militärbefehlshabers in Frankreich*), plus connu sous le nom de *Vobif*, dont certaines ordonnances – notamment celle portant sur le Code de la route et ses panneaux (50 pages) –, ont profondément modifié le paysage français. Nous avons enfin lu plusieurs Mémoires des contemporains de Vichy et dépouillé nombre de revues, brochures et journaux de l'époque. Car, on le verra, ces lois sont souvent préparées et accompagnées d'un important appareil de propagande.

La plupart d'entre elles, en effet, sont commentées dans la presse et sont souvent soutenues par un intense dispositif de communication – brochures, livrets, affiches – en un temps où l'on manque pourtant cruellement de papier. Les moyens de diffusion mis en œuvre sont extraordinaires, notamment en matière de reprographie et d'utilisation de la couleur. *A contrario*, nous n'avons trouvé aucun support de propagande concernant certaines mesures impopulaires sur lesquelles le gouvernement ne « communique » pas, telle la fin du droit de bouilleur de cru.

Tous les champs du droit sont touchés. D'abord, la distinction entre droit public et droit privé est de plus en plus ténue, le premier envahissant le second[1]. Ensuite, Vichy représente un moment privilégié du développement de l'État social[2] : allocation de salaire unique, retraite aux vieux travailleurs salariés, supplément familial de traitement pour les fonctionnaires... datent de cette période. Pourquoi un tel gouvernement a-t-il intérêt à promulguer des lois sociales ? Le régime se met ainsi en opposition au communisme, dont l'intérêt pour les questions sociales est traditionnellement l'une des prérogatives. Lâcher du lest, éviter que le peuple ne bouge, faire la part du feu, tel est sans doute l'objectif poursuivi. Mais les fondements reposent aussi sur l'idéologie réactionnaire et paternaliste de Vichy, teintée de cléricalisme. Enfin, le droit patrimonial, objet d'une législation importante, fait aussi partie des domaines juridiques particulièrement modifiés. Lois portant sur l'exportation des œuvres d'art, sur la protection des monuments historiques[3], sur les fouilles archéologiques relèvent également de cette période. Venant d'un régime nationaliste, il est naturel de conforter ce qui est français, de rechercher et d'exalter les fondements de la « terre de France » et l'ordre nouveau.

Parmi ces mesures, il nous a semblé important de montrer chaque fois quelles sont celles dont l'inspiration remonte au Front populaire et qui n'ont pas été votées à l'époque, du fait de l'opposition du Sénat. Beaucoup de lois sociales s'inscrivent en effet dans la continuité de la IIIe République, en dépit de la rupture affichée par Vichy. Sur un certain nombre de points, le gouvernement parachève sans les nommer les initiatives du Front populaire[4] que la IVe République entérinera.

Il nous a paru également important de présenter les lois portant l'empreinte germanique, dont elles constituent parfois la traduction littérale. Dans certains domaines économiques, les mesures prises sont calquées sur les lois allemandes – notamment celles relatives au droit bancaire ou au droit des sociétés, telle la responsabilité accrue du chef d'entreprise proche du *Führerprinzip*.

Cependant, leur présentation peut revêtir une forme plus complexe. Par exemple, une loi répressive peut-être couplée avec une autre, de façon à en neutraliser la perception négative : celle sur la non-assistance à personne en danger, notamment, est doublée d'une loi incitant à la délation. Secourir autrui, l'un des traditionnels préceptes de la charité chrétienne, devient une obligation légale, au même titre que dénoncer son voisin. Même s'il s'agit d'une loi de circonstance – après les premiers attentats de l'été 1941 contre l'occupant, il fallait à la fois secourir des soldats allemands blessés et dénoncer les « terroristes », autrement dit les résistants[5] –, ce principe, être puni pour un fait que l'on n'a pas commis, est tout à fait nouveau. Il est tiré d'une loi nazie et contraire au droit romain.

Dans certains cas, l'influence allemande est plus diffuse. Le secrétaire d'État à l'Éducation, Jérôme Carcopino, au détour de ses mémoires, donne en exemple l'école allemande à deux modèles que l'on croit typiquement français : l'organisation des musées nationaux et le statut de l'archéologie en France. Les ministres du gouvernement de Vichy parlent au demeurant parfaitement l'allemand, à l'instar de Carcopino ou de Joseph-Barthélemy, garde des Sceaux, qui corrigent leur interprète ou citent des auteurs outre-Rhin.

L'influence germanique est également perceptible dans les *habitus* pris sous Vichy. La chimie allemande est présente dans l'alimentation et ses succédanés, par l'emploi de produits jugés aujourd'hui dangereux, tel l'hexane utilisé pour l'extraction de l'huile de pépins de raisins. Des coutumes allemandes s'intègrent aux habitudes françaises, notamment l'utilisation du fromage fondu ou de la pâte à tartiner fromagère, jusqu'alors inconnue.

Parmi cette centaine de mesures adoptées sous Vichy et toujours présentes dans nos vies, de la plus anecdotique à la plus essentielle, nous avons distingué huit grands domaines : vie quotidienne, alimentation, culture, éducation, santé, sport, métiers, équipements et transports. Cette période effervescente étant propice à une réinvention du quotidien, nous avons donc dû opérer des choix.

Pour finir, si nous devions retenir un terme pour qualifier cette période, nous lui donnerions celui de complexité. Vichy a été un régime autoritaire et répressif mais au sein de son œuvre législative, nous devons reconnaître la part d'héritage qu'on lui doit. Certaines lois et pratiques traitées ici ont été constructives, même si pour beaucoup d'entre elles leur application a dû attendre la IVe République pour être efficace. C'est le cas d'une grande partie des mesures sociales mais aussi de celles prises dans des domaines moins connus : protection du consommateur grâce aux normes Afnor, encadrement de l'urbanisme préservant d'une construction anarchique, principe de précaution sanitaire avec la mise en place des protocoles de mise sur le marché des médicaments… Et de constater, avec l'historien Marc Olivier Baruch, que « tout n'était pas à rejeter dans la production administrative de ces quatre années, qui seraient pourtant quelque temps plus tard décrites comme "à rayer de notre histoire[6]" ».

Cécile Desprairies

À chacun son magazine illustré. La lecture d'une presse sous contrôle fait partie des loisirs en famille. (Publicité commandée par le gouvernement de Vichy, novembre 1942)

I

Vie quotidienne

La vie quotidienne sous l'Occupation est nécessairement affectée par le contexte mais elle est aussi touchée par les mesures du gouvernement de Vichy et l'influence de l'occupant. Certaines sont relatives à la personne, d'autres à la famille, ou encore aux célébrations.

La carte nationale d'identité

La carte d'identité des Français fait l'objet, dès l'automne 1940, d'un long processus législatif. Création du gouvernement, le caractère obligatoire de ce document devient rapidement un instrument d'exclusion. Être français ou non ? Telle est la question.

Un peu d'histoire

La carte d'identité existe avant 1940 mais elle n'a aucun caractère obligatoire et se trouve cantonnée au département de la Seine. Du ressort de la préfecture de police, son existence a pour but de séparer les criminels et les nomades du reste de la population.

La loi du gouvernement de Vichy du 20 novembre 1940 s'appuiera sur celle de 1921 pour donner à la carte d'identité une nouvelle légitimité. Ses premières lignes en fournissent le rappel : « Dans le département de la Seine seulement où le préfet de police a, en 1921, fixé les conditions d'obtention de ces titres, existe un modèle unique de carte... » Mais le contenu et l'orientation en seront radicalisés. Pour reprendre la formule de l'historien Pierre Piazza, on passe « d'une logique de la surveillance à une logique du contrôle[1] ».

Vichy et la carte d'identité

La loi de l'automne 1940 instituant la « carte d'identité de Français » la présente comme une formalité : « Nombreuses sont les personnes, notamment les femmes, qui, au moment de justifier de leur identité, sont prises au dépourvu[2]. » Elle possède cependant un « caractère obligatoire ». Sous le nom de « carte d'identité de Français », on entend :

– un titre pour tous les Français de l'un et l'autre sexe, âgés de plus de seize ans ;
– une carte valable pendant dix ans.

On peut observer que l'identité « de Français » n'est pas d'emblée une chose qui se déclare, mais doit se justifier.

Paradoxalement, cette carte fournit les conditions d'une certaine autonomie des femmes, dont l'identité devient dès lors indépendante de celle de leur mari. Ce document n'est pas lié à la majorité civile, fixée à vingt et un ans en 1940.

Vichy incarne « le désir d'identification absolue[3] ». Le gouvernement met en place une politique de contrôle de la population à l'aide d'outils « scientifiques », dispositif relayé par les préfectures auprès desquelles les services statistiques travaillent avec ceux de la police. C'est toute une nation qui est concernée.

Identité et nationalité

Désormais, identité ne va pas sans nationalité. Et perdre sa nationalité, c'est perdre son identité. Être apatride, c'est risquer la mort. La loi du printemps 1942[4], qui modifie celle de 1940, resserre l'étau du contrôle de la population.

Peu avant le retour de Pierre Laval en tant que

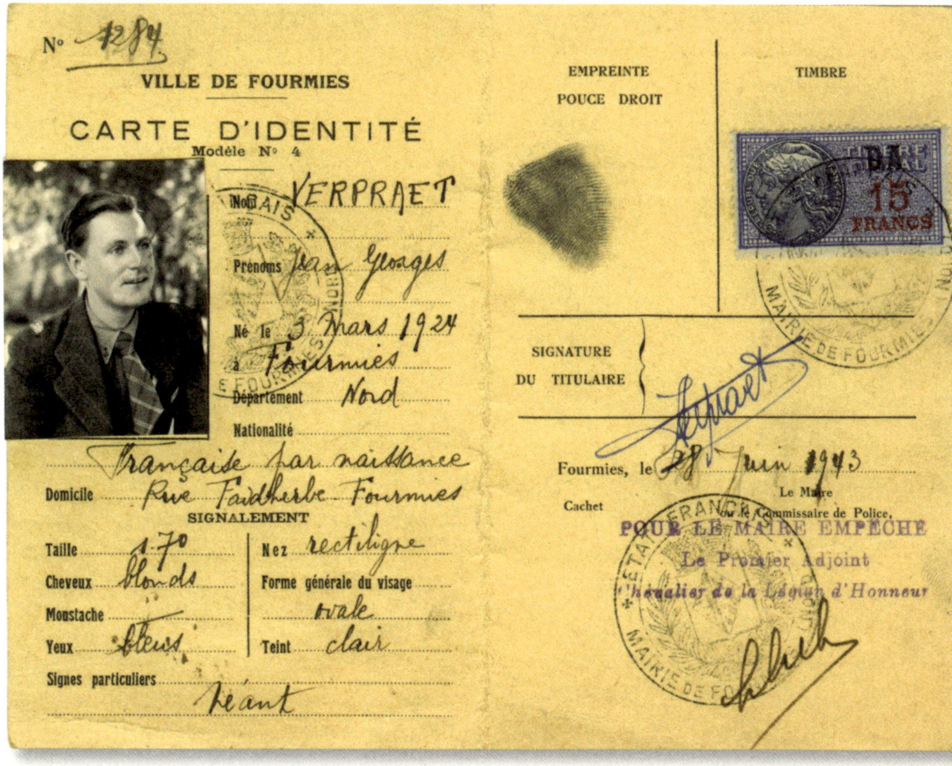

N° 1284

VILLE DE FOURMIES

CARTE D'IDENTITÉ

Modèle N° 4

Nom VERPRAET

Prénoms Jean Georges

Né le 3 Mars 1924

à Fourmies

Département Nord

Nationalité Française par naissance

Domicile Rue Faidherbe Fourmies

SIGNALEMENT

Taille 1.70 — Nez rectiligne

Cheveux blonds — Forme générale du visage ovale

Moustache — — Teint clair

Yeux bleus

Signes particuliers néant

EMPREINTE POUCE DROIT

TIMBRE

15 FRANCS

SIGNATURE DU TITULAIRE

Fourmies, le 28 Juin 1943

Cachet

Le Maire ou le Commissaire de Police,

POUR LE MAIRE EMPÊCHÉ

Le Premier Adjoint

Chevalier de la Légion d'Honneur

Une carte nationale d'identité sous l'Occupation. On note la nationalité « Française par naissance ».

chef du gouvernement en avril 1942, un nouveau décret[5] stipule que, pour l'établissement du document, quatre photos de profil et empreintes digitales du « pétitionnaire » sont nécessaires. La carte d'identité est établie par la préfecture dont dépend le domicile. Si celui qui en fait la demande ne peut plus prétendre à la nationalité française – et les raisons peuvent en être nombreuses –, il doit restituer cette carte « à l'autorité administrative compétente » sans que celle-ci soit pour autant précisée.

Le judiciaire est ainsi entré dans la vie quotidienne : les photos du type Photomaton et les empreintes digitales relevaient en effet jusqu'ici du service anthropométrique.

Les enjeux d'une telle mise en place

À ce stade, il est permis d'avancer qu'il ne s'agit pas tant d'identifier des individus que d'en distinguer certains groupes ou catégories pour les exclure. L'enjeu est devenu politique ; la carte d'identité transformée en sésame.

À l'automne 1943, le *Journal officiel* porte création d'un service de police technique[6]. Celui-ci comprend d'abord l'organisme central, le service central photographique et d'identité de la police nationale, puis le laboratoire de police scientifique, sous l'autorité du préfet de police. À ce laboratoire sont adjoints des organismes locaux : les services d'identité judiciaire des sections de police de sûreté dans les grandes villes (Lille, Marseille, Lyon, Toulouse). Enfin, des organismes régionaux complètent le tout.

L'identité n'est donc plus seulement « nationale » ou judiciaire, puisque tout contrevenant aux lois de Vichy est désormais un délinquant en puissance. L'identité d'acquisition est remise en cause. Ce qui compte, c'est d'être né français. Le fichage spontané d'une population adulte s'est transformé en traque.

Identité et judéité

La loi de décembre 1942[7] est relative à l'apposition de la mention « Juif ». Elle concerne les titres d'identité délivrés « aux Israélites français et étrangers », qui disposent d'un délai d'un mois pour « se déclarer ». À défaut, ils risquent un an de prison et/ou une amende allant de cent à mille francs, « sans préjudice du droit pour l'autorité de prononcer l'internement du délinquant ».

À l'identité nationale s'est donc juxtaposée celle d'une identité juive ou non, sous la forme d'un tampon. Le quotidien des Français s'en trouve profondément changé. D'un côté, ils risquent des rafles et la déportation s'ils ne sont pas en possession du précieux document ; de l'autre, ils encourent un possible « internement », euphémisme pour déportation, s'ils déclarent qui ils sont.

Identité et statistiques

Le service des Statistiques va encore venir renforcer cette procédure d'exclusion. À partir de 1943, un Numéro d'inscription au répertoire national d'identification des personnes physiques (NIR) est intégré à la carte d'identité. Il est essentiellement chargé « de renseigner les administrations publiques, les diverses organisations économiques et les particuliers sur toutes les questions de fait concernant l'économie nationale ». Certaines déportations de Juifs, notamment ceux internés aux camps de Beaune-la-Rolande et de Pithiviers, indiquaient pour motif « en surnombre dans l'économie nationale[8] ». Dont acte.

La loi se durcira de plus en plus. Un décret de l'automne 1943[9] stipule encore que toute personne est tenue de se conformer à une vérification d'identité.

Et aujourd'hui ?

La loi est amendée après-guerre. La carte d'identité perd son caractère obligatoire[10] et renoue ainsi avec la loi de 1921. Cependant, en pleine guerre d'Algérie, elle est parfois considérée comme un moyen de contrôle des Français d'Algérie.

Conformément aux valeurs républicaines, les questions de « race » et de religion sont naturellement proscrites et constituent un délit. Aujourd'hui, toute personne de nationalité française, dès son plus jeune âge, peut être en possession de ce document. Il suffit de deux photos et l'acte est gratuit.

Toutefois, les conditions de renouvellement de la carte d'identité, notamment l'obligation de justifier de sa nationalité française, et l'obligation de porter sur soi un document d'identité, ont soulevé quelques débats. La carte d'identité reste un sujet sensible.

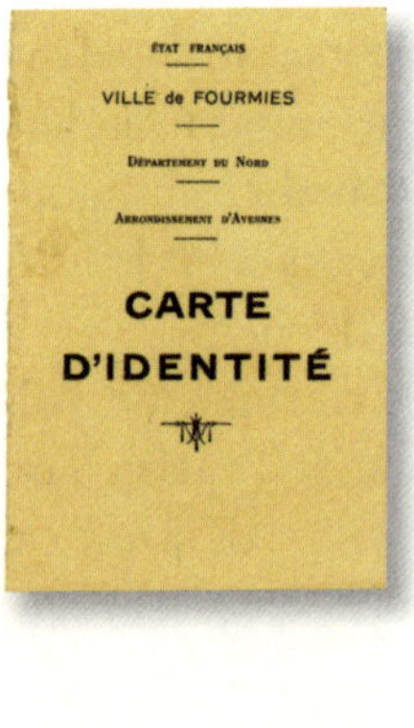

Changer de nom sous Vichy

Les lois antisémites promulguées par le gouvernement de Vichy dès le 4 octobre 1940 sont renforcées par neuf ordonnances allemandes « relatives aux mesures contre les Juifs » prises entre septembre 1940 et juillet 1942. Il devient vital pour de nombreux citoyens de ne plus porter un « nom juif ». Beaucoup en font la demande et se voient refuser cet agrément, jusqu'à l'arrêt complet de la procédure par décret, en 1943. Qu'est-ce qu'« être Français » ? Que signifie avoir un « nom juif » ? Reflet de l'air du temps.

Un peu d'histoire

Jusqu'en 1940, les demandes de changement de nom, qui doivent toujours avoir un « motif légitime », concernent essentiellement des patronymes peu heureux, en vertu de la loi permettant d'adresser une requête pour tout « nom difficile à porter en raison de sa consonance ridicule ou péjorative ». La demande doit être adressée au garde des Sceaux en stipulant « les raisons de l'abandon du nom d'origine et les raisons du choix du nom demandé », puis être publiée dans le *Journal officiel*, aux frais du requérant. Elle a donc un coût.

Pour certains, le nom de famille a une existence d'un peu plus d'un siècle. Par décret de 1808, la communauté juive, notamment dans l'est de la France, doit abandonner ses anciens usages et adopter un nom que les officiers d'état-civil transmettent dans un registre spécialement ouvert pour l'occasion.Les Juifs[11], jusque-là, portaient en effet des noms peu « différenciants ». Soit parce qu'ils s'appelaient Nathan fils de Salomon (son fils s'appelait alors Salomon fils de Nathan), soit parce que dans un même village, se trouvaient plusieurs familles portant le même nom – Lévy, Kahn, Dreyfus, Bloch... étant les plus communs –, soit encore parce que la différence entre le nom de famille et le prénom n'était pas claire. Ce nom porte parfois celui d'une rivière ou d'un fleuve, par exemple Zay ou Sée, de la rivière Seille.

1940 : patronyme et antisémitisme

Les demandes de changement de nom sont fréquentes sous l'Occupation, chaque publication du *Journal officiel* apportant son lot de requêtes. Dans les premiers temps de l'État français, les avis de demandes sont situés, comme par le passé, dans la rubrique « Avis divers ».

À partir de la promulgation des premières lois antisémites de Vichy, les demandes de changement de patronyme concernent surtout les noms « à consonance étrangère ». Ainsi, le 20 août 1940 paraît une demande, comme il en est publié chaque jour des dizaines. M. Isaac (Paul-Jean), né le 1er février 1910 à Paris, domicilié à Vanves (Seine), au 78 de la rue Jukkien, demande « n'étant juif ni de race ni de religion », à changer

– Dupont ! – Durand ! (« Histoire juive »)
L'obsession du « vrai nom » est l'une des caractéristiques de la période 1940-1944. Caricature parue dans l'hebdomadaire antisémite Je suis partout, *le 30 mai 1942.*

son nom en celui de Gagneur. Son père, Pierre-Amédée Isaac, fait la même requête. Demandes non agréées. Au même moment, Lissac, le célèbre lunetier de la rue de Rivoli à Paris, déclare dans la presse n'avoir rien de commun avec Isaac : « Lissac ne saurait sans malveillance être confondu avec Isaac, nom israélite par excellence[12]. » Il suffit de deux lettres pour tout changer. La « chasse aux patronymes » ne fait que commencer.

L'année 1941 est celle de tous les changements de nom. Le 16 février, à Tourcoing, M. Édouard Weil demande à s'appeler Deplechin. Sans succès. Le 10 mars, M. Gaston-Lucien Lévy souhaite prendre le nom de Lievin, « déjà porté par sa famille ». M. Sardo, quant à lui, aimerait devenir M. Sardou et M. Dreyfus devenir M. Dreval. Toujours sans succès.

À partir de l'automne 1941, nouvelle vague de demandes de changement de nom et nouveau public concerné. Dans le *Journal officiel* du 21 septembre, on peut ainsi lire le cas d'une femme divorcée d'un certain M. Lévy faisant une requête pour que ses enfants portent son nom de jeune fille. Demande non agréée.

Les étudiants des universités entreprennent de pasticher cette démarche. Carcopino, ancien secrétaire d'État à l'Éducation, raconte dans ses mémoires un épisode du 6 janvier 1941. En 1937, Jacques Chevalier avait été chargé par Franco de réorganiser l'enseignement espagnol. Sa nomination en 1941 au gouvernement de Vichy suscite de vives protestations : « Lorsque le doyen de la faculté des lettres regagna sa chaire [...], les étudiants de Grenoble firent imprimer et collèrent sur les murs de la ville le papillon que voici : "M. Maurice Chevalier, le fantaisiste bien connu, tient à faire connaître qu'il n'a rien de commun avec M. Jacques Chevalier, doyen de la faculté des lettres. M. Maurice Chevalier n'est pas l'ami des assassins de Guernica et il ne se dégonfle jamais[13]". »

L'année 1942 marque un tournant. Les demandes de changement de nom se tarissent, comme si le simple fait de déposer une demande était un moyen d'être « repéré ». Ou comme s'il n'était plus la peine d'engager une procédure légale, la sachant d'avance promise à l'échec. Une seule autorisation de demande de changement de nom est accordée, pour un nom à consonance espagnole dans le *Journal officiel* de 1942[14].

Ainsi avons-nous pu observer, pendant toute la période du gouvernement de Vichy, que cette autorisation n'avait jamais été accordée si un Juif en faisait la demande. On peut penser que le préjugé antisémite consistant à démasquer le « vrai nom » de l'un d'eux sortait renforcé à la lecture des annonces du *Journal officiel.* C'est l'époque où, selon le mot de l'humoriste Tristan

Bernard, « tous les Bloch sont comptés, tous les comptes sont bloqués ».

À partir de la fin 1942, il n'y a, de fait, plus aucune demande de changement de nom qui paraisse au *Journal officiel.* Une loi signée par Laval le 17 décembre, et parue le 9 janvier 1943, porte le coup fatal à cette pratique. La loi n° 3 « suspend pour la durée de la guerre la procédure du changement de nom ». En 1943, la démarche administrative courante fera l'objet d'une législation spécifique signée par le président du Conseil. Il n'est dès lors même plus la peine d'essayer de changer d'identité. Le caractère obligatoire de la carte d'identité, sur laquelle doit être apposée la mention « Juif », n'a pas arrangé les choses.

La démarche légale ne semble donc plus avoir de sens pour les impétrants. Il est préférable de fuir, d'entrer dans la clandestinité ou de s'arroger d'office un nouveau nom, sinon en droit du moins en fait, par la fabrication de faux papiers.

Et aujourd'hui ?

Quelques semaines après la Libération, la légalité républicaine est rétablie et les demandes de changement de nom prennent un nouveau tournant. Une personne ayant porté un nom de code durant la Résistance, ou ayant été cachée dans une région de France, peut demander à exister désormais sous cette nouvelle identité.

Inversement, des personnes juives ont pu souhaiter qu'une histoire aussi douloureuse ne se reproduise pas pour leurs enfants et effacer symboliquement un patronyme qui leur rappelle trop d'événements tragiques. Un certain M. Deutsch, par exemple, a ainsi transformé son nom, ancien patronyme juif hongrois signifiant « allemand » – un comble lorsque l'on sait que sa femme, ses trois enfants et son père ont été déportés à Auschwitz – par l'achat de trois nouvelles lettres, gagnant désormais le droit de s'appeler Degré[15]. Mais suffit-il de quelques lettres pour tout changer ? On peut se poser la question.

L'accouchement sous X

Vichy légifère à trois reprises, deux fois en 1941 et une autre en 1943, sur ce qu'il nomme « loi sur la protection des naissances », appelée couramment « accouchement sous X ». Cette initiative majeure est accompagnée par de nombreux articles dans la presse.
Un nombre important d'enfants (120 000 en France, 80 000 en Allemagne[16]) est né d'unions spontanées franco-allemandes. Sachant que l'avortement est alors un crime puni de mort, l'accouchement sous X s'emploie à empêcher les infanticides et promouvoir ainsi une politique nataliste chère à la Révolution nationale.

Un peu d'histoire

Depuis le XVIIe siècle, les enfants dont les mères ne pouvaient s'occuper étaient abandonnés à la naissance dans le « tour » d'un couvent, tourniquet placé dans le mur d'un hospice et dans lequel la mère déposait le nourrisson après avoir sonné une cloche. L'Hospice des enfants trouvés à Paris, entre autres, à l'instigation de son fondateur Vincent de Paul, les accueillait et les élevait[17].

C'est à cette époque fondatrice que se réfère le gouvernement de Vichy, sans jamais faire mention de la Révolution française qui a pourtant légiféré dans le même sens en 1793 (« Le secret le plus inviolable sera conservé sur tout ce qui concerne [la mère] »), ni invoquer la IIIe République dont une loi promulguée en 1904 fait remplacer le tour par un « bureau ouvert jour et nuit ».

L'accouchement sous X selon Vichy

Un peu plus d'un an après l'arrivée de l'occupant en France, le gouvernement de Vichy légifère sur la question de l'abandon des enfants nés de mère inconnue[18]. L'article premier de cette loi « sur la protection des naissances » stipule que « pendant le mois qui précédera et le mois qui suivra l'accouchement, toute femme enceinte devra, sur sa demande, être reçue gratuitement et sans qu'elle ait besoin de justifier son identité, dans tout établissement hospitalier public susceptible de lui donner les soins que comporte son état ». Un refus d'admission encourt une peine d'un à six mois de prison et une amende de 10 000 à 50 000 francs. D'autres éventuels refus sont « très sévèrement puni[s] ». C'est une petite révolution – une Révolution nationale – pour ces mères célibataires alors appelées avec mépris « filles mères », mais aussi pour ces femmes mariées, dont le mari est peut-être prisonnier en Allemagne et qui souhaitent garder le secret de leur identité.

En décembre 1941[19], le *Journal officiel* publie une loi relative aux conditions d'imputation et de répartition des dépenses occasionnées par l'application de l'article premier de la loi du 2 septembre 1941 sur la protection de la naissance. Les frais de prise en charge par l'État y sont réglés dans leurs moindres détails.

Le terme d'« accouchement sous X » n'est pas employé par Vichy, qui lui préfère l'euphémisme

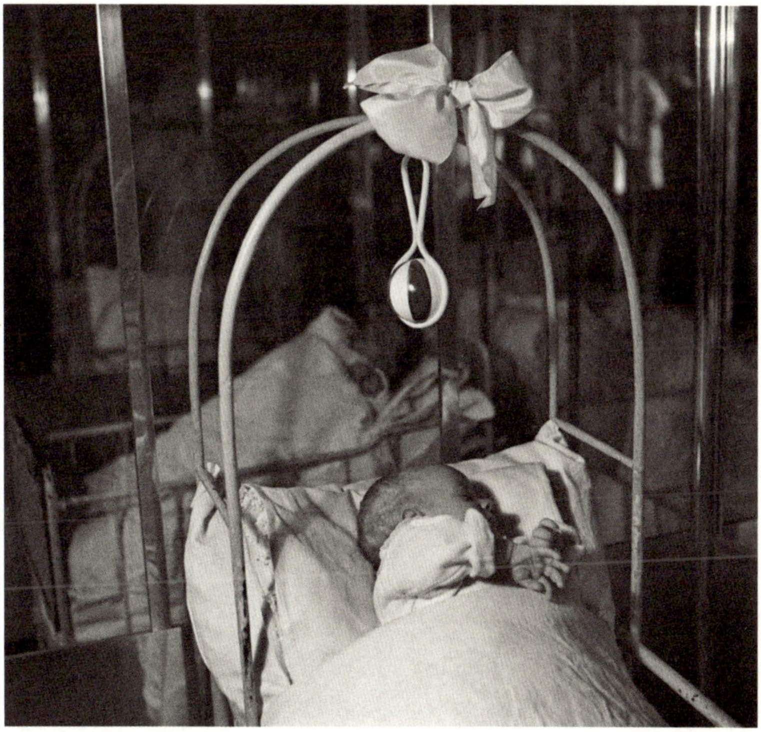

« Le jour de Noël, une femme a frappé à la porte et elle a laissé cet enfant dont on ignore le nom » (Maternité de Saint-Vincent-de-Paul). Reportage d'André Zucca paru dans La Semaine *du 2 janvier 1941.*

de « protection des naissances », centrant sur l'enfant et non sur la mère, cet acte d'abandon. Jamais on n'a autant parlé d'identité sous Vichy, mais jamais non plus on n'a autant mentionné son inverse, l'anonymat. Donner une pleine existence sociale à un enfant qui ne connaîtra jamais ses père et mère est une première.

Accouchement sous X et propagande

Les articles dans la presse collaborationniste, notamment *Paris-Soir*, préparent et accompagnent cette loi sur la protection des naissances. Ils la préparent parce que les journaux abondent de récits, comme ceux de la petite Nicole ou de la petite Brigitte – noms bilingues transparents qui ont un sens aussi bien en français qu'en allemand –, enfants trouvées au pied d'un pilier dans une église avec la seule mention de leur prénom.

Ils l'accompagnent également parce que la propagande multiplie les reportages sur l'hospice des « Enfants assistés », devenu, en 1942, l'hôpital Saint-Vincent-de-Paul à Paris XIVe, présenté comme un lieu modèle. Ainsi, le 5 février 1942, Louis Mourier, directeur général de l'Assistance publique, signe un article dithyrambique dans *Paris-Soir*. Ce même article reproduit l'affiche exposant les conséquences de l'abandon d'un enfant : « Avis aux personnes ayant l'intention d'abandonner leurs enfants [...]. Moyens d'éviter [...]. »

Accouchement sous X et adoption

Cette législation est suivie d'autres lois en faveur de l'enfant, notamment celle du 3 octobre

1941 sur l'adoption et la légitimation adoptive. L'Assistance publique connaît une profonde réorganisation. Il faut en effet envisager des lieux d'accueil pour tous ces jeunes enfants, déterminer l'âge maximal auquel ils peuvent être adoptés par une famille (5 ans), l'âge minimal de leurs parents adoptifs (40 ans, avec exception à 35). Cet article, signé Joseph-Barthélemy alors garde des Sceaux, stipule encore que l'acte d'adoption est irrévocable. Le suivi des enfants nés sous X est ainsi assuré, quand ils sont adoptés.

L'« abandon secret »

La législation de 1943[20] reprend la loi de septembre 1941 sur la protection des naissances. Elle s'attache à créer des infrastructures et mettre en place une logistique efficace. Il s'agit d'assurer un service de « l'assistance à l'enfance » en protégeant les enfants surveillés, secourus, recueillis temporairement ou en garde. La tutelle est assurée par l'Assistance publique et les enfants deviennent pupilles de l'État. La loi concerne d'abord les enfants « trouvés, abandonnés, pauvres, sans soutien, maltraités, délaissés ou moralement abandonnés ».

La loi de 1943 revient aussi sur la prévention des abandons, modifiant la question de la protection des naissances. Les « Maisons maternelles » accueillent sans formalité les femmes enceintes d'au moins sept mois et leur versent des allocations, soit deux mois avant l'accouchement et non plus un seul. La présentation des enfants en vue de l'« abandon secret » donne lieu à un abandon effectif au bout d'un délai d'un mois. Le bureau d'abandon, ouvert jour et nuit sans autre témoin que la femme préposée aux admissions, accueille les « présentations secrètes ».

Enfin, la loi de 1943 s'attache à l'organisation administrative des services de l'assistance à l'enfance. Un inspecteur départemental des services d'assistance est nommé sous l'autorité du préfet régional. Seule exception pour le département de la Seine (qui englobait alors Paris, les Hauts-de-Seine, la Seine-Saint-Denis et le Val-de-Marne), où le responsable est le directeur de l'administration de l'Assistance publique de Paris. Ainsi, des dizaines de milliers d'enfants, souvent surnommés « enfants de Boche » dans les cours de récréation, vont être pris en charge par l'État.

Et aujourd'hui ?

La loi sur la protection des naissances, abrogée après guerre, est reprise par les décrets des 29 novembre 1953 et 7 janvier 1959. Jusque dans les années 1970, l'accouchement sous X concerne encore environ dix mille mères. La loi est à nouveau modifiée en 1986 et ne cesse, depuis, de faire débat.

Aujourd'hui, en France, l'accouchement sous X, qui porte une nouvelle dénomination, « accoucher anonymement », concerne six cents mères par an. De même, on n'« abandonne » plus son enfant, on le « confie ». La mère dispose de deux mois, et non plus un seul comme en 1943, pour revenir sur sa décision. Ce qu'elle ne fait généralement pas.

L'extension des allocations familiales

La politique familiale de Vichy s'inscrit dans la continuité des lois promulguées dans l'entre-deux-guerres, en particulier sous le Front populaire. Le gouvernement de Vichy n'abroge pas le Code de la famille, mais élargit sans cesse ses prérogatives, légiférant à de nombreuses reprises sur les allocations familiales, de 1940 à 1943.

Un peu d'histoire

Une politique familiale se développe dans l'entre-deux-guerres. La loi Landry du 11 mars 1932 généralise le versement de prestations sociales aux familles ayant des enfants à tous les salariés de la fonction publique, puis l'étend à ceux de l'industrie, du commerce et aux professions libérales. Cependant, l'intervention de l'État est encore limitée et l'application de la loi, lente. En plein Front populaire, seul un million d'allocataires est bénéficiaire de prestations familiales. Deux ans plus tard, 5,4 millions de salariés sont couverts et les allocations étendues aux agriculteurs et aux artisans. Il faut attendre le décret-loi du 29 juillet 1939, dit « Code de la famille », pour voir adopter des mesures visant ouvertement à favoriser la natalité : tous les Français peuvent être allocataires, sans condition de ressources. Le montant est sensiblement augmenté à partir du troisième enfant. Il est versé une prime à la naissance et une allocation à la femme au foyer.

Les allocations familiales sous Vichy

L'historien Marc Olivier Baruch précise que « l'on ne peut contester la continuité existant entre les mesures prévues par le décret du 29 juillet 1939 portant sur le Code de la famille et la politique familiale de Vichy[21] ». Non seulement l'organisation et le mode de fonctionnement des caisses de compensation restent inchangés – sont ainsi appelés les organismes d'assurance entre employeurs qui suppriment tout risque d'inégalité dans les charges de famille de leurs employés –, mais le champ des bénéficiaires est élargi sous Vichy, et ce d'abord aux chômeurs, dès 1940. La loi fait également état d'une allocation dite de « la mère au foyer » aux familles ayant au moins un enfant à charge, et verse les allocations à partir du deuxième enfant[22].

L'année suivante, les allocations familiales sont étendues aux malades et augmentées pour les « habitants des banlieues industrielles » de toute ville supérieure à cent mille habitants, tels les habitants de Blagnac, dans la banlieue de Toulouse[23].

L'année 1942 voit s'instaurer le versement d'allocations aux veuves et aux femmes de prisonniers, tandis que toute parturiente a désormais droit à une allocation journalière « pendant la période de repos qui précède et qui suit immédiatement ses couches ». Enfin, la loi sur la famille et la natalité françaises est validée pour les départements du Haut-Rhin, du Bas-Rhin et de la Moselle[24]. La France entière vit sous le même régime. Le 14 août 1943 est créé un organisme chargé de la coordination des caisses de compensation, future Caisse nationale des allocations familiales.

Avec le versement d'allocations familiales à partir du deuxième enfant, Vichy soutient la reprise de la natalité. C'est l'une des caractéristiques de la propagande de faire délivrer les messages par des enfants. (Opuscule, sans date)

Sous Vichy, le statut de la famille et l'organisation de la société évoluent. Le juriste René Savatier souligne d'ailleurs que l'« être humain, même dans sa famille, même dans sa propriété, même dans ses contrats, *i. e.* dans le traditionnel royaume du droit privé, tend à être traité de moins en moins en particulier et de plus en plus en citoyen chargé d'un service public[25] ». Il y a enfin un commissariat général à la Famille, comme il y en a un aux Sports et à la Jeunesse.

Et aujourd'hui ?

La quasi-totalité des mesures prises en matière d'assurances sociales, notamment celles concernant les allocations familiales et les accidents du travail, sont validées à la Libération[26]. L'ordonnance du 17 octobre 1944 maintient le mode de fonctionnement des allocations familiales. La Caisse d'allocations familiales (CAF) est officialisée en 1945. Il en existe au moins une par département, puis une au niveau national : la CNAF, créée en 1967.

Laissons au général De Gaulle le mot de la fin : « Dans le domaine financier et économique, ces technocrates [ceux de Vichy] s'étaient conduits, malgré toutes les traverses, avec une incontestable habileté. [...] Les doctrines sociales de la "Révolution nationale", organisation corporative, Charte du travail, privilèges de la famille, comportaient des idées qui n'étaient pas sans intérêt[27]... »

Des cartes de famille à foison

L'époque de Vichy est aux cartes en tout genre. La carte nationale de priorité est créée à l'été 1940[28] en faveur des mères de famille. Celle-ci est valable dans les transports, les magasins, les administrations et les services publics.

Instaurée par une loi du 29 octobre 1921, en même temps qu'une loi sur la fête des Mères et la médaille de la Famille, la carte Famille nombreuse fait florès sous l'Occupation. Délivrée par la SNCF, elle donne des avantages tarifaires pour les familles d'au moins trois enfants. Plus une famille est nombreuse, plus l'avantage est important (30 % pour trois enfants mineurs, 40 % pour quatre, 50 % pour cinq, 75 % à partir du sixième). La réduction s'applique aux transports publics, aux thermes et aux musées d'État. Toutes ces cartes sont aujourd'hui toujours en vigueur.

Le renouveau des pèlerinages

Si le gouvernement de Vichy ne légifère pas à proprement parler sur les pèlerinages, il classe au titre des monuments historiques un certain nombre de sanctuaires, objet de dévotions.
Les joies prônées par la Révolution nationale sont des joies austères : pèlerinages, lieux de culte, ordres monastiques. Dès 1941, les visites du maréchal Pétain à travers la France dans de nombreux sites religieux, largement relayées par la presse, lancent ou relancent certains lieux de pèlerinage, contribuant ainsi à les remettre au goût du jour.

« Rechristianiser la France »

Les pèlerinages en terre chrétienne relèvent d'une longue tradition et le gouvernement de Vichy entend bien la perpétuer. Jean Tracou, témoin de l'époque, rapporte le désir du maréchal Pétain de « rechristianiser la France » énoncé le 15 avril 1941[29]. Tel est aussi l'objectif que se donne la Révolution nationale, plus de trente-cinq ans après la séparation de l'Église et de l'État.

Relayés par la presse collaborationniste, les nombreux déplacements du Maréchal à travers des lieux saints en France relancent le goût des grands rassemblements et celui des pèlerinages.

Le classement au titre des monuments historiques

Il existe un certain nombre de lieux français de pèlerinage, dédiés à un saint ou une sainte, ou encore consacrés au culte marial. Les classer au titre des monuments historiques contribue à renforcer leur statut.

Aux Saintes-Maries-de-la-Mer, le mas de Méjanes et la croix du même nom sont classés par arrêté en 1941[30]. Cette année est en effet une grande année pour le classement des lieux de culte : pour la première fois, le *Journal officiel* enregistre davantage d'églises (onze) que de châteaux (trois) au titre des monuments historiques.

L'année 1942 voit le classement de trois abbayes et de douze églises, « contre » seulement huit tours et six châteaux. Par exemple, l'église Saint-François-de-Paule à Toulon, dédiée au culte du fondateur de l'ordre des Minimes, fait partie de ce classement[31].

Certains endroits sont aussi décrétés « lieux de culte » en 1942, comme la chapelle de la Genouillade, appelée aussi « des Paysans », sise route de Marseille, à Arles[32].

Cette tendance à privilégier les lieux saints au détriment des lieux laïques perdure jusqu'en 1944, année où le nombre des églises classées (onze) est près du double de celui des châteaux (six). Cette tendance s'inverse à partir de 1945.

« La fièvre des sanctuaires »

Le maréchal Pétain poursuit son « tour de France » des lieux de piété. Ainsi, Henry du Moulin de Labarthète, chef du cabinet civil de Pétain, énumère-t-il les premières tournées du

«Notre-Dame de France» accompagnée d'un petit Jésus blond aux yeux bleus : le culte marial sous Vichy connaît quelques avatars. On note le bouquet aux couleurs du drapeau français composé d'un bleuet, emblème de la mémoire et de la solidarité. (Document édité par l'«Aumônerie générale», Paris, 1944)

Maréchal, qui font alterner lieux laïcs et lieux saints : « Les voyages les plus chauds furent ceux de Lyon, en octobre 1940, et de Limoges en juin 1941 ; le plus froid, celui de Pau. La lecture du discours de Saint-Étienne, le serment des Légionnaires devant le fronton du théâtre de Vienne, la revue navale de Toulon, le pèlerinage à la cathédrale du Puy, le défilé de la jeunesse gasconne, dans les rues d'Agen, ne s'effaceront pas, de longtemps, de ma mémoire[33]. » Lourdes n'est pas en reste. « Le renouveau de Lourdes », comme le titre *Paris-Soir*[34] en 1941, donne lieu à des manifestations d'une grande ferveur.

Là encore, le chef de cabinet civil de Pétain fait état de grandes tournées du Maréchal à travers les lieux saints de France et emploie même à ce sujet l'expression de « fièvre des sanctuaires » : « Au Puy, le Maréchal s'entendait remercier par Monseigneur Martin d'avoir, cinquième chef de l'État depuis Philippe-Auguste, repris la grande tradition d'une visite à Notre-Dame de France. Les fêtes du sanctuaire d'Ars et du cinquantenaire de la Vierge d'Ay, dans le Haut-Vivarais, les grandes neuvaines [dévotion de neuf jours] de la basilique de la Visitation d'Annecy, la procession des Saintes-Maries-de-la-Mer, le pèlerinage de Nos-Dames-de-Myans et de la Carce, l'éclat du National à Lourdes, en 1941, témoignèrent de cette fièvre des sanctuaires, qui succède, chez nous, aux grandes épreuves nationales[35]. »

On peut ici rappeler que Le Puy-en-Velay constitue avec Arles, Vézelay et Paris, l'un des quatre points de départ du chemin de pèlerinage menant à Saint-Jacques-de-Compostelle. Les trois premiers lieux connaîtront un regain de ferveur.

Le renouveau de Lourdes s'accompagne d'intenses activités commerciales, comme en fait état le *Journal officiel*[36]. Jean Bichelonne, secrétaire d'État à la Production industrielle, y signe le décret nommant un administrateur provisoire à Lourdes, Jean Senmartin. Ce dernier est chargé de gérer les possessions mobilières et immobilières issues de la spoliation des biens juifs. Le bureau de change, l'agence de voyages, le fonds de commerce d'objets de piété, le salon de thé, sis à Lourdes, 93 boulevard de la Grotte, changent de main.

La mise au goût du jour du pèlerinage des Saintes-Maries-de-la-Mer donne lieu, quant à elle, au tournage d'un certain nombre de films, y compris le dernier film tourné sous l'Occupation, en 1944[37].

Et aujourd'hui ?

Si le culte au curé d'Ars, dans l'Ain, et celui de la vierge d'Ay semblent un peu tombés dans l'oubli et font aujourd'hui figure de « bondieuseries », le pèlerinage aux Saintes-Maries-de-la-Mer, les 24 et 25 mai chaque année, rassemble dix mille Roms – et beaucoup de touristes. Quant à Lourdes, ville de seize mille habitants, elle accueille chaque année plus de six millions de touristes espérant un miracle dans la grotte où Bernadette Soubirous a vu la vierge en 1858. Après le Vatican et Notre-Dame de Guadalupe, à Mexico, la petite ville des Hautes-Pyrénées est le troisième lieu de culte dans le monde.

Le retour des congrégations

Près de quarante ans après les lois promulguées sous la IIIe République expulsant de France les congrégations, notamment celles qui enseignent, le gouvernement de Vichy adopte une législation reconnaissant diverses communautés religieuses. Il légifère à ce sujet sept fois entre septembre 1940 et avril 1942, rouvrant notamment les écoles chrétiennes sur le territoire national.

Un peu d'histoire

Comme le rappelle le journal *Paris-Soir* à l'automne 1940[38], depuis la séparation de l'Église et de l'État en 1905, les membres d'une congrégation religieuse non autorisée avaient jusque-là pour obligation de s'installer hors de France, à Jersey ou en Belgique. En effet, la politique menée par la IIIe République conduit à éliminer progressivement les congrégations. La première expulsion date de 1880 et concerne un certain nombre d'ordres, dont les jésuites. La loi de 1901 sur les associations les soumet à un régime d'exception : il leur faut une autorisation légale pour fonctionner et les congrégations non autorisées sont interdites d'enseignement[39]. Ainsi, à partir de 1902, trois mille écoles sont fermées et les congrégations non autorisées sont expulsées. La loi de juillet 1904 annonce la suppression des congrégations enseignantes[40]. Des dizaines de milliers de religieux choisissent l'exil.

Les congrégations masculines sous Vichy : l'apaisement

Les lois du 3 septembre 1940 et du 8 avril 1942 abrogent celle du 7 juillet 1904 et assouplissent les dispositions de la loi de juillet 1901. La fondation d'une congrégation n'est plus soumise à une autorisation légale, mais à un décret. Elles suppriment aussi le « délit de congrégation » (article 14) et mettent donc fin à la persécution des communautés religieuses.

Désormais, non seulement un grand nombre de ces congrégations rouvrent en France, mais avec elles, l'autorisation d'enseigner sur le territoire national : « Par décret du 4 septembre 1940, rouvrent les dominicains, eudistes, frères des écoles chrétiennes, jésuites, oratoriens, marianistes », titre *Paris-Soir* deux jours plus tard. Les eudistes sont à Versailles, les jésuites à « Ginette », autrement dit Sainte-Geneviève, qui propose des classes préparatoires aux grandes écoles de haut niveau ou encore les marianistes au lycée Stanislas, à Paris VIe.

En 1942, le même journal *Paris-Soir* se fait pédagogique pour expliquer à ses lecteurs le profond changement de société visé par la nouvelle législation : « Le cardinal Baudrillart, le père Sanson et le père Sertillanges ont maintenant le droit légal d'enseigner le "b.a.-ba". C'était il y a quarante ans. La lutte anticléricale battait son plein… Les lois de 1901 et 1904 interdisaient aux congrégations religieuses le droit d'enseigner[41]. »

Les ordres autorisés peuvent recevoir des subventions du gouvernement. C'est par exemple le cas de celui des Chartreux, communauté de moines contemplatifs vivant en semi-ermites, dont la loi de 1941[42] porte reconnaissance légale.

La réouverture des congrégations féminines

Les signes d'ouverture du gouvernement de Vichy en faveur de diverses congrégations féminines se multiplient également. Un statut légal est conféré à des associations de religieuses non dédiées à l'enseignement, mais à des œuvres caritatives en faveur de la mère et de l'enfant, autre « cheval de bataille » du gouvernement. Par décret en date du 20 novembre 1940, autorisation est donnée à l'établissement des sœurs de la Miséricorde de Sales, « existant à Vitré (Ille-et-Vilaine) », d'être légalement reconnu[43].

Les sœurs de la Miséricorde de Sales – filiale d'obédience irlandaise nommée Sisters of Mercy et aujourd'hui simplement appelée « sœurs de la Miséricorde » –, sont une communauté religieuse venant en aide aux « filles mères ». Dans l'esprit de la Révolution nationale, la maternité, qu'elle intervienne dans le mariage ou hors de celui-ci, doit être absolument préservée. Le gouvernement de Vichy centre d'abord ses actions sur les mères en gésine.

De même, le 8 février 1942, autorisation est donnée à la congrégation religieuse des Filles de la Charité à Ferney-Voltaire, dans l'Ain, près de la frontière suisse. Celles de Saint-Vincent-de-Paul ont, quant à elles, la responsabilité de l'éducation des Enfants trouvés, un ordre particulièrement valorisé par le gouvernement de Vichy. Là encore, après le soin à la mère, le soin à l'enfant.

Et aujourd'hui ?

Les congrégations religieuses ont toujours une existence légale, mais il existe une certaine crise des vocations qui restreint le nombre de ses membres. Seules les congrégations à vocation pédagogique semblent avoir un véritable poids dans la société d'aujourd'hui.

« Dans le café d'un tout petit hameau », un jeune prêtre bénit un enfant mort lors des violents combats du Débarquement de Normandie en juin 1944. (La Semaine, *27 juillet 1944)*

La « journée des Mères »

Le mois de mai, traditionnellement celui de la vierge Marie dans la liturgie chrétienne, est aussi celui de fêtes revisitées par le gouvernement de Vichy. Celles-ci commencent le 1er mai avec la fête du Travail et de la Concorde sociale. Elles se poursuivent le 11 mai par la fête de Jeanne d'Arc, symbole du rapprochement de l'État français et de l'Église catholique. Enfin, le mois se clôt sur la journée des Mères, en vue de valoriser la famille et la natalité.

Un peu d'histoire

Une « journée des Mères de familles nombreuses » est instituée en 1920. Cependant, les années suivantes, aucun jour du calendrier n'est spécifiquement dédié à cette fête. Il faut attendre 1926 pour qu'elle soit fixée au dernier dimanche de mai, mais elle mobilise encore peu de monde.

La « journée des Mères » sous Vichy

La véritable consécration de cette célébration commence en 1941, lorsque cette journée devient fête nationale sous la dénomination de « journée des Mères ». Elle est toujours fixée au dernier dimanche de mai. Le cardinal Baudrillart, recteur de l'Institut catholique et figure de la Collaboration, s'en fait l'écho dans son journal dans lequel il glorifie les « Mères de France[44] ».

L'innovation du gouvernement de Vichy est de la faire prendre en charge par les enfants. Le 25 mai 1941, dans les écoles, une affiche s'adresse ainsi à eux : « Ta maman a tout fait pour toi, le Maréchal te demande de l'en remercier gentiment... » Le secrétaire d'État à l'Éducation Nationale, Carcopino, fait envoyer une lettre au corps enseignant pour renforcer l'initiative : « L'enfant doit inventer et décider lui-même le geste qu'il accomplira. Il doit pouvoir l'entourer de tout le secret et de tout le mystère qu'il désire[45]... »

La fête des Mères est, de toutes les fêtes, la manifestation la plus associée au régime du maréchal Pétain. Affiche éditée à l'occasion de la première célébration, le 25 mai 1941.

La même année, Jacques Chevalier, le filleul de Pétain, relaie également cette idée dans un discours aux accents lyriques : « Par le don de sa personne et le rayonnement de son amour, la mère est l'âme de la famille. Elle transmet, avec la vie, les vertus qui font les peuples forts. » Ainsi valorisée, la mère de famille acquiert une existence sociale à part entière.

L'année suivante, le 31 mai 1942, la célébration de la journée des Mères s'impose en tant que « rite », organisé le plus souvent dans les mairies d'arrondissement. Dans son *Journal*, Cocteau nuance cet événement par le biais d'une phrase teintée d'ironie : « fête des Mères, fête de la Misère », en raison du peu de moyens mis en place[46].

Et aujourd'hui ?

Si la fête des Mères faisait partie des célébrations de Vichy, elle appartiendra aussi à celles de la IVe République, ainsi que le stipulera la loi du 24 mai 1950 : « La République française rend officiellement hommage chaque année aux mères françaises au cours d'une journée consacrée à la célébration de la "fête des Mères". » L'organisation des festivités est prise en charge par le ministère de la Santé, puis par celui de la Famille. La Ve République la célèbre toujours ; les commerçants et les écoles participent à la fête. C'est ainsi que chaque année, les enseignants perpétuent le traditionnel rituel du cadeau offert par les enfants à leur mère.

Le 1er mai, fête du Travail et de la Concorde sociale

La fête du Travail, liée aux grands mouvements ouvriers, est née à la fin du XIXe siècle. Depuis 1919, ratifiant la journée de huit heures, elle est aussi une journée chômée.

Dès 1941, Vichy institue le 1er mai en tant que jour férié, « fête du Travail et de la Concorde sociale[47] », acte immédiatement relayé par le journal *Paris-Soir* : « Demain 1er mai/fête du Travail/et de la Paix sociale/De Commentry, le maréchal Pétain parlera aux travailleurs de France[48]. » Commentry est une ville de l'Allier, à proximité de Montluçon, toutes deux villes de tradition ouvrière. Cette manifestation est un immense succès populaire, récupérée par Vichy au détriment des syndicats qui n'ont plus d'existence.

Des cérémonies laïques identiques ont lieu dans les principales villes de France. Carcopino, secrétaire d'État à l'Éducation nationale et à la Jeunesse, représente le maréchal Pétain à Montluçon le 1er mai 1941. « On se rappelle peut-être que le Maréchal avait voulu, sans mécontenter la classe ouvrière, abolir la fête du 1er mai en la convertissant en une fête de l'État qui serait pour toutes les classes ensemble, la fête du Travail et qu'une heureuse rencontre du calendrier ferait coïncider avec la Saint-Philippe [prénom du maréchal Pétain][49]. »

Depuis le 30 avril 1947, le 1er mai, fête du Travail, est toujours un jour férié et chômé (le seul jour de l'année où les heures de travail, si elles sont effectuées, comptent double). Il est l'occasion d'un grand défilé par les principaux syndicats. La « concorde sociale » a vécu.

Sous Vichy, le 1er mai devient la fête de l'union sociale autour de laquelle tous les Français doivent se rapprocher. (L'Illustration, 10 mai 1941)

Du « Noël du Maréchal » au Noël des entreprises

Il n'existe aucune disposition législative concernant le Noël du Maréchal, mais ces manifestations sont largement relayées par la presse.

Le Noël de Vichy

L'arbre de Noël des enfants est au départ une organisation caritative du Secours national et plus particulièrement de l'Entraide d'hiver du Maréchal. Celle-ci est l'occasion de grands rassemblements dans des lieux de prestige, tel le Grand Palais, au cours desquels on procède à une importante remise de cadeaux et de bonbons. Les enfants sont à l'honneur. Un cadeau est remis aux orphelins de guerre et aux enfants de prisonniers ou de chômeurs, puis un goûter et des attractions (tombola, chansons, spectacles…) leur sont offerts. Plus tard, certains en gardent un souvenir marquant, par exemple Michel Frumin qui, enfant à cette époque, s'enorgueillit : « À Noël, les fêtes étaient grandioses pour les gosses. Le Maréchal, je le voyais quand je voulais[50]. » Ces fêtes s'étendent aux enfants des hôpitaux, particulièrement à l'hôpital des Enfants-Malades à Paris, actuel hôpital Necker-Enfants malades.

Ces manifestations connaissent un succès croissant et sont généralisées à partir de 1943 à tous ceux dont un membre de la famille est parti en Allemagne au STO, le Service du travail obligatoire. Les enfants doivent alors écrire une lettre « sincère et affectueuse » à l'absent et peuvent ainsi gagner un prix. Une façon d'inciter à la « Relève », en quelque sorte. Ce n'est pas un père Noël qui remet les cadeaux, mais les bénévoles du Secours national, souvent des femmes.

Le Noël du comité d'entreprise

La coutume perdure aujourd'hui avec « l'arbre de Noël des enfants du personnel » organisé chaque année dans les grandes entreprises. La direction fait un discours, on remet des cadeaux aux enfants et un buffet est offert à tous. Cette fois, le père ou la mère ne sont pas partis au STO, morts ou prisonniers, mais sont bien présents… souvent sous l'œil de la DRH !

Les manifestations caritatives ou professionnelles autour de l'« arbre de Noël » sont liées au gouvernement de Vichy. (Opuscule de Radio-Paris, 1942)

Heure d'hiver, heure d'été

Le jour de son arrivée à Paris, le 14 juin 1940, l'occupant impose son heure, l'heure de Berlin. La législation de Vichy s'en fait l'écho deux fois par an, hiver comme été. L'annonce est relayée par la presse à chaque changement.

Un peu d'histoire

L'« heure légale » existe depuis 1891 : c'est un temps civil et non religieux, rythmé par l'angélus, heure uniforme sur tout le territoire français. Auparavant existait l'heure solaire : chaque ville (et souvent village) de France avait sa propre heure, calculée par rapport à la position du soleil à l'aide d'un cadran solaire. En France, en 1917, lors de la Première Guerre mondiale, l'heure d'été a été brièvement instaurée, comme elle l'a été en Allemagne en 1915.

« L'heure légale » sous Vichy

La France de 1940 vit « à l'heure allemande », au sens propre comme au sens figuré, précise l'historien Philippe Burrin dans son ouvrage[51]. Les autorités allemandes mettent en effet les pendules françaises à l'heure de Berlin (c'est-à-dire une heure plus tard), dès leur entrée dans la capitale française. Selon les différents textes législatifs, la France passe à l'heure d'été – ou à l'heure de Berlin.

Dans le *Journal officiel* du 22 décembre 1940 paraît le décret fixant la date de « rétablissement » de « l'heure d'été ». Cette annonce fait écho au bref changement intervenu lors de la Première Guerre mondiale. Quelques jours plus tard est promulguée la « loi relative à l'avance de l'heure légale[52] ». Il s'agit, sans la nommer, de l'heure en vigueur en Allemagne. À partir de cette date, le *Journal officiel de l'État français* annoncera les changements d'horaire deux fois par an, comme celui du 20 février 1942 selon lequel les pendules doivent être avancées d'une heure le 9 mars 1942 à minuit.

Le relais de la presse

Au début, une certaine confusion règne dans les comptes-rendus et récits de presse. Les deux heures, allemande et française, coexistent. *Paris-Soir* du 7 juillet 1940 précise : « La vie disparaît complètement la nuit où elle s'arrête à 22 heures (heure allemande), 21 heures (heure française). » La presse titre : « Vivre tous à la même heure en Europe[53] », dans un mode de vie unifié. Mais la nouvelle heure est « l'heure de Berlin », comme l'annonce sans malice *Paris-Soir* en précisant : « Ce soir, retardez vos montres d'une heure[54]. »

Ce changement horaire n'est pas toujours bien vécu. Comme en témoigne Jean Zay, alors prisonnier à Riom, le 5 mai 1941 : « On avance l'heure légale. Je verrai un peu plus clair le soir dans l'espèce de cave qui me sert de logis. […] Le "coucher" des détenus a lieu chaque jour à 6 heures, 5 heures le dimanche. Comme l'heure légale est maintenant en avance de deux heures sur le soleil, c'est en réalité à trois heures de l'après-midi que les détenus sont mis au lit le dimanche[55]. »

Place de l'Opéra, les pendules sont mises à « l'heure de Berlin », sous le regard vigilant de deux membres de l'armée de terre. À l'arrière-plan, le palais Garnier. (Paris, 30 octobre 1942)

Et aujourd'hui ?

Près de trente ans plus tard, à la suite du choc pétrolier de 1973 et dans un souci d'économie d'énergie, sous l'impulsion de Giscard d'Estaing, le gouvernement en 1976, remet en vigueur l'heure d'été et l'heure d'hiver. Le dernier dimanche de mars et le dernier dimanche de septembre – depuis, on est passé au dernier dimanche d'octobre –, à 2 heures du matin, il est respectivement une heure de plus et une heure de moins en France. Les effets en matière d'économie restent controversés. Mais pour ceux qui étaient enfants pendant la guerre, ce passage à une autre heure réveille une colère et des souvenirs douloureux du temps de l'Occupation.

La sirène du premier mercredi de chaque mois

Vichy ne légifère pas sur l'organisation des alertes à la population pendant la période de l'Occupation puisque celle-ci passe sous contrôle allemand. Une seule annonce paraît dans la presse, en 1941.

La sirène sonne toujours trois fois

Depuis la « Drôle de guerre » en 1939, les Français sont habitués à un système de « Défense passive », mesure de protection de la population en cas de bombardement, destinée à renforcer l'action des pompiers. Au retentissement d'un premier signal, chacun est tenu de se rendre à l'endroit qui lui a été assigné, le plus souvent une cave, et d'attendre la fin de l'alerte, émise par un autre signal, pour sortir de l'abri. En 1940, cette mesure est reprise à l'initiative des Allemands : « La mise en œuvre du signal des alertes (sirènes) est directement placée sous contrôle allemand[56]. »

Le 3 juin 1941, une annonce paraît dans la presse à l'intention des civils : « Désormais, le premier mercredi de chaque mois retentiront les sirènes de la Défense passive. » Celle-ci va se révéler rapidement opérationnelle. Les bombardements de ceux qui ne sont pas les « alliés » du gouvernement de Vichy, à savoir les Anglo-Américains, comme l'indique la propagande nazie, se multiplient. Les *Spitfire*, chasseurs britanniques de la Royal Air Force, opèrent de nuit, tandis qu'à partir de 1942, les *Lockheed*, bombardiers américains de l'USA Air Force, bombardent de jour. Et les sirènes, dont la tonalité varie du fa dièse au sol majeur, retentissent, rythmées en trois cycles successifs d'une minute et quarante et une seconde, séparés par un intervalle de cinq secondes. Toujours installées en hauteur pour une meilleure propagation du son, leur puissance atteint 380 Hz. La fin de l'alerte est annoncée par un signal unique, d'une durée de trente secondes. Chacun peut alors regagner son logement. Cocteau témoigne du retentissement des sirènes : « Beauté prodigieuse de Paris en 1942. Les sirènes. [...] La Comédie-Française complètement illuminée[57]. » Regard singulier du poète.

Aujourd'hui, la sirène sonne une seule fois

À la Libération, l'organisation générale de la Défense reprend de manière inchangée le fonctionnement des sirènes dans l'ordonnance 59-147 du 7 janvier 1959. Aujourd'hui, chaque premier mercredi du mois, à midi pile, dans 4 500 villes de France, le RNA (Réseau national d'alerte) lance, au titre de la Défense passive, une sirène qui a simplement pour fonction de vérifier son bon fonctionnement.

Ces sirènes sont pour moitié sous l'autorité directe du ministère de l'Intérieur et pour moitié sous celle des personnes qui en ont directement la charge (un préfet régional, par exemple).

Depuis l'Occupation, sonnerie, tonalité et puissance sont restées les mêmes. Mais la sirène ne retentit qu'une seule fois. Et toujours en fa dièse.

L'invention de la télévision

L'invention de la télévision et son développement en France sont revendiqués par l'occupant allemand dès 1940. Il n'existe aucune disposition législative la concernant, mais la presse collaborationniste se fait largement l'écho de sa mise au point en France.

Un peu d'histoire

« Mort de l'inventeur de la télévision à Berlin, le 23 août. Le DNB [Deutsches-Nachrichten Büro, agence d'information national-socialiste] annonce que M. Paul Nipron [*sic*], inventeur de la télévision qui avait fêté son anniversaire le 22 août a succombé à une attaque d'apoplexie[58]. » Par le biais de cet article nécrologique paru à l'été 1940, le lecteur français de la presse quotidienne est informé des progrès accomplis en matière de science appliquée à la technologie et aux communications, en particulier dans le domaine de la transmission d'images animées à distance. Il ne s'agit d'ailleurs pas de Paul Nipron, mais de l'ingénieur Paul Nipkow (1860-1940), inventeur en 1928 du disque qui porte son nom et père « allemand » de la future télévision. Cette annonce figure également dans *Le Petit Parisien* du même jour, dans les mêmes termes, avec la même coquille – sans doute une erreur de transcription du texte de l'agence.

De leur côté, les Français ont coutume d'attribuer la paternité de la télévision à l'ingénieur français René Barthélemy (1889-1954), qui dépose également un brevet en 1931 – ce que se garde bien d'indiquer l'article.

La semaine suivant la parution de cet article, l'occupant allemand va s'attacher à installer « Télévision Paris » (Fernsehsendung Paris). La télévision est née.

Un développement accéléré

Plusieurs locaux sont réquisitionnés par l'occupant dès le 3 septembre 1940 dans le but d'y installer les bureaux de Télévision Paris. La Radiodiffusion nationale (RDN) s'établit dans un premier temps au palais Berlitz, 31 boulevard des Italiens dans le IIe arrondissement. Celle-ci déménage ensuite au 104 rue de Grenelle, au siège du ministère des Anciens combattants. La presse, sous contrôle allemand, se fait régulièrement l'écho des progrès accomplis en matière de développement de la télévision. Il en va ainsi de la retransmission en direct, en 1941 : « Première application commerciale/Un appareil de télévision vient d'être installé dans un cinéma new-yorkais/Les spectateurs assistent à la projection instantanée de scènes prises sur le vif[59]. »

En 1942, le service des bâtiments de la Direction de Paris annonce son intention d'obtenir des locaux plus spacieux : « Mon administration a l'intention d'acquérir l'ensemble de tous ces immeubles », faisant ainsi référence à ceux de la rue Cognacq-Jay [futur siège de la télévision allemande] et de la salle de spectacles Magic City [futur siège des services techniques] sise 176 rue de l'Université[60]. En 1943, le capitaine Kurt Hinzmann est nommé directeur de Fernsehsendung Paris. Parallèlement, un accord est passé entre la Compagnie des compteurs et la firme Telefunken, qui installe au sommet de la tour Eiffel son antenne émettrice en VHF (*very high frequency*, soit une très haute fréquence) de 441 lignes.

La diffusion des programmes débute le 7 mai 1943. Le 19 septembre, la chaîne inaugurée par le secrétaire général des Beaux-Arts, Louis Hautecœur, diffuse chaque soir son programme à mille récepteurs, en priorité vers les hôpitaux et les résidents allemands, essentiellement des soldats et bien sûr… en allemand.

L'écrivain Jean Cocteau, visionnaire, note dans son *Journal*: « 15 septembre 1943 – Visité hier l'usine de télévision. Les Allemands la dirigent et la construisent sur l'emplacement des salles des fêtes du Magic City. On demeure confondu de les voir entreprendre un travail de cinq ans dans les circonstances actuelles[61]. »

Et aujourd'hui ?

Le 16 août 1944, la chaîne Fernsehsendung-Paris (Télévision Paris) cesse d'émettre. À partir du 26 août 1944, la télévision est réorganisée, sans toutefois changer de locaux. Dès le mois d'octobre, la télévision française reprend ses émissions sur la même fréquence. L'année suivante, elle devient un organisme public sous monopole d'État et prend le nom de RDF (Radiodiffusion française) puis, à partir du 4 février 1959, de RTF (Radiodiffusion-Télévision française).

Les « carreaux vichy » à la mode

Vichy ne légifère pas sur les tendances de la mode. En revanche, la presse magazine se fait largement l'écho de l'évolution vestimentaire. Celle-ci, influencée par le gouvernement, participe à sa façon à la « Révolution nationale » et ses corollaires : le retour à la terre et le mode de vie paysan. Ces nouvelles tenues sont adoptées par la population française. Il existe un « style vichy », reconnaissable entre tous.

Un peu d'histoire

La célèbre « toile de Vichy » à carreaux de couleur est un tissu de tradition paysanne, de fabrication régionale, depuis le début du XIXe siècle. Cette cotonnade classique est créée à la manufacture des Grivats, à Cusset, près de Vichy. Après l'incendie qui a détruit l'usine en 1856, d'autres manufactures ont pris le relais, dont celle des usines Déchelette, à Amplepuis, près de Roanne.

La particularité du vichy, étoffe de coton tissé, est d'avoir trois teintes, avec une constante, le blanc. Au départ, c'est un genre : le motif vichy, dans l'industrie textile, est l'un des plus simples. Ce tissu pour la maison, solide, gai et bon marché, sert à la confection des tabliers d'écoliers, ou encore de tissu d'ameublement – nappe ou cantonnière – quand il n'est pas employé à recouvrir les pots de confiture.

Le retour du simple et du naturel

Les carreaux vichy gardent leur connotation de tissu à usage quotidien. Par exemple, le tablier des enfants nés sous X à l'orphelinat de l'hôpital Saint-Vincent-de-Paul, en 1941, reprend ce motif « simple et naturel ».

Mais les restrictions dues à l'Occupation conduisent à un changement des habitudes vestimentaires et, plus généralement, influencent le mode de vie. La tendance générale est d'inspiration militaire : on élargit les épaules, on raccourcit les jupes et les robes, on marque la taille. Pour réaliser ces vêtements, le tissu disponible à domicile – dont l'étoffe des rideaux – est utilisé. Nécessité fait loi : la toile de Vichy entre dans la mode française.

Comme le précise l'historienne de la mode sous l'Occupation, Dominique Veillon : « Au printemps 1941, tout ce qu'ils [les couturiers de renom] présentent a un charme bucolique, et les noms des modèles, essentiellement des robes de jardin, sont évocateurs. Taillés dans des tissus campagnards, Zéphyr, toile de Vichy, toile carrelée en bleu et blanc, ce sont des tenues simples[62]. » Cette mode, encouragée par le gouvernement, s'impose auprès du public. Sous le titre « À la belle fermière », la tenue proposée par un célèbre magazine de mode est « une robe-tablier en toile de Vichy [qui] forme l'essentiel du dernier modèle proposé aux lectrices. On conseille de le porter avec des sabots[63] ».

Du fait des restrictions de cuir, la toile de Vichy, très à la mode, se décline sur différents supports. Reportage d'André Zucca à l'occasion de l'Exposition de toutes les créations nouvelles, en bois, pour l'élégance féminine et masculine. (Paris, 3-14 juillet 1941)

La déclinaison des carreaux vichy

L'étoffe présente un avantage considérable : elle n'est pas contingentée. Le cuir étant devenu un matériau rare, soumis à restriction, le célèbre tissu permet toutes les déclinaisons. Et l'on en optimise l'utilisation ! Sacs ou chaussures se parent des fameux petits carreaux. Un reportage paru dans le magazine *L'Illustration* à l'été 1941 propose ainsi des sandales en toile de Vichy, « permettant l'harmonie avec la robe et le sac[64] ».

Mais cette mode remet aussi à l'honneur le naturel. La tenue adoptée finit par constituer une sorte de « costume national ». Elle est une façon d'exprimer sa fidélité aux valeurs du Maréchal selon lesquelles « la terre ne ment pas ». Dominique Veillon précise à ce propos que « pour les modèles, tout ce qui vient de la campagne est regardé comme sain et fort apprécié[65] ». On invente par exemple la « jupe paysanne », constituée de deux carrés imprimés, bleu ou rouge, « aux couleurs de la France ».

Et aujourd'hui ?

Les carreaux vichy font leur retour une quinzaine d'années après la Libération, à la fin des années 1950. Lors de son second mariage, en 1959, la comédienne Brigitte Bardot porte une robe de coton à carreaux rose et blanc. « Arborant la toile de Vichy utilisée pour la confection de tabliers d'écoliers, Brigitte Bardot façonne l'image inédite d'une femme-enfant[66]. » Les petits carreaux refont depuis périodiquement leur apparition, en fonction des modes.

La protection de l'enfant délinquant

Vichy légifère à cinq reprises, d'août 1940 à juillet 1944, sur le statut de l'enfant délinquant. Le maréchal Pétain appelle, dès son discours du 25 juin 1940, au « redressement intellectuel et moral de la jeunesse ». La démarche adoptée vise davantage à protéger l'enfant qu'à le réprimer. Il doit être guidé et rééduqué. C'est en ce sens que sont prises les premières mesures.

Un peu d'histoire

Avant Vichy, selon les termes du juriste Christian Rossignol, les lois concernant les enfants sont « d'une efficacité désastreuse et particulièrement difficiles à réformer[67] ». L'enfant est une sorte d'adulte en devenir, sans droit propre, soumis à la toute-puissance paternelle. Par « mesure de correction paternelle », selon les termes du Code civil, le père peut en effet décider à tout moment de l'enfermement de son enfant, dès lors qu'il a sept ans. Il existe ainsi une prison pour jeunes détenus à Paris XIe dite de la « Petite Roquette », une autre à Eysses, dans le Lot-et-Garonne, une autre encore à Saint-Antoine près d'Ajaccio, enfin une dernière à Belle-Île-en-Mer. Les « maisons d'éducation surveillée », également appelées « maisons de correction », sont placées sous tutelle de l'administration pénitentiaire. Il n'existe pas de contrôle d'État ni de politique sociale. Parallèlement, des institutions caritatives religieuses du type du « Bon Pasteur » prennent soin de ces enfants difficiles.

La loi du 22 juillet 1912 remanie en profondeur le système du Code pénal sur la responsabilité des mineurs[68], selon le modèle américain. Il n'est plus question de capacité de discernement pour les mineurs, mais de présomption d'irresponsabilité. Une proposition de loi en 1937 de César Campichi, député radical-socialiste, renforce encore cette tendance.

Le statut de l'enfant sous Vichy

Les lois d'août 1940, dites « lois Alibert », créées par Raphaël Alibert, garde des Sceaux, posent le statut de l'enfant au centre de la réflexion pénale. Vichy se dote d'un cadre législatif : il ne s'agit pas seulement de « surveiller et punir », selon l'expression du philosophe Michel Foucault, mais d'éduquer l'enfant délinquant.

Le journal *Paris-Soir* titre ainsi dès l'été 1940 : « Plus de bagnes d'enfants/Dorénavant, les établissements destinés à recevoir ces mineurs prendront le nom d'"institutions publiques d'éducation surveillée"[69]. » En novembre 1941, un projet de « Comité interministériel pour la protection de la jeunesse en danger moral » est adressé à Jérôme Carcopino, secrétaire d'État à l'Éducation nationale. Ce projet, à l'initiative du nouveau garde des Sceaux, Joseph-Barthélemy, aboutira à la promulgation de la loi « relative à l'enfance délinquante[70] ». Dans son article premier, « les mineurs de dix-huit ans[71] qui commettent une infraction pénale sont soumis au régime spécial établi par la présente loi ». Ce « régime spécial » prend en compte l'histoire, la famille et le milieu de l'enfant ou de l'adolescent, paramètres jusque-là ignorés. Enfin, il reconnaît de plein droit la notion d'« enfance inadaptée ». Le mineur délinquant est déféré devant un tribunal pour enfants, sous l'autorité d'un juge spécialement dévolu à cette tâche.

D'autres mesures sont prises, notamment en 1943, avec la création d'un « Conseil technique de l'enfance délinquante et en danger moral ». Roland Assathiany, nommé délégué régional adjoint à la Famille, et considéré comme le « père » de l'enfance inadaptée, témoigne : « C'était alors le problème de Vichy. Il y avait d'une part l'assistance à l'enfance qui était d'État, qui contrôlait les prix de journée et les quelques établissements de l'aide sociale à l'enfance qui existaient et d'autre part les délégués qui étaient hors régime administratif, plus libres parce que c'était une structure plus jeune, qui avaient plus d'initiative[72]. » La loi du 3 juillet 1944, considérée comme la « charte de l'enfance malheureuse[73] », permet, la même année, la naissance des équipes de prévention sur le terrain : « C'était la guerre, avec ses bombardements fréquents, les écoles fermées prématurément, l'ouverture plus que problématique des colonies de vacances ! Aussi nombre d'enfants sont-ils livrés à la rue. Tout naturellement les gosses se groupent en bandes, on les rencontre sur les terrains vagues [...]. Dans les quartiers populeux et repérés sur la carte locale de la délinquance juvénile, les moniteurs des équipes s'assignent comme but de drainer tous ces gosses qui traînent[74]. »

Par la suite, toute une littérature d'après-guerre rendra compte de ces changements profonds de société, tel le grand succès de librairie *Chiens perdus sans collier* (1954), du romancier Gilbert Cesbron.

Et aujourd'hui ?

Le cadre de la dernière charte de juillet 1944 sur l'enfance délinquante est annulé l'année suivante[75], mais de nombreuses dispositions sont reconduites, notamment celles concernant les tribunaux pour enfants et les juges des enfants. L'ordonnance du 2 février 1945 relative à l'enfance délinquante est promulguée à la suite du travail d'une commission présidée par Me Campichi dès 1942[76]. Elle met l'accent sur le fait que les mesures éducatives doivent toujours prendre le pas sur les mesures répressives et l'excuse de minorité est étendue aux adolescents de seize à dix-huit ans qui n'en bénéficiaient pas.

Aujourd'hui, quelles sont les alternatives données à l'enfant délinquant ? Faut-il le surveiller ? le punir ? À quel âge est-on responsable ? La législation tend à un durcissement des peines à l'encontre des mineurs.

L'abaissement de l'âge de la responsabilité pénale est porté à treize ans. Une loi votée en 2002 constitue un tournant : les mineurs capables de discernement sont désormais déclarés pénalement responsables[77]. Mais ils ne peuvent être interpellés seulement qu'en cas de flagrant délit. Quant à la durée des peines, elle est favorable à l'enfant. En principe, il ne peut encourir plus de la moitié de la peine qui serait infligée à un majeur, sauf si celle-ci est « motivée par décision spéciale ». Le dernier amendement de cette loi date du 1er juin 2011. L'enfant est certes puni s'il ne respecte pas la loi, mais il reste protégé.

Jeunes garçons dans un établissement d'éducation surveillée : Vichy se fait fort de montrer que les « bagnes pour enfants » n'existent plus et que l'on rééduque les enfants par divers travaux. (1943)

Le délit de non-assistance à personne en danger

Vichy légifère une seule fois sur le délit de non-assistance à personne en danger, en 1941. Cette mesure, contraire à l'esprit du droit français (on peut interdire de faire quelque chose, mais comment peut-on interdire de ne pas faire une chose ?) vient d'un article du droit allemand imposé par l'occupant.

Une loi de circonstance

Le délit de non-assistance à personne en danger trouve son origine dans une loi de Vichy du 25 octobre 1941. Cette loi comprend alors deux volets : l'un concernant le délit, l'autre touchant à l'obligation de délation. « Ce texte est de circonstance car il est promulgué quelques jours après les attentats contre les soldats et officiers allemands à Nantes et à Bordeaux », note l'historien Jean-Pierre Le Crom, avant de préciser : « Dominée par l'actualité, comme l'écrit Donnadieu de Vabres en 1942, cette loi a cependant "une fonction qui lui donne une valeur permanente"[78]. » En effet, si l'obligation de délation n'a pas survécu, le délit de non-assistance, lui, perdurera.

Incitation à la délation et non-assistance à personne en danger

Selon un procédé propre à la propagande, la nouvelle loi est accompagnée dans la presse par des articles explicatifs. Ainsi, le journal *Paris-Soir* titre-t-il à la une à l'automne 1941 : « Une loi fait obligation de dénoncer les crimes ou projets de crimes… et de secourir les personnes en danger[79]. » Cette loi est présentée comme une modification du Code pénal, dans ses articles 228 et 249. Elle est en réalité une création. Elle inscrit directement au régime pénal un acte (la délation) et un non-acte (mesurer que quelqu'un est en danger) qui auparavant n'avaient pas le statut de délit.

La loi promulguée dans le *Journal officiel* du 26 octobre 1941 reprend les mêmes termes que ceux de la presse : « Portant obligation de dénoncer les crimes et projets de crimes attentatoires aux personnes et de secourir les personnes en danger[80]. »

Le premier volet, incitant à la délation pour « crimes et projets de crimes », concerne non seulement des faits répréhensibles, mais l'intention de les commettre. La délation est une pratique courante de l'Allemagne nazie. Le second volet de la loi, visant sans doute à rendre cette dernière plus acceptable auprès de la population, est présenté comme la condition de sauver des vies humaines. Les personnes en danger sont présentées comme les victimes civiles des attentats ou des « sabotages », mot compréhensible dans les deux langues. Il s'agit d'encourager de manière implicite les divisions au sein de la société française, et d'inciter par la menace la population à collaborer plutôt qu'à résister. Il est en effet apparu que des Français refusaient de secourir des Allemands blessés.

Cette loi fait donc cohabiter un acte d'exclusion

sociale (éliminer par la délation l'élément perturbateur et fauteur de trouble) et un acte de solidarité nationale, cher au gouvernement de Vichy, puisqu'il resserre les liens du corps social contre l'ennemi, qui n'est pas, rappelons-le, l'occupant allemand, mais les membres de la Résistance, qualifiés de « terroristes », « gaullistes » ou « réfractaires ».

L'évolution de cette loi est allée dans le sens d'un durcissement. Le *Vobif* (*Journal officiel du Haut Commandement allemand en France*) promulgue une ordonnance l'année suivante qui renforce encore le premier volet du dispositif. Le texte de 1942 « concernant la sauvegarde de l'autorité occupante » est explicite : « Quiconque aura commis un crime [portant atteinte à la vie ou la sécurité d'un membre de la Wehrmacht] sera puni de la peine de mort[81]. » Le second volet de la loi promulguée par Vichy, la non-assistance à personne en danger, est alors écarté.

Et aujourd'hui ?

Il n'est plus question d'encourager la délation. Concernant la non-assistance à personne en danger, la loi est explicite : « Quiconque pouvant empêcher par son action immédiate, sans risque pour lui ou pour les tiers, soit un crime, soit un délit contre l'intégrité corporelle de la personne s'abstient volontairement de le faire est puni de cinq ans d'emprisonnement et de 75 000 euros d'amende[82]. » Le Code pénal français est l'un des rares au monde, avec le Code pénal allemand (article 323c, « *Unterlassene Hilfeleistung* »), à promulguer une telle loi.

On est loin de La Fontaine qui, au XVIIe siècle, écrivait dans ses *Fables* : « Je ne suis pas de ceux qui disent : "Ce n'est rien,/C'est une femme qui se noie"[83] ».

AUJOURD'HUI
JOUR
SANS ALCOOL

II

Alimentation

L'occupant allemand a introduit la chimie dans l'alimentation française, sous forme de conservateurs alimentaires qui se sont révélés, par la suite, dangereux. La chimie est également présente dans l'introduction des *ersatz* – substituts alimentaires solides ou liquides – induisant de nouveaux modes de consommation. Enfin, le gouvernement de Vichy a mené, avec un certain succès, une croisade contre l'alcoolisme. Après Vichy, nos habitudes alimentaires et notre consommation de boissons ne seront plus tout à fait les mêmes.

Vichy procède à des restrictions concernant la consommation d'alcool. À la terrasse d'un café parisien, un « jour sans alcool » est apparemment aussi un jour sans joie. (Roger Schall, 1941)

Quand la chimie allemande s'en mêle : Fanta et Pamprel

De nouvelles boissons, sans alcool, émergent pendant l'Occupation. Tout d'abord, un soda allemand produit par la société américaine Coca-Cola, orange, pétillant et chimique : le Fanta. Une autre boisson voit le jour, le Pamprel, au cours de l'été 1940. Cette reprise chimiquement modifiée d'un jus de raisin fabriqué en Bourgogne, vendu en pharmacie sous le nom de Pampryl pour ses propriétés supposées curatives, est commercialisée à grande échelle et à grand renfort de publicité, y compris dans le magazine de propagande allemande, *Völkischer Beobachter*.

Fanta, une invention allemande ?

Avec quarante-trois usines d'embouteillage à travers l'Allemagne et six cents points de distribution, la filiale allemande de la société américaine Coca-Cola, Coca-Cola Deutschland, est prospère et influente dans l'Allemagne nazie. Elle sponsorise notamment les Jeux olympiques de Berlin en 1936.

Après 1941 et l'entrée en guerre des États-Unis, il devient difficile de commercialiser une boisson aussi ostensiblement américaine, même si la raison invoquée pour cette cessation est celle du blocus empêchant l'importation des ingrédients nécessaires à sa fabrication[1]. L'Allemand Max Keith, président de la filiale en Allemagne depuis 1939, lance alors une boisson de substitution, le Fanta, abréviation du mot *Fantasie*, qui signifie « imagination » en allemand. Pétillant et non alcoolisé, le Fanta est à mi-chemin entre le cidre pour ses composants et une autre célèbre boisson gazeuse américaine, le ginger ale, soda fabriqué à partir d'extraits de gingembre.

Composé de résidus de cidre obtenus à partir de fibres de pommes pressées et de déchets de fromage, adouci dans un premier temps à la saccharine, puis sucré au « vrai sucre » de betterave (à hauteur de 3,5 %), coloré chimiquement en orange et comportant un certain nombre d'arômes artificiels et d'agents conservateurs, le Fanta connaît un succès immédiat. Le slogan indique qu'il s'agit d'une boisson gazeuse « au goût de fruit ». La recette est adaptée aux autres filiales européennes, en fonction des ingrédients auxquels elles ont accès.

Le Fanta se sert de la structure d'embouteillage des usines allemandes de Coca-Cola – la forme de la bouteille reste sensiblement la même – et s'appuie également sur son vaste réseau de distribution. En 1943, trois millions de bouteilles sont vendues en Allemagne[2]. Les profits de Fanta sont reversés à la maison mère, Coca-Cola, à la fin de la guerre.

Une publicité allemande pour la boisson Fanta. On notera la similitude de la bouteille avec celle d'une célèbre autre boisson gazeuse. (1943)

De Pampryl à Pamprel : une seule lettre peut tout changer

Le Pamprel, lui, vient de France, plus exactement de Bourgogne. Son histoire commence en 1926, lorsque la maison de négoce en vins Moillard-Grivot, dirigée par Charles Thomas à Nuits-Saint-Georges, commercialise un jus de raisin rouge dont on a arrêté chimiquement la fermentation. Cette boisson est d'abord appelée Pampryl, nom composé de la racine « pampre » (feuille de vigne avec ses feuilles et ses grappes) et du suffixe « -yl », caractéristique des radicaux en chimie.

Dans l'entre-deux-guerres, les « cures de raisin », rouge ou blanc, sont prisées et réputées pour leurs propriétés dépuratives et vendues en pharmacie. Le Revigor, à base de raisin blanc, fabriqué par un concurrent de Nuits-Saint-Georges, en est un exemple célèbre. En août 1940, Pampryl, dont la diffusion était jusque-là restreinte, devient « Pamprel » dans la législation de Vichy. Ce léger changement de nom s'accompagne également d'une modification chimique. Le décret du 11 août 1940 relatif à « l'utilisation des moûts de raisin » stipule dans son premier article que « l'emploi de l'acide monobromoacétique pur ou de son sel de sodium pur [...] est autorisé pour muter les moûts de raisin de la récolte 1940, destinés à être ultérieurement concentrés en vue de l'obtention de sirops de raisin, de sucre de raisin ou de confiture aux raisins ». Le moût de raisin est du jus de raisin non fermenté, obtenu lors de la première étape de la vinification. L'acide monobromoacétique (couramment appelé acide bromacétique) est, quant à lui, un conservateur alimentaire allemand : le *Bromessigsäure* est un produit chimique corrosif et toxique qui se présente sous la forme de cristaux transparents à dissolution rapide dans l'eau. Utilisé notamment dans la fabrication de gaz lacrymogènes, il est classé dans la catégorie des poisons. La chimie allemande entre donc dans la cuisine française pour en transformer les habitudes alimentaires. Le Pamprel sera commercialisé dans toute l'Europe occupée, comme en témoignent les publicités parues dans le *Völkischer Beobachter*, un organe de presse nazi.

Et aujourd'hui ?

L'utilisation de l'acide bromacétique est interdite dans de nombreux États du monde, dont la France. Dans les années 1980, un scandale éclata en Allemagne lorsqu'on dévoila que ce produit était toujours utilisé pour conserver la bière. Le Pamprel, lui, a retrouvé son nom de Pampryl et connaît un succès international. Depuis 1960, la société, qui appartient à un grand groupe, est la première marque sur le marché.

Quant au Fanta, son créateur et directeur Max Keith a continué de travailler au poste de directeur de Coca-Cola Deutschland après guerre. La société appartient d'ailleurs toujours à Coca-Cola et la boisson a continué de se diversifier : Fanta aux fleurs de sureau en Roumanie, Fanta au cassis en Suisse et à Madagascar.

« Un damné succès, ce succédané ! », clamait une publicité radiophonique durant l'Occupation. Un succès qui ne se dément pas.

Le retour aux eaux minérales

Le régime de Vichy s'intéresse aux eaux minérales, gazeuses ou non, et facilite leur exploitation commerciale. On trouve cinq textes de loi sur ce sujet entre 1940 et 1943. Certes, on boit de l'eau minérale avant 1940, mais de nouvelles habitudes alimentaires induites par le gouvernement de la Révolution nationale s'installent.

Un peu d'histoire

Jusqu'en 1940, l'utilisation et la consommation d'eau minérale s'inscrivent dans une tradition de bien-être, issue du thermalisme : on prend les eaux, on boit de l'eau pour prévenir ou guérir certaines maladies telles la goutte (rhumatismes), la maladie de la pierre (calculs rénaux) ou les maux de foie. Mais il arrive déjà que l'on boive, par goût, de l'eau en bouteille.

L'eau minérale sous le gouvernement de Vichy

Dans le cadre de la lutte contre la « décadence nationale », l'une des priorités du nouveau gouvernement est de combattre l'alcoolisme. Et l'eau minérale, gazeuse ou non, en est le support idéal. Elle est hygiénique, saine et non alcoolisée. L'influence allemande est sans doute à prendre en considération dans la place tenue par les eaux minérales sous l'Occupation, en particulier les eaux gazeuses. Il existe une coutume germanique, toujours d'actualité, selon laquelle, contrairement aux habitudes françaises, on ne consomme pas l'eau du robinet (*Leitungswasser*), mais de l'eau en bouteille, de préférence pétillante.

Issue des profondeurs du sol français, souvent même à proximité de Vichy, l'eau prend en quelque sorte la saveur des terroirs de France. De nombreuses régions vont ainsi être mises ou remises à l'honneur grâce à leur eau : les Vosges (Vittel), les Alpes (Évian), le Languedoc (Perrier), le Massif central (Vichy, Châteldon...). De plus, tous les éléments nécessaires, de son extraction à son conditionnement, se trouvent souvent sur place : sources et carrières dont le sable sert à fabriquer les bouteilles de verre, parmi lesquelles Perrier est un exemple représentatif. En ces temps de restrictions, l'eau présente l'avantage de n'avoir besoin d'aucun additif (sirop ou autres composants).

La législation de Vichy s'attache à définir ce qu'est une eau minérale. C'est une eau destinée à être bue, d'origine souterraine, naturelle (captée à la source) ou géologique (obtenue par forage), d'une composition chimique stable et ne subissant aucun traitement. Vendue en bouteille, cette eau peut être gazeuse ou non. Une eau minérale n'est donc pas une simple eau de source, comme le définit la loi parue au *Journal officiel* de septembre 1942.

L'eau de Perrier est caractéristique de cette période. Elle prend sa source aux Bouillens, à Vergèze, dans le Gard. Déclarée d'utilité publique en 1933, détenue par les héritiers du fondateur anglais Harmsworth, l'eau pétillante du Languedoc est réquisitionnée par Vichy en 1940. Son exploitation commerciale s'accompagne

Sous l'Occupation, l'eau de Vichy et ses multiples sources adjacentes connaissent un formidable essor. (Photo André Zucca, Les Halles, Paris, juillet 1941)

d'une grande campagne de publicité. Les consommateurs visés sont les « J3 », groupe désignant les « adolescents âgés de 13 à 21 ans » selon les catégories de rationnaires fixées par le régime de Vichy[3], les autres étant les « J1 » (enfants de 3 à 6 ans) et les « J2 » (enfants de 6 à 13 ans). Adolescents et jeunes adultes sont incités à ne plus consommer d'alcool et à vivre sainement : boire un Perrier, c'est en quelque sorte boire du champagne sans alcool. « Perrier, l'eau de la jeunesse déclarée d'utilité publique », proclame une publicité dans *Paris-Soir*, le 5 août 1941. Et, le 8 septembre 1942, une autre annonce la déclare « eau préférée de la jeunesse ». Puisque la promotion des boissons alcoolisées est interdite depuis le 24 août 1940[4], celle pour l'eau minérale tente de prendre sa place. Il n'est pas sûr que l'argument ait pris.

L'eau de Châteldon est une autre eau emblématique de la période de l'Occupation. Pierre Laval, futur président du Conseil, reprend avant-guerre l'exploitation de l'eau de la source Sergentale à Châteldon, sa ville natale, située à 20 kilomètres de Vichy. « En 1931, il réalisait son rêve secret d'enfance en achetant le château [de Châteldon] dont la silhouette dominait de toute sa hauteur l'auberge familiale. Pour 200 000 francs, il s'y ajoutait un moulin hors d'âge, une scierie et trois sources d'eau minérale[5]. » Faut-il croire l'ancien chef du cabinet civil de Pétain, Du Moulin de Labarthète, qui, dans ses mémoires, avance même que le choix de la ville de Vichy comme capitale du nouveau gouvernement aurait été dicté par des motifs liés à l'existence de l'eau minérale : « Deux hommes : Laval, que tentait la proximité de Châteldon, et Raphaël Alibert, qu'une cure de désintoxication ramenait, chaque année, sur les bords de l'Allier, ont choisi, volontairement, ce lieu [Vichy][6] » ?

La Société des eaux minérales de Châteldon produit plusieurs centaines de milliers de bouteilles d'eau de Sergentale par an. Laval les fait acheter par la Compagnie des wagons-lits et la Compagnie générale transatlantique. Sous l'Occupation, on trouve cette eau dans les restaurants chics de la capitale, notamment au Fouquet's, la « cantine » de Laval[7]. Toutefois, « l'eau de Laval » ne rencontre pas tout le succès escompté.

En France, la captation des sources s'étend. Le recaptage des sources Vairet n° 2, Quatre étoiles et Saint-Blaise-(Saint)Yorre – Saint-Yorre étant le nom de la commune située à proximité de Vichy – est entériné par une loi parue dans le *Journal officiel* de 1943. La Société générale commerciale d'eaux minérales du bassin de Vichy est autorisée par la loi à procéder, à ses frais, au forage. Conditions, taille, outillage, profondeur…, rien n'est laissé au hasard.

De nouvelles habitudes de consommation naissent. Au verre d'eau courante, servi gratuitement dans les cafés, succède souvent l'eau minérale… payante. De plus, les eaux minérales s'offrent désormais à la vue du consommateur, au détriment des boissons « alcooliques ». Une loi relative à « l'étalage obligatoire des boissons non alcooliques », parue dans le *Journal officiel* d'octobre 1943, incite à la consommation d'eau.

Et aujourd'hui ?

Après 1944, il ne sera plus possible de commander un « quart Vichy » comme auparavant, ni de suçoter les pastilles éponymes de la même façon. Aujourd'hui, l'eau de Saint-Yorre, propriété de la société Neptune (qui possède également, et entre autres, Vichy-Célestins), ne veut plus s'appeler Vichy-Saint-Yorre, mais Saint-Yorre tout court. Quant à l'eau de Châteldon, elle entre en sommeil en 1945 jusqu'à son rachat par la même société Neptune en 1993 où elle est commercialisée comme… « l'eau de Louis XIV » !

À partir de 1954, les eaux minérales, telle la Badoit, ne se trouvent plus seulement en pharmacie, mais s'achètent en vente libre. De fait, leur consommation augmente.

L'eau minérale est devenue une spécificité française. Il en existe plus de soixante-quinze répertoriées dans l'Hexagone, davantage que dans tout autre pays du monde.

« Boissons chaudes », tisanes et herboristerie

La période 1940-1944 remet au goût du jour la « boisson hygiénique », appellation de tout breuvage considéré comme sain et, partant, de toute boisson visant à la conservation de la santé. Vichy légifère ainsi sur les boissons chaudes à base de plantes à quatre reprises : deux fois en 1941 et deux autres en 1943. Il s'agit également, dans une lutte générale contre l'alcoolisme, de contrer l'habitude du « vin chaud » pris par les soldats. Les « boissons chaudes » et les tisanes du soir, jusqu'ici réservées aux malades, font ainsi leur entrée dans les habitudes des Français.

Un peu d'histoire

À la fin du XIXe siècle, le vin, considéré comme bon pour la santé, fait partie des boissons hygiéniques. Pasteur écrit ainsi que « le vin est la plus saine et la plus hygiénique des boissons ». En effet, elle est indemne de germes, à la différence du lait par exemple, car la chaîne du froid n'existe pas. Quant aux boissons servies chaudes, mis à part le thé, le café et les bouillons, elles étaient souvent réservées à des usages médicinaux.

Les « boissons chaudes » sous l'Occupation

Dans la vague du courant hygiéniste des années 1930 (la santé par l'hygiène de vie, l'hygiène alimentaire, etc.), une boisson saine est d'abord pour l'occupant une boisson sans alcool, de préférence chaude. Ce peut être une soupe de légumes ou un bouillon de viande, tel le célèbre Viandox qui appartient à la société allemande Liebig (le suffixe -ox venant du mot *ochs*, signifiant « bœuf » en allemand). C'est ainsi que, dès l'hiver 1941, la distribution de liquides chauds dans les lieux publics fait figure de nouvelle « soupe populaire ». Comme le titre le quotidien *Paris-Soir* dans sa une du 13 février 1942, « la “boisson chaude” a un an d'existence [...], entrée il y a un an gare Saint-Lazare, sous le patronage du préfet de la Seine ». Nécessité fait loi : la pénurie de chauffage liée aux restrictions imposées par l'occupant crée un vif goût pour les boissons qui réchauffent le corps.

De son côté, l'occupant donne un sens nouveau à l'expression « boisson hygiénique ». Pour lutter contre l'alcoolisme, et en phase avec le gouvernement de Vichy, la consommation de boissons alcoolisées est sévèrement réglementée. Inversement, celle de toute boisson non alcoolisée, chaude ou froide, est encouragée. Les liquides issus d'une production naturelle et non fermentés, donc non alcoolisés, sont ainsi privilégiés. La tisane, eau chaude dans laquelle on laisse infuser des substances végétales, ou la décoction, eau dans laquelle on fait bouillir ces plantes, apparaissent comme une solution de secours. Outre qu'elles réchauffent le corps, elles possèdent des vertus supposées bienfaisantes notamment pour la digestion, le sommeil...

Promulguée « sous la pression des lobbies

Une loi du gouvernement de Vichy supprime le diplôme d'herboriste le 11 septembre 1941. Ici, l'une des dernières herboristeries françaises. (Paris, 1979)

pharmaceutiques[8] », selon Mathilde Siraut, la loi du 21 juin 1941 « relative à la vente des plantes servant à la composition des boissons hygiéniques » autorise la vente libre de cinq végétaux : tilleul, camomille, menthe, verveine et oranger. Ceux-ci ne sont soumis ni au rationnement ni aux restrictions. Le commerce de toutes les autres plantes relève de l'herboristerie, profession elle-même vouée à l'extinction car le droit d'exercer s'éteint avec la mort de celui qui le détient. Le *Journal officiel* du 4 décembre 1941 qui complète la loi du 11 septembre est explicite : « S'ils sont Français, les herboristes diplômés auront le droit d'exercer leur vie durant », mais ne pourront pas transmettre leur fonds de commerce.

L'herboristerie devient une affaire allemande et l'occupant fournit la liste des plantes « autorisées », c'est-à-dire pouvant être vendues chez les herboristes. Celles-ci s'élèvent à trente-quatre. En mai 1943, le *Journal officiel* en fournit le détail. Les différents mélanges d'espèces apéritives, stomachiques, digestives, rafraîchissantes, carminatives, pectorales et vulnéraires sont répertoriés. Enfin, le *Journal officiel* de septembre 1943 traite

*L'*Hieracium billyanum *de Retz, une plante découverte en France par deux herboristes de la Wehrmacht durant l'été 1944 dans les Pyrénées-Orientales.*

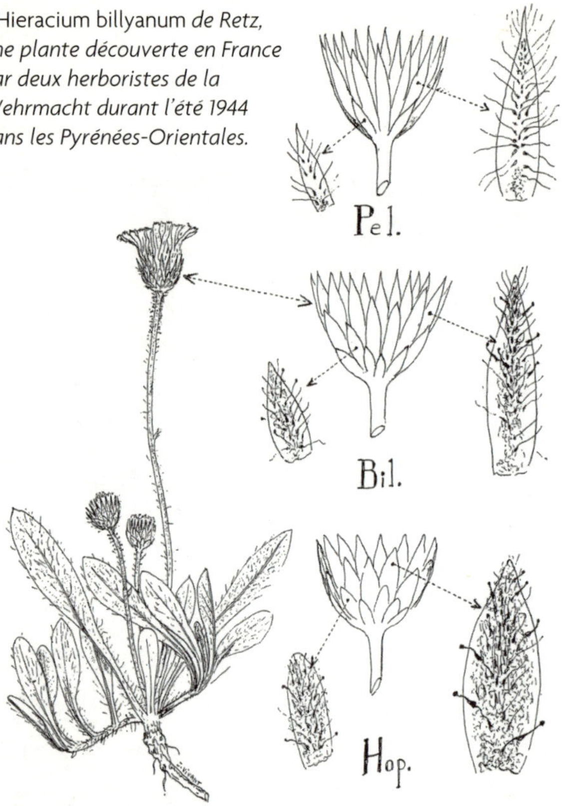

Hieracium billyanum de Retz, plante entière × 0,6.
Hop. : involucre de *H. hoppeanum* Schult. (Suisse, Grisons).
Pel. : involucre de *H. peleterianum* Mérat (Hautes Alpes).
Bil. : involucre de *H. billyanum* de Retz (Pyrénées Orientales).

des questions de production, transformation, commerce et marché des plantes médicinales. Une petite industrie est en marche.

Et aujourd'hui ?

Herboriste est un métier qui, en tant que tel, n'a jamais été réhabilité en France après-guerre. Aujourd'hui, seul un pharmacien a le droit d'exercer cette profession. Et l'herboristerie reste une pratique marginale. Le plus jeune herboriste de France, diplômé avant la suppression de 1941, a aujourd'hui quatre-vingt-onze ans. Cependant, une proposition de loi présentée le 12 juillet 2011 au Sénat vise à ressusciter la profession. En revanche, la consommation de tisanes et de boissons chaudes, dont la liste augmentée en 2008 et atteint désormais cent-quarante-huit plantes, est toujours en vente libre. La « petite tisane du soir » est devenue une pratique courante.

Herboriser en toutes circonstances

Entre le 17 et le 20 juillet 1944, alors que l'armée allemande se bat sur plusieurs fronts en France, deux officiers de la Wehrmacht, K.-H. Rechniger et H. Sleumer, entourés de leurs aides, herborisent dans les Pyrénées, en prenant un certain nombre de risques. Les deux botanistes découvrent ainsi une variété de plante inconnue jusqu'alors, l'espèce apomictique (génétiquement identique d'une espèce à l'autre) du genre *Hieracium*. La plante porte toujours aujourd'hui la mention de ses deux découvreurs.

La recherche constante de plantes nouvelles et de leurs possibles propriétés médicinales dans les pays conquis – ou en cours de conquête – fait partie des consignes données par l'occupant, qui herborisera jusqu'aux plateaux du Caucase. Ainsi, Ernst Jünger, dans son *Journal*, note-t-il régulièrement ses découvertes botaniques. Se promenant dans les jardins de Bagatelle à Paris, le 18 juillet 1943, il observe : « Le *Lilium Henryi* était en fleur ».

L'Occupation allemande a laissé d'autres traces : ainsi, une nouvelle variété, *Sedum caespitosum* (*Cav.*) *DC*, a été découverte à l'emplacement du mur de l'Atlantique, à Saint-Girons, dans les allées cimentées partiellement recouvertes de sable. Une tardive fleur franco-allemande[9].

La nouvelle place des apéritifs

De même qu'il est difficile de concevoir une sociabilité hors des cafés, de même l'« apéro » fait-il partie de la France de 1940, entre rencontres sacro-saintes à l'heure de l'apéritif et parties de billard. Pourtant, la France de Vichy ne se remettra pas des coups législatifs répétés portés aux boissons apéritives, en tout cas à celles à base d'alcool.

Un peu d'histoire

Les habitudes françaises préprandiales s'inscrivent dans une convivialité nettement alcoolisée. Deux types d'apéritif se partagent la faveur des Français : ceux à base d'alcool et ceux à base de vin. Les premiers seront plus ou moins condamnés, les seconds survivront à la législation mise en place dès 1940.

Les apéritifs à base d'alcool

Concernant les apéritifs à base d'alcool, tout part de l'absinthe, boisson portant le nom de la plante aux vertus médicinales qui la compose. C'est l'une des boissons préférées des Français, au point qu'à la fin du XIXe siècle, l'heure de l'apéritif dans les cafés est souvent appelée « l'heure verte », à cause de la couleur de la boisson. La « fée verte » comme l'appelle Oscar Wilde, au titrage élevé en alcool – entre 45 et 90 degrés –, est frappée d'une interdiction par la loi du 16 mars 1915, car sa consommation fait des ravages.

Les Français boivent d'autres apéritifs : en premier lieu, ceux à base de plantes amères – que l'on appelle les « amers » ou *bitters* –, tel le Campari (boisson italienne). Ils consomment également des apéritifs à base de racines de gentiane, d'une belle couleur jaune, telle la Suze (boisson française). Les spiritueux à base de goudron, tel le Picon (boisson française), font également partie de leurs apéritifs de prédilection. Enfin, des spiritueux à base d'anis, de badiane et de fenouil, qui se troublent au contact de l'eau comme le faisait l'absinthe, sont appréciés, tel le pastis, boisson française créée en 1932 et légalisée en 1938. On la servira souvent à l'apéritif dans les banquets de la IIIe République. C'est à tous ces apéritifs au fort titrage – entre 40 et 45 degrés, parfois davantage – que s'attaque le régime de Vichy.

Les apéritifs à base de vin

Concernant les apéritifs à base de vin, le plus souvent cuit et aromatisé, dont la fermentation est coupée à l'alcool neutre, à la saveur plus ou moins amère, ils contiennent au moins 80 % de substances viniques et titrent moins de 23 degrés. Ils peuvent faire partie des « quinquinas », le plus souvent rouges, du type Saint-Raphaël, Byrrh ou Dubonnet. Mais ils peuvent aussi faire partie des vermouths, aromatisés aux herbes, vermouths blancs avec les marques Noilly-Prat ou Lillet (boissons fabriquées en France) ou encore Cinzano (en provenance d'Italie) ou bien vermouths rouges avec le Martini (Italie également).

Les apéritifs à base de vin peuvent aussi être composés de vins doux naturels dont la fermentation est arrêtée par l'apport d'alcool, tels le muscat de Frontignan, le rivesaltes ou le beaumes-de-venise (français), le porto ou le madère (portugais).

Les apéritifs à base de vin auront les faveurs du régime de Vichy. On prête en effet au vin une valeur hygiénique. De plus, en ces temps de préférence nationale, ces boissons sont en grande majorité produites en France. Et leur faible titrage en alcool – autour de 18 degrés – pourra facilement être abaissé à celui requis par la loi de 1940, soit 16 degrés.

Les apéritifs sous l'Occupation

L'initiative d'interdire les apéritifs à base d'alcool vient, semble-t-il, non de l'occupant, mais du gouvernement de Vichy, qui souhaite lutter contre la « décadence nationale ». Dans la loi du 23 août 1940, tout apéritif supérieur à 16 degrés est interdit. La presse de propagande accompagne la nouvelle législation. Le quotidien *Paris-Soir* titre ainsi à la une, le 1er septembre 1940 : « Anis, *bitters*, gentianes, goudrons sont désormais interdits. Ils seront ramenés de 45 degrés à 16 degrés. » Anis comme le pastis, *bitter* comme le Campari, gentiane comme la Suze, goudron comme le Picon. Réduire leur teneur en alcool à 16 degrés revient à diviser par trois leur titrage, autant dire à ne plus les faire exister. Que boire dès lors ?

La loi stipule que la vente et l'offre d'apéritifs à titre gratuit à des mineurs de moins de vingt ans sont interdits. L'âge de la majorité étant alors à vingt et un ans, la sociabilité autour de « l'apéro » est désormais interdite aux « jeunes ». Après la boisson consommée, c'est le consommateur qui est visé. Cette sévère législation s'accompagne de slogans : « J'ai faim, je n'ai pas besoin que l'on m'ouvre l'appétit », entend-on (apéritif vient en effet du latin *aperire* : ouvrir). En ces temps de restrictions alimentaires, il ne s'agit pas d'avoir *encore plus* faim. En revanche, dans une optique de retour à la terre, sont valorisés les apéritifs à base de vin les plus naturels possibles, donc les moins mélangés et les moins cuits. La préférence est ainsi donnée au rivesaltes (un rouge), au muscat de Frontignan (un blanc) – l'un des premiers à recevoir l'Appellation d'origine contrôlée (AOC) en 1940. Et bien sûr, en ces temps d'anglophobie, la consommation de vins français est encouragée, au détriment de vins « étrangers », tel le porto bu par les Anglais.

Les conséquences économiques ne se font pas attendre. Les entreprises d'apéritifs à base d'alcool ou d'anis doivent fermer (pastis Paul Ricard, distillerie Suze). Inversement, celles produisant des apéritifs à base de vin font florès : l'entreprise Cusenier produit le « quinquina » tandis que Byrrh développe son chiffre d'affaires dès 1940. La loi de 1942 renforce cette inégalité entre apéritif à base d'alcool et à base de vin : « Toutefois, ces dispositions [restrictives concernant la consommation d'alcool] ne s'appliqueront pas aux mêmes bénéficiaires de l'AOC "Champagne", aux vins doux naturels, aux vins de liqueur, aux apéritifs à base de vin et de vermouth[10]... » On ne peut être plus explicite.

Et aujourd'hui ?

Hormis le pastis, les apéritifs à base d'alcool ne se sont pas vraiment remis de cette interdiction. Il a fallu 1944 et la mode du whisky (scotch et surtout bourbon), apporté par les *GI'S* lors du Débarquement de Normandie, pour remettre un apéritif à base d'alcool en vogue. La « fée verte », l'absinthe (apéritive), elle, a été interdite à la commercialisation jusqu'en 2010.

Quant aux apéritifs à base de vin, certaines marques prisées pendant l'Occupation sont tombées dans l'oubli. Qui boit aujourd'hui encore du Lillet ? Et l'on s'est remis à boire du porto.

Affiche éditée par le Comité vauclusien de la Révolution nationale. On remarque que le pastis, boisson interdite par le régime de Vichy, compose l'un des soubassements de la maison qui s'écroule. (Avignon, 1941)

La fin du droit de bouilleur de cru

Considérée souvent à tort comme une « loi de Malraux » promulguée en 1959, la fin du droit de bouilleur de cru date de Vichy. Le gouvernement légifère à deux reprises à ce sujet, en juillet 1940 et en janvier 1941. La loi s'inscrit dans une démarche de lutte contre l'alcoolisme, en vue du « redressement national » mais permet aussi de récupérer des taxes indirectes.
La fin de ce droit est également le symbole de la mainmise de l'État sur ce qui est considéré comme un privilège acquis. Des inspecteurs zélés, spécialement recrutés pour cette tâche, y veilleront.

Un peu d'histoire

Les ravages causés par l'alcool dans la société française, et particulièrement par les alcools forts en raison, notamment, de distillations privées, font partie de la mémoire collective. La scène de distillation décrite par Zola dans son roman *L'Assommoir* (1877), où l'alambic personnifié joue l'un des rôles principaux, en éclaire l'un des aspects.

La fonction de « bouilleur de cru », qui consiste à faire « bouillir », c'est-à-dire distiller son « cru » (raisin, pommes, cerises ou prunes) le plus souvent chez soi, en vue d'obtenir un alcool très titré, est un privilège accordé par Napoléon. Dans une France essentiellement rurale et viticole, cette fonction est souvent occupée par le producteur ou le vigneron lui-même. Il s'agit d'un statut, non d'une profession. Et « le retraité est, comme le bouilleur de cru, un personnage éminemment français » (Albert Thibaudet). Vichy va s'attacher à le faire disparaître.

La fin des privilèges

L'extinction du droit de bouilleur de cru est l'une des premières lois promulguées par Vichy. À l'été 1940, la loi stipule qu'« à partir du 1er avril 1940 est interdite la distillation à domicile par les bouilleurs de cru ». Des articles de presse accompagnent cette loi impopulaire. Ainsi, le 23 juillet 1940, la une de *Paris-Soir* titre : « Le régime forfaitaire des bouilleurs de cru est supprimé et la distillation à domicile interdite. » Le « régime forfaitaire » consiste en l'exonération de taxes sur les dix premiers litres d'alcool pur produits, instaurée par la loi de 1923 qui avait entrepris, dans l'entre-deux-guerres, de lutter contre l'alcoolisme.

La mesure instaurée par Vichy est progressive. Le « droit de bouillir » n'est plus transmissible. Comme pour l'herboriste, ce droit s'éteint avec la mort de celui qui le détient. Malgré cette atténuation, cette loi sera l'une des plus impopulaires du gouvernement. Cependant, elle ne constitue que le premier volet de la démarche entreprise.

La loi « relative au régime économique de l'alcool », parue dans le *Journal officiel* en janvier 1941, en constitue le second volet : la production des alcools éthyliques est réservée à l'État, représenté par le service des Alcools. La loi précise que le domaine concerné est celui des eaux-de-vie et des genièvres (ce que l'on appelle aujourd'hui « gin »). L'État devient ainsi le grand distillateur. Les inspecteurs des contributions indirectes, qui relèvent de la Direction générale des douanes (corps créé en 1869), sont chargés de veiller à l'application de cette loi. Habilités à pénétrer dans les caves à tout moment, leur intrusion s'accompagne de fûts mis définitivement hors d'usage quand des inspecteurs trop zélés y avaient versé de l'essence, afin de s'assurer de la fourniture d'alcool industriel[11]. Ils sont honnis et contribuent à desservir l'image de Vichy.

Et aujourd'hui ?

À la Libération, la loi de Vichy est abrogée. C'est seulement près de vingt ans plus tard qu'est promulguée, à l'initiative d'André Malraux, la loi de 1959 sur la fin du droit de bouilleur de cru. Celle-ci reprend dans ses grandes lignes celle de 1940, à cette réserve près que seul le conjoint survivant peut encore user du droit de bouilleur de cru.

Aujourd'hui, le « privilège de bouilleur de cru » consiste en exonérations sur les vingt premiers litres d'alcool à 50 degrés. Les degrés supplémentaires sont taxés. Sinon, il convient de faire une déclaration au Service des douanes et droits indirects et de payer dès le premier litre d'alcool (15 euros environ en 2011). De quoi décourager de faire son alcool soi-même.

La systématisation des vins AOC : historique du goût ou décision politique ?

L'Appellation d'origine contrôlée (AOC), dénomination visant à protéger un produit alimentaire lié à son origine géographique, existait avant la période de l'Occupation. Par exemple, il est question de la protection du roquefort dès le début du XVIIe siècle. Cependant, entre 1940 et 1944, les vins porteurs de l'Appellation d'origine contrôlée connaissent une singulière fortune. Les décrets-lois sur le statut du vin se succèdent en 1942 et 1943. En effet, le statut particulier accordé à ces vins les protège des restrictions et en permet le libre commerce.

Un peu d'histoire

Au XVIIIe siècle, la notion d'appellation d'origine appliquée aux vins concerne en premier lieu la protection du champagne. Cette dénomination connaît un long cheminement. Appliquée au secteur vinicole pour protéger les producteurs après la destruction des vignobles par le phylloxéra à la fin du XIXe siècle, l'Appellation d'origine contrôlée fait l'objet, dès 1905, de différentes lois sur la dénomination d'origine. Celle-ci concerne exclusivement l'aire géographique. Insuffisante, elle provoque des émeutes entre les départements de l'Aube et de la Marne, l'un s'estimant lésé au détriment de l'autre quant à la désignation du champagne.

Avec la loi de 1919, les tribunaux civils sont déclarés seuls compétents pour définir les appellations d'origine. Ce choix va se révéler source de litiges, en raison de l'absence de critères qualitatifs concernant le terroir, le cépage, le rendement et le degré d'alcool. Mais désormais, l'appellation contrôlée relève du droit collectif de propriété, elle n'a pas de caractère générique (autrement dit, une appellation ne peut se substituer à une autre) et ne peut tomber dans le domaine public. Les lois se succèdent jusqu'en 1935 pour aboutir à la déclaration d'un statut spécifique de ces vins.

En 1936 paraissent les premiers décrets d'AOC sur les vins. Une eau-de-vie y figure, en provenance des Charentes : le cognac. À la fin de l'année, soixante-dix sortes d'AOC sont inscrites et répertoriées. À la veille de la Seconde Guerre mondiale, plus de deux cents sortes d'AOC sont classées. Les régions du Bordelais et de la Bourgogne sont privilégiées. Et dans les diverses régions de France, AOC et appellation d'origine simple continuent de coexister.

L'Occupation, « âge d'or » des AOC ?

Par le décret du 3 avril 1942 disparaît la double appellation pour un même vin, qui doit désormais être d'origine simple ou d'appellation contrôlée. La première dénomination persiste jusqu'en 1973, date à laquelle elle prend le nom de VQPRD (Vin de qualité produit dans une région donnée) puis aujourd'hui, celle de « Vin de pays ». Quant à l'appellation contrôlée, elle suscite un intérêt particulier sous l'Occupation. En effet, le vin, comme toute denrée de consommation courante, est rationné et taxé. La fixation du prix étant liée au seul titrage, posséder une AOC permet de sortir de cette définition restrictive et autorise la libre circulation de ces précieux liquides : « Les vins dont la notoriété commerciale dépendait de leur valeur marchande ne pouvaient faire l'objet d'un rationnement [...]. C'est ainsi que les AOC devinrent vraiment un instrument de promotion qualitative et économique[12]. »

Monter un dossier d'AOC est une procédure longue qui prend souvent plusieurs années. Ainsi, les démarches d'homologation entreprises le plus souvent sous la IIIe République aboutissent à point nommé sous le gouvernement de Vichy. Dès lors, la voie est ouverte à toutes sortes de commerces valorisant les productions du terroir français, mais toujours au bénéfice de l'occupant allemand – et des producteurs régionaux : « Le tracé de la ligne de démarcation faisait tomber la plupart des meilleurs vignobles en zone occupée[13]. »

Le vin à appellation contrôlée est à l'abri des fraudes et des contrefaçons. Il porte désormais une identité précise, dont on peut vérifier les

La ligne de démarcation en 1940.
La majeure partie des grands crus français passe du côté de la zone occupée. L'AOC les protégera et permettra le commerce avec l'occupant.

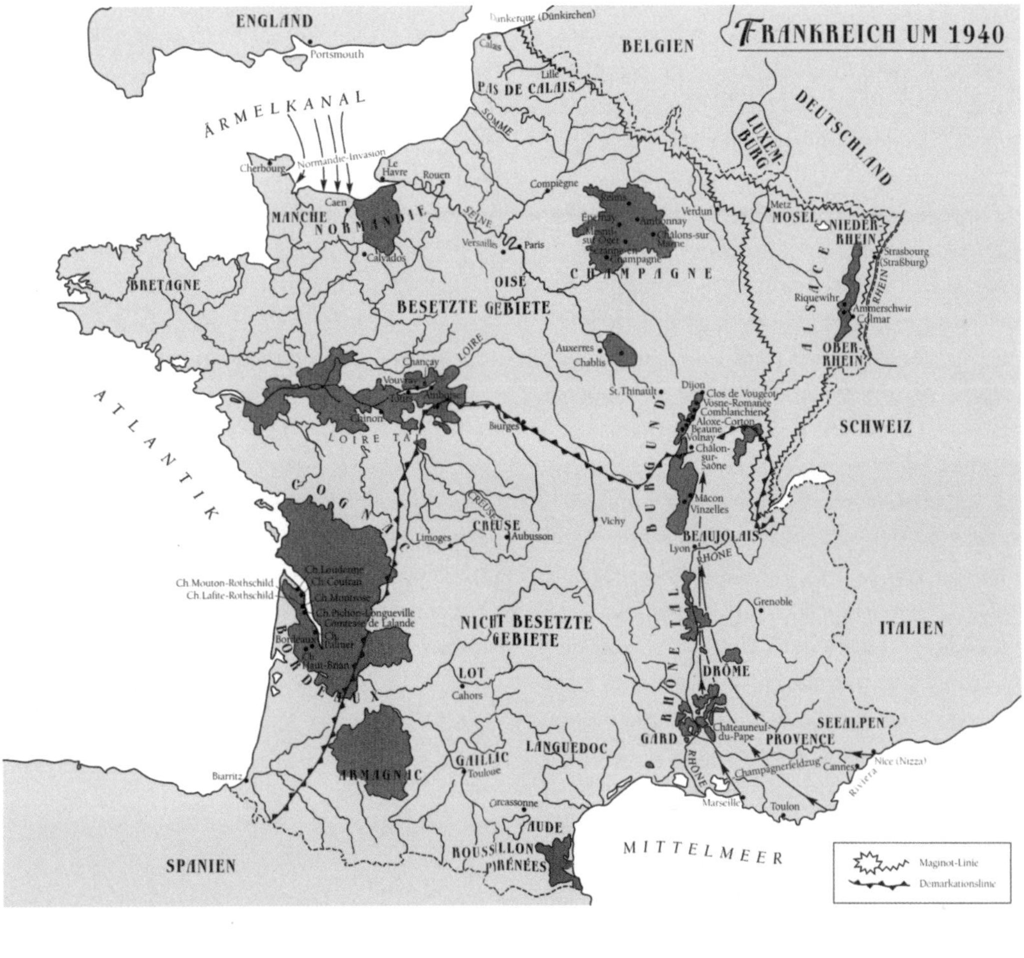

critères constitutifs, qui ne cessent de s'affiner. Muni de cette désignation, on peut lui donner un patron, comme on le fait d'un saint lors du baptême dans la religion catholique et lui faire une offrande. C'est ainsi que les représentants de certains vins de Bourgogne se tournent vers le maréchal Pétain. En mai 1942, le préfet régional s'adresse aux Hospices de Beaune afin que l'établissement fasse don d'une partie de son vignoble au Maréchal : « La motion fut adoptée à l'unanimité. Ils [les Hospices] choisirent une parcelle particulièrement prisée d'un vignoble dominant Beaune, une terre appartenant aux Hospices depuis 1508. Elle fut rebaptisée Clos du Maréchal[14]. » La « Cuvée des Dames hospitalières » est un cru classé, situé à un emplacement bien orienté, à l'ouest de Beaune, au lieu-dit Les Theurons, pour une superficie d'un peu plus de 51 ares, au cœur du vignoble rouge (cépage de pinot). Elle ne retrouvera son nom qu'à la fin de l'Occupation.

Parallèlement, les différentes appellations s'organisent, notamment autour des vins de bourgogne, en 1942 et 1943. Les « premiers crus » de Bourgogne sont désignés, avec d'emblée le chablis, vin blanc du nord de la Bourgogne. Récolté sur des territoires précis – chaque village est nommé –, le décret stipule que « le nom du climat d'origine[15] devra être placé après celui de l'appellation communale et être imprimé en caractères identiques ». On a donc un chablis Grand Cru qui, s'il ne remplit pas toutes les conditions, est appelé chablis Premier Cru. Les vins rouges du sud de la Bourgogne suivent – fixin, beaune, pommard, nuits et nuits-saint-georges, vougeot et vosne romanée, entre autres, faisant chacun l'objet de spécifications détaillées.

Puis la question du degré alcoolique et du taux de sucre est abordée. Quand parle-t-on de bourgogne rouge ou blanc ? Pour être qualifié de rouge, le vin doit contenir, après fermentation, 178 grammes de sucre naturel par litre. Le minimum de degré alcoolique autorisé est de 10,5. Le blanc, après fermentation, contient pour sa part 196 grammes de sucre naturel par litre et un titrage plus élevé : au minimum 11,5 degrés. Le rendement moyen est fixé, qui impose par décret un quota par hectare. Le dépassement du quota retire le droit à l'appellation. C'est ainsi que les crus d'Appellation d'origine contrôlée Bourgogne sont nés. Aucune loi n'abrogera ces acquis.

Et aujourd'hui ?

Dans les années 1947-1950, forte du succès des vins à appellation contrôlée, la qualification s'étend à d'autres productions du terroir français – fromage, huile d'olive, condiment, miel, volaille, viande et légume. La dénomination s'affine constamment. La loi de 1949 maintient ce principe d'appellation. Celle, européenne, de 1992, étend cette dénomination à celle d'Appellation d'origine protégée (AOP). La loi oblige à retracer l'historique de l'aliment ou de la boisson considérée, de façon à remonter à au moins un siècle.

Aujourd'hui, il existe quatre-vingt-quatre Appellations d'origine contrôlée en Bourgogne[16], neuf appellations régionales, quarante et une appellations communales ou « villages » et trente-quatre grands crus pour une production qui concerne deux tiers de blancs et un tiers de rouges ou rosés.

Deux institutions autour du vin

Vichy légifère à quatre reprises, entre 1940 et 1943, sur les institutions qui encadrent la production et la commercialisation du vin. Parmi elles, l'Institut national des appellations d'origine (INAO). Le CIVC (Comité international du vin de Champagne) a, lui, pour mission de contrôler et de fédérer la production viticole.

Naissance de l'INAO

L'Institut national des appellations d'origine, créé pendant l'Occupation, est la refonte d'une institution fondée en 1935 sous le nom de Comité national des vins et eaux-de-vie, l'année même de la création des appellations contrôlées. L'INAO, d'un nom à connotation moins révolutionnaire que celui de « Comité national », est une instance d'encadrement et de contrôle des dossiers d'homologation de l'appellation AOC, formant une sorte de sas entre les producteurs et la promulgation de la loi. Son objectif est de protéger la qualité du vin produit sur le terroir français, expression de l'identité nationale. Elle est donc une instance fédératrice et régulatrice.

Fédératrice en raison de l'hétérogénéité des viticulteurs, composés aussi bien d'« aristocrates de la paysannerie » que d'aristocrates tout court, à l'image du baron Le Roy, cofondateur de l'INAO. Fédératrice aussi de la disparité des intérêts régionaux, les viticulteurs du Midi, à forte tradition syndicale, *a priori* rétifs à une organisation de type corporatiste ne poursuivant pas les mêmes buts que les viticulteurs bourguignons par exemple.

Le « Clos du Maréchal », un vin d'Appellation d'origine contrôlée offert par les Hospices de Beaune au maréchal Pétain. (1942)

Instance régulatrice également car son organisation juridique lui permet de régler diverses questions litigieuses, dont celle de la délimitation des parcelles, ou d'engager des poursuites en cas de contrefaçon. L'INAO s'attache à faire respecter l'adage pétainiste selon lequel « la terre, elle, ne ment pas ».

L'institution crée ainsi une hiérarchie entre les différentes appellations, qu'il s'agisse de vins ou d'eaux-de-vie, au premier rang desquelles le calvados. Celui-ci en reçoit neuf, par un arrêté de 1942. L'aire de ramassage des pommes, les modes de fabrication et de distillation, le titrage (72° g/l à la sortie de l'alambic, 42° g/l à la consommation) y sont précisément indiqués. La loi de novembre 1943 impose aux détaillants de vins à appellation d'origine la tenue d'un registre d'entrée et de sortie. Cette loi existe toujours. Elle permet notamment d'éviter les fraudes – vendre un vin hors quota d'AOC, par exemple.

Et aujourd'hui ?

L'INAO perdure, même si son nom change. Depuis 2007, il porte celui d'Institut national de l'origine et de la qualité. Cet établissement public relève du ministère de l'Agriculture. Il gère les sigles AOC, IGP (Indication géographique protégée)[17], AOP, Label rouge et AB (Agriculture biologique).

Le CIVC

Le Comité interprofessionnel du vin de Champagne est une organisation professionnelle corporative telle qu'on en trouve sous le régime de Vichy. Un arrêté de novembre 1940 porte création d'un Bureau de répartition des vins de Champagne. Le CIVC est fondé le 13 avril 1941 par le baron Robert-Jean de Vogüé, qui dirige la maison de champagne Moët et Chandon. Cet organisme représente encore aujourd'hui l'essentiel de la Champagne viticole.

L'huile de pépins de raisin

La production d'huile de pépins de raisin est traitée à quatre reprises en 1940 par la législation de Vichy. Avant l'Occupation, personne en France ne s'était préoccupé des pépins de raisin et de l'utilisation qui pouvait en être faite. Ce sont plutôt le raisin, le travail de la vigne et du vin qui appartiennent à la culture française. Sous l'influence directe de l'occupant et par voie législative, de nouvelles huiles font leur apparition dès 1940, pour des usages parfois inattendus.

Du vin à l'huile

D'où vient en effet cet intérêt pour les pépins de raisin ? Le *Weintraubenöl* (huile de pépins de raisin) semble couramment employé dans la cuisine allemande, si l'on en juge par le nombre de recettes dont il est l'une des composantes. Cet intérêt particulier est-il lié à la « cure uvale », cette consommation exclusive de raisin quelques jours par an ? Cette dernière connaît un grand succès en Allemagne dans les années trente. Le gouvernement de Vichy, peut-être sous influence de l'occupant, détermine les « stations uvales » en France, par le biais de décrets parus au *Journal officiel* en novembre et décembre 1940.

Le développement de la production d'« aliments dérivés » du raisin est-il lié à l'anticipation d'une baisse de consommation de vin, donc une surproduction de raisin ? La loi du 22 août 1940 « relative à l'utilisation des pépins de raisin » indique que si « la production est supérieure à 50 hectares, les viticulteurs sont tenus d'épépiner les marcs et de réserver les pépins pour la fabrication de moûts gras ». Les moûts gras donnent des vins onctueux et longs en bouche, qui laissent des « jambes » sur la paroi du verre. Ils font partie des composants nécessaires à la fabrication d'alcool industriel, requise par l'État. Mais les pépins sont sans doute appelés à d'autres fonctions.

L'huile de pépins de raisin relève d'une production alimentaire locale et ne provient donc pas de l'importation. Il constitue « la récupération de la récupération » car seulement 10 % du produit de l'extraction fournissent l'huile, d'une couleur rougeâtre. Il faut environ une demi-tonne de pépins séchés en provenance des distilleries pour produire un seul litre d'huile. En ces temps de restrictions, tout est bon à prendre. Les pépins subissent une première pression pour former les pellets. Ceux-ci sont ensuite passés au solvant chimique, l'hexane – composé utilisé dans l'industrie, inflammable et très toxique –, pour produire l'huile qui est enfin raffinée. « L'huile de pépins de raisin apportera à notre économie un appoint appréciable », titre la une de *Paris-Soir*, en 1943.

Cependant, l'usage de cette nouvelle huile sous l'Occupation a des effets inattendus. L'encre d'imprimerie, par exemple, est parfois fabriquée sous le manteau à partir d'un mélange d'huile de pépins de raisin et de noir de fumée[18].

Et aujourd'hui ?

L'usage alimentaire de l'huile de pépins de raisin se poursuit après-guerre, d'abord au rayon diététique – son contenu calorique très faible en fait une alliée des régimes – puis au rayon « huiles » des grandes surfaces, où ses composants riches en acides gras insaturés (oméga-6) la font adopter dans une démarche générale de santé et de bien-être.

En cosmétique, cette huile « sèche », d'odeur neutre, composée de polyphénols riches en vitamine E, est utilisée essentiellement dans les massages. Le *Vitis vinifera* (nom latin de la vigne) n'avait pas livré tous ses secrets.

L'huile de colza

Cultivé au XIXe siècle sur de grandes étendues – 200 000 hectares entre 1820 et 1850 –, le colza n'occupe plus que le dixième de cet espace au moment de l'arrivée de l'occupant. Son huile sert alors surtout à l'éclairage. Conséquence de la colonisation, l'huile de colza est abandonnée en faveur des huiles d'olive et d'arachide.

Sous l'effet de l'arrêt des importations des huiles en provenance des colonies, la production d'huile de colza se développe durant la période de l'Occupation. Le gouvernement de Vichy la remet à l'honneur, cette fois pour un usage alimentaire. « La culture du colza connaîtra une nouvelle vogue », indique le magazine *L'Illustration* en 1941[19]. Les champs de colza en fleur, à la couleur jaune vif et à l'odeur de loukoum, n'ont pas fini de capter notre regard.

La culture du colza est une solution de remplacement développée sous Vichy du fait de l'arrêt de l'importation des huiles d'olive et d'arachide en provenance des colonies. (Dessin d'André Galland, L'Illustration, *15 novembre 1941)*

Fromage fondu et pâte à tartiner fromagère

Vichy légifère peu sur le statut du fromage fondu – un seul arrêté est promulgué pendant l'été 1942 – mais ce type de fromage fait partie des nouvelles habitudes de consommation, liées à la fois aux restrictions et à l'occupant. Coutume alimentaire outre-Rhin, notamment en Allemagne et en Suisse, il connaît ainsi un fort développement en France, où il s'implante durablement. La pâte à tartiner fromagère suit le même chemin.

Un peu d'histoire

Le fromage fondu a une existence antérieure à l'Occupation allemande en France. Il est répandu en Allemagne, en Autriche et en Suisse alémanique. Quant à la pâte à tartiner fromagère, c'est une coutume germanique de l'étaler sur sa tartine aux repas du matin et surtout du soir. Tous deux, peu réputés pour leurs qualités gustatives, sont en revanche faciles à conserver et à transporter.

À l'origine, le fromage fondu est préparé avec diverses pâtes fromagères pressées cuites (type emmental ou gruyère), dont les éléments ont été fondus à chaud. La Vache-qui-rit, cette crème de gruyère fabriquée en Suisse en 1921 par le fromager Léon Bel à partir de morceaux d'emmental impropres à la vente, en est un célèbre exemple. La pâte à tartiner fromagère, elle, est un mélange de fromages blancs pressés, accommodés ou non de condiments (herbes…).

Sous l'Occupation

L'occupant allemand importe ses habitudes alimentaires en France occupée. La dénomination « fromage fondu » s'étend rapidement à toutes les autres pâtes à fromage, cuites et désormais non cuites, qui entrent dans sa composition (frais, persillé, à pâte molle, etc.). La teneur en matière grasse de ce type de fromage baisse également. Un décret autorisant la fabrication de fromages fondus à 20 % de matière grasse paraît dans le *Journal officiel* du 24 août 1942. Le fromage ainsi obtenu est écrémé à 80 %, et n'est à l'origine d'aucune appellation – aux antipodes d'un maroilles, à l'appellation promue, dans le même temps, d'origine contrôlée.

À la différence des fromages sous AOC, le fromage fondu ne connaît pas de restriction de forme ni de poids – on en trouve de 20 g à 2 kg. Il a pour unique obligation d'être emballé sous papier aluminium. Sa production va se développer considérablement, à une échelle industrielle.

Et aujourd'hui ?

Les nouvelles réglementations imposées par l'occupant à des fins de restriction ont ainsi induit de nouveaux comportements alimentaires. Seul l'emballage du fromage fondu sous enveloppe métallique demeure, tel celui des mini-cubes apéritifs. Le reste est affaire de marketing.

Un fromage d'Appellation d'origine contrôlée : le maroilles

Vichy légifère à deux reprises sur le fromage de maroilles : le décret de 1941 est amendé l'année suivante, montrant l'intérêt porté par le gouvernement à une production du terroir. Les fromages français sont à l'honneur sous le régime de Vichy. Le maroilles en offre l'illustration.

Un peu d'histoire

Fabriqué depuis plus de mille ans par les moines de l'abbaye de Maroilles et dans les fermes alentour, le fromage du même nom est autant apprécié des rois (François Ier, Charles Quint…) que du peuple. C'est un fromage au lait de vache, gras, à pâte molle, au « fort bouquet et à la saveur corsée », selon le *Larousse gastronomique*, à la croûte rouge orangée lavée, comme le sont aussi l'époisses, le langres, la boulette d'Avesnes, le munster. Difficile de faire plus « français ».

Depuis 1935, le maroilles, originaire du nord de la France, est défini comme un fromage affiné quatre mois en cave avant d'être mis en vente. Que signifie « fromage affiné » ?, s'interroge le *Journal officiel* en décembre 1941, dans un décret signé du secrétaire d'État à l'Agriculture, Pierre Caziot : « Les fromages définis ci-dessous ne peuvent être […] mis en vente ou vendus qu'accompagnés des indications suivantes : 1. dénomination du fromage ; 2. lieu de fabrication du fromage, par la mention du département ou de la région. » Ceux-ci, inscrits dans une aire géographique, peuvent alors porter un « Label de qualité ».

Vichy remet à l'honneur les fromages de France, expression de l'identité des régions. Ci-dessus, des fromages du Nord dont le maroilles et la boulette d'Avesnes. Ci-contre, des fromages du Massif central, tels le roquefort ou la fourme d'Ambert. (L'Illustration, 14 février 1942)

Une nouvelle réglementation

Les décrets-lois de Vichy reviennent à deux reprises sur le fromage de maroilles, seul de son espèce à bénéficier d'une AOC pendant l'Occupation. En 1941, de nouvelles mentions deviennent obligatoires : le poids exact et la quantité d'extrait sec (taux exact de matières grasses et de protéines de lait du fromage, mesuré par dessiccation).

Un décret de 1942 signé par Jacques Le Roy Ladurie, ministre de l'Agriculture, revient sur le fromage de maroilles. La description du carré est longue et précise, la durée minimum d'affinage est donnée, les spécificités indiquées. La fermentation et l'obtention d'une croûte lavée à l'eau en retournant le fromage toutes les 48 heures impliquent un affinage de cinq à quinze semaines. Le fromage sous appellation prend définitivement la forme d'un pavé et non plus d'une brique comme il était d'usage, sans doute par similitude avec le matériau de construction utilisé dans le nord de la France. Il contient 40 à 50 % de matière grasse sur extrait sec, mesure treize centimètres de côté sur six de hauteur, et pèse au minimum 720 grammes.

On serait d'abord tenté de dire qu'en temps de restriction imposée par l'occupant, définir et légiférer sur un fromage aussi gras que le maroilles tient de la gageure. Dans une France largement paysanne, qui met en avant son terroir, la notion d'identité nationale passe par l'un de ses fleurons, le fromage. Et le contrôle des produits, la recherche de l'identité, voire l'obsession de la contrefaçon, font partie des thèmes de l'époque.

Mais c'est sur cette notion d'Appellation d'origine contrôlée qu'il convient de revenir pour avancer une hypothèse plus pragmatique. D'abord appliquée au secteur vinicole pour échapper aux réquisitions et au rationnement, l'AOC s'étend pendant la période de l'Occupation à divers liquides et solides, dont le fromage de maroilles. Non seulement la stricte définition du taux de matière grasse permet d'en récupérer une partie pour l'utiliser à d'autres fins (production de divers produits laitiers), mais les produits sous AOC ne peuvent faire l'objet de rationnement. Le maroilles bénéficie donc d'une liberté de prix, sans restriction commerciale.

Cependant, l'un des effets de la création de cette appellation sera d'augmenter l'écart entre fromages du terroir à fabrication artisanale, protégés par la dénomination AOC, et nouveaux fromages à fabrication industrielle, tant d'un point de vue quantitatif que qualitatif.

Et aujourd'hui ?

Le maroilles a encore connu une modification de son AOC par un décret de 1955, révisé en 1976 et réactualisé en 1986, précisant encore, s'il était possible, sa définition. Le fromage peut se présenter en boîte ou nu. Il est conçu dans une aire délimitée, selon un savoir-faire ancestral et précis. Quarante-trois fromages en France bénéficient aujourd'hui d'une appellation similaire. L'appellation nationale (AOC) est, depuis, passée protection européenne ou Appellation d'origine protégée (AOP). Le maroilles en fait partie depuis 1996. Cependant, il connaît une notoriété un peu moins grande, peut-être due à sa saveur trop prononcée pour les goûts actuels.

De Gaulle a dit : « Comment voulez-vous gouverner un pays où il existe deux cent cinquante-huit variétés de fromages ? » On voudrait ajouter… un pays de fromages à Appellation d'origine contrôlée sous Vichy.

Le riz de Camargue

Jusqu'en 1940, plusieurs régions de France sont encore désertes et laissées à l'écart des grandes zones agricoles : la Sologne (au sud d'Orléans), la plaine de la Crau et la Camargue (dans le sud de la France, entre Avignon et Marseille). Vichy tente de mettre ces régions en valeur : la Crau est assainie et, surtout, la Camargue est transformée en une vaste rizière, grâce à la main-d'œuvre indochinoise réquisitionnée pour la guerre.

Un peu d'histoire

À proximité de la Méditerranée, la grande plaine de la Camargue, coincée entre les deux bras du Rhône, est depuis longtemps une terre convoitée pour l'agriculture, la plantation d'arbres fruitiers et, surtout, la culture de la vigne. Mais son sol, gorgé de sel, ne permet que de maigres pâtures. Pour dessaler les terrains, les hommes ont tenté dès le XVIe siècle d'y faire pousser du riz. La Camargue est en effet la seule région de France où cette culture est possible : les conditions climatiques y sont comparables à celles de la plaine du Pô, grande région de riziculture en Italie. Ces tentatives, la plus notable datant de 1844, ont échoué en raison des difficultés pour acheminer l'eau douce et surtout à cause du paludisme. À la fin des années 1930, la Camargue n'est qu'une terre très pauvre.

Vichy et les grands travaux ruraux

L'un des volets de la Révolution nationale prône le retour à la terre. Dès le 25 juin 1940, le maréchal Pétain fait l'éloge de la terre qui, « elle, ne ment pas », ajoutant : « Une jachère de nouveau emblavée, c'est une portion de France qui renaît[20]. »

Au début de l'année 1941, François Lehideux, commissaire préposé au Chômage, indique qu'« il y a en France de grands travaux à accomplir ». Il nomme la Sologne, la Crau, la Vendée, Noirmoutier et précise sa pensée : « Nous avons ainsi des travaux immenses qui marqueront le sol, qui seront l'œuvre considérable d'une génération[21]. »

La Camargue va faire l'objet d'une attention particulière. À l'idéologie s'ajoutent des considérations pratiques : le ravitaillement fait défaut et l'approvisionnement en riz des colonies indochinoises est stoppé. Henri Maux est nommé par le ministre du Travail, René Belin, adjoint au Commissariat à la lutte contre le chômage de zone Sud au printemps 194[22]. Il est aussi responsable des étrangers réfugiés en zone Sud, et donc de quatorze mille travailleurs indochinois bloqués en France par la guerre, qui font partie de la main-d'œuvre indigène (MOI)[23]. Ceux-ci survivent dans des camps d'hébergement à Argelès et à Agde[24]. Maux, qui survole la Camargue le 20 mai 1941 avec Belin, fait part de ses impressions, le 8 août, à Alexandre Vialatte, alors envoyé spécial du *Petit Dauphiné* : « La Crau et la Camargue… ce sont des coins où tout reste à faire. » À son initiative, la 25e compagnie de travailleurs indochinois est affectée à la culture du riz en Camargue. Cette main-d'œuvre sous-payée est louée à des entreprises privées ou à des propriétaires agricoles, souvent de petits paysans. Un journal local, la *Revue d'Arles*, décrit en 1942, « des travailleurs jaunes, coiffés de chapeaux coniques en sagne [plante de marécage] tressée, [qui] coupaient à la faucille et engerbaient de magnifiques épis[25] ».

Des hommes d'affaires extérieurs à la région, qui sont aussi exploitants, comme Saint-Gobain, bénéficient de cette main-d'œuvre mise à leur disposition. Parmi eux, Paul Ricard. Cet industriel, natif de la banlieue de Marseille, crée un pastis en 1932, boisson légalisée en 1938. Vichy interdisant tout apéritif supérieur à 16 degrés, Ricard, qui dispose de personnel et de capitaux, est alors privé d'activité. Ayant acquis avant-guerre un domaine en Camargue, il se tourne vers la culture du riz. Pour ses canaux de drainage, il fait appel à des ouvriers toscans[26] puis, pour repiquer le riz, recourt lui aussi à la main-d'œuvre indochinoise.

Au total des exploitations, 210 hectares sont cultivés en 1941. Le rendement de cette première récolte est prometteur : trois tonnes à l'hectare, pour une récolte totale de 650 tonnes. La Maréchale Pétain vient en personne recueillir les premières gerbes pour les remettre au Maréchal[27]. La production augmente rapidement : 800 tonnes en 1942[28], 2 200 en 1944, pour une surface de 800 hectares. Les Français se mettent à manger du riz de Camargue.

Le riz de Camargue, Indication géographique protégée

Après guerre et avec l'aide du plan Marshall, cette culture du riz permet une vaste reconversion de l'économie régionale. Les surfaces cultivées progressent fortement, passant de 1 000 hectares en 1945 à 32 000 hectares en 1961.

Concurrencée par le riz italien dans les années 1970, la production baisse mais l'obtention en juin 2000 de l'Indication géographique protégée, signe de qualité européen, et l'adaptation de variétés tropicales, permettent le renouveau. La production de riz en Camargue est aujourd'hui supérieure à 100 000 tonnes par an sur 12 000 hectares cultivés[29].

Glaneurs dans un champ de riz en Camargue. Quatorze mille travailleurs indochinois des « camps de Provence » deviennent riziculteurs. (L'Illustration, 6 mars 1943)

La saccharine, édulcorant de synthèse

Vichy légifère très peu sur le statut de la saccharine, mais cet aliment de substitution est amené à prendre une place prépondérante. Les Allemands sont à l'origine de la création de nombreux ersatz – un mot allemand – dont cet édulcorant de synthèse. Fournir un substitut au sucre, objet de restrictions, et commercialiser une nouvelle denrée sur le marché français, ces deux idées installent durablement la saccharine dans les habitudes alimentaires françaises.

La saccharine sous l'Occupation

Le sucre, extrait de la betterave sucrière, fait l'objet de rationnement pendant l'Occupation, au point de fixer par voie législative en 1943, le titrage maximal des boissons alcoolisées selon le degré de sucre qu'elles doivent comporter. Mais comment remplacer celui-ci dans l'alimentation ? Un édulcorant est imposé par l'occupant : la saccharine, découverte par un Allemand et fabriquée en Allemagne.

Le chimiste Constantin Fahlberg (1850-1910) est le co-découvreur de cette molécule au goût sucré en 1869, aux États-Unis. Il dépose seul le brevet et s'associe avec son cousin Adolph List (1861-1938), industriel du sucre, pour installer l'usine à Magdebourg, en Allemagne. L'entreprise prospère. Six usines tournent à plein en 1910. L'Allemagne n'a pas le sucre de canne des colonies françaises, mais elle a la saccharine.

À partir de 1924, le conglomérat chimique Fahlberg-List joue un grand rôle dans l'avènement du national-socialisme, en finançant le parti, qui le fera en retour travailler. Ses usines fabriquent désormais aussi de nombreux gaz asphyxiants (*Nebelsäure*). Fahlberg-List devient après-guerre l'un des fleurons de la production chimique industrielle de la RDA et ne sera démantelé qu'en 1995.

On trouve la saccharine dans la législation du gouvernement de Vichy sous la forme d'un arrêté promulgué en 1940[30]. Celui-ci fait brièvement état de la modification de prix d'une marque de saccharine produite par un laboratoire français : « Augmentation du prix du sucre Edulcor, produit par les laboratoires Ferré. » Toute modification de prix étant soumise à l'accord de l'occupant, le laboratoire qui produit ce substitut en a l'exclusivité.

Et aujourd'hui ?

À partir de 1945, le sucre est de nouveau produit par la betterave sucrière. Il n'est plus question de consommer des ersatz. Mais la saccharine est amenée à prendre une autre place dans les habitudes alimentaires des Français, avec l'apparition des régimes et l'envie de consommer un substitut qui aura l'apparence et le goût du sucre, mais n'en aura pas le pouvoir calorique.

La saccharine représente aujourd'hui encore un tiers de la consommation d'édulcorants dits « intenses » en France, avec les sucrettes, derrière l'aspartame qui en constitue près de la moitié. Toutefois, un édulcorant naturel, la stevia risque de modifier la place de ces ersatz. Les temps sont davantage favorables au « bio » qu'à la chimie.

Au restaurant, obligation du menu à prix fixe

Pénuries et restrictions alimentaires entraînent une modification des modes de consommation, notamment au restaurant. En 1941, Vichy légifère sur le menu à prix fixe. Ce sera la seule fois mais cette loi changera sensiblement les habitudes des Français. À la variété des plats proposés succède une certaine uniformité.

Le menu à prix fixe

Nécessité faisant loi, de nouvelles manières de consommer naissent des restrictions imposées. On ne choisit plus ses plats à la carte et seulement à la carte. Le menu à prix fixe apparaît, composé d'une entrée, un plat, un dessert et une boisson qui font partie des minimums requis. Son affichage est obligatoire. « Plus de services à la carte dans les hôtels et restaurants du Rhône/ Le menu sera uniquement à prix fixe et devra être affiché/Il comprendra au maximum : un hors-d'œuvre/un plat garni/un dessert », peut-on d'ailleurs lire dans le *Paris-Soir* du 17 janvier 1941. L'article de *Paris-Soir* ne le précise pas, mais la boisson est incluse dans ce menu.

Et aujourd'hui ?

De nos jours, le choix est de nouveau présent dans les cartes des restaurants, mais l'obligation de proposer un menu à prix fixe perdure, au moins pour le déjeuner. Elle comporte un aspect positif : ce menu est d'un prix abordable. Et son affichage est toujours obligatoire, même s'il faut souvent le réclamer.

Le menu à prix fixe : « Un bon plat, des légumes, et un dessert... pour 6 francs. »
(*L'Illustration*, *17 mai 1941*)

Cantine d'entreprise ou ticket-repas ?

Sous l'effet des restrictions alimentaires, la restauration collective se développe sous l'Occupation, première étape vers la généralisation des cantines d'entreprise. Parallèlement, un nouveau mode de paiement de ces restaurants est mis en place : le ticket-repas.

Un peu d'histoire

La restauration collective, qui se développe pendant la Première Guerre mondiale, est une obligation légale depuis 1913. L'employeur est tenu de mettre un local pourvu d'un minimum d'hygiène à disposition de ses salariés, afin de leur permettre de prendre leur repas. Jusqu'alors, les employés apportaient leur « gamelle », plat individuel confectionné à la maison ou prenaient leur repas à l'extérieur, dans des restaurants bon marché appelés « bouillons ». Seules quelques grandes banques parisiennes disposent alors d'une cantine. Le principe de la cantine d'entreprise est d'offrir un repas à prix modique au salarié, une partie du coût étant prise en charge par l'employeur.

La cantine « inter-usines » de Neuilly-Levallois, ou les prémices de la restauration d'entreprise voient le jour en 1943. (L'Illustration, *6 février 1943)*

Les restaurants communautaires et les tickets de repas

En décembre 1942, sous le gouvernement de Vichy, une loi « relative à la création et au fonctionnement des restaurants communautaires » est promulguée dans le *Journal officiel*. Cette structure de restauration collective, extérieure à l'entreprise et financée par l'État, ne fait pas partie des habitudes françaises à l'exception des soupes populaires, réservées aux plus pauvres.

Les clients concernés sont « les travailleurs et familles ne disposant pas de cantine », et plus généralement, « les populations les moins fortunées ». Concernant le règlement, des « cartes d'admission sont délivrées dans chaque centre de consommation ». Les « rescos » sont nés. Parallèlement, selon un procédé assez courant, la presse officielle prend le relais de la législation en cours : « Les cantines d'usine vont être multipliées/Toute nouvelle cantine pourra être instituée sans autre formalité qu'une déclaration au préfet[31]. » Le mois suivant, *Paris-Soir* renchérit : « Saint-Denis a donné l'exemple en organisant les premières cantines d'entreprises[32]. » Saint-Denis est une ville de la banlieue nord de Paris, de tradition « rouge ». Jacques Doriot, alors membre du PCF, y a été maire jusqu'en 1937 et dirige depuis le mouvement collaborationniste du PPF (Parti populaire français). Toutes les villes sont ainsi encouragées à développer une restauration interne à l'entreprise.

Quelque temps auparavant, la notion de « ticket de repas » a fait son apparition dans la presse de l'Occupation. Elle est présentée comme la réponse à une demande de la population : « Les clients des restaurants demandent des tickets de repas. [...] Cette mesure a déjà donné de bons résultats en Suisse[33]. » Pays à la fois francophone, germanophone et neutre, la Suisse fait figure de « pays transitionnel » quand la propagande souhaite faire passer une idée en évitant de la présenter comme étant allemande.

Et aujourd'hui ?

Après guerre, on ne parle plus de « tickets de repas » jusqu'en 1960, date à laquelle le Code du travail impose aux entreprises de plus de vingt-cinq salariés de mettre à leur disposition un local où ceux-ci puissent se restaurer[34]. Le « titre-restaurant » répond en partie à cette demande mais constitue paradoxalement un concurrent à la cantine d'entreprise, car les produits alimentaires s'achètent à l'extérieur de la société.

En 1962, la société Jacques Borel lance le Ticket-Restaurant et dépose la marque. Cinq ans plus tard, celui-ci est considéré comme un avantage social. Trente millions de tickets-repas ont été utilisés dans le monde en 2009, dans quatre cent trente mille entreprises. Les restaurants communautaires, quant à eux, n'ont pas survécu à l'après-guerre.

En revanche, la restauration collective s'est considérablement développée dans les entreprises. Son appellation change. Dans les années soixante, la « cantine d'entreprise » devient peu à peu le « restaurant d'entreprise ». Aujourd'hui, plus de la moitié des repas sont consommés hors foyer le midi. La cantine est l'un des lieux de la sociabilité française. « On déjeune à la cantine ? »

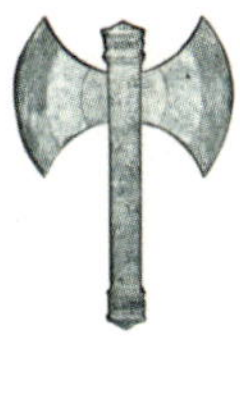

Vers la fin des cafés ?

Le café est l'un des hauts lieux de convivialité alcoolisée : on en compte un pour quatre-vingts habitants en 1940. Le gouvernement de Vichy va s'attacher à lutter contre l'une des causes de la « décadence nationale » : licences restrictives pour les débits de boisson, consommation d'alcool interdite aux mineurs, vente de certains apéritifs prohibée, exposition obligatoire de boissons non alcoolisées sont autant d'actions menées de front.

Les cafés sous l'Occupation

Deux mois après la prohibition en août 1940 de certains apéritifs au fort titrage, une loi sur les cafés ou « débits de boisson » est promulguée. En fonction de leur emplacement géographique – « autour des édifices consacrés à un culte quelconque, des cimetières, des hospices, de tout établissement d'instruction publique » –, le préfet régional peut décider de sa fermeture. Le café s'éloigne ainsi peu à peu du centre de la vie publique.

En septembre 1940, une loi interdit au cafetier de posséder plus d'un établissement. De plus, il doit « être Français » et faire une déclaration à la préfecture de police afin d'obtenir une licence. Sont affranchies de la licence les catégories 1 et 2, c'est-à-dire les boissons sans alcool, chaudes ou froides, et les boissons fermentées et non distillées, telles le vin et la bière.

Quant à l'obtention des licences, tout est fait pour décourager l'acquéreur. Par la loi de janvier 1941, « la licence est valable pour un seul établissement » et le tarif, progressif – 75 francs par semestre jusqu'à 1 000 habitants, 110 francs jusqu'à 10 000 habitants –, est doublé pour les spiritueux (février 1941). Il sera à nouveau doublé en octobre 1941, puis légèrement assoupli l'année suivante (juin 1942).

L'étau se resserre, s'accompagnant en septembre 1941 de la création de quatre types de licence : une licence de première catégorie concernant les boissons sans alcool, à consommer sur place ou à emporter, puis une licence pour les « boissons hygiéniques » (le vin ou la bière), suivie d'une « licence restreinte » et enfin, celle de quatrième catégorie, la « Grande licence », la plus chère, évidemment. Celle-ci comprend tous les types de boissons : non « alcooliques » (non alcoolisées), alcooliques (fermentées, non distillées, du type vin ou bière), vins doux naturels, puis rhums, tafias (rhum qui n'a pas vieilli) et alcools de distillation, enfin « autres » (octobre 1941). Tout est prévu.

Les mineurs sont particulièrement visés : « La vente et l'offre d'apéritif à titre gratuit à des mineurs de moins de vingt ans en sont interdites dans ces mêmes lieux (octobre 1941). » Et le gouvernement de la Révolution nationale prône la vertu par l'exemple : « Dans tous les débits de boissons, un étalage des boissons non alcooliques mises en vente dans l'établissement est obligatoire. Celui-ci doit comprendre au moins dix bouteilles choisies obligatoirement chacune parmi les jus de fruit ou de légume, boissons au jus de fruit gazéifiées, sodas, limonades, sirops, eaux ordinaires gazéifiées artificiellement ou non et eaux minérales, gazeuses ou non (octobre

1943). » Cet étalage doit être « installé en évidence ». Une incitation à rester sobre.

Paradoxalement, cette restriction de consommation d'alcool en public fait naître de nouvelles formes de sociabilité, hors des bistrots. Selon un rapport secret de gendarmerie de 1942, « il est d'ailleurs curieux de constater que, depuis la réglementation actuelle régissant le blocage des vins et la vente de boissons alcooliques dans les cafés et débits de boissons, une impulsion nouvelle a été donnée aux "tournées dans les caves[35]" ».

Et aujourd'hui ?

Vendre de l'alcool à un mineur non accompagné d'un adulte constitue toujours un délit, même si l'âge de la majorité civile a depuis été abaissé à dix-huit ans. Les petites bouteilles incitatrices à consommer des eaux et jus de fruit sont toujours alignées derrière le comptoir du café. Les quatre types de licence sont, elles aussi, toujours en vigueur.

Mais les cafés ne font plus vraiment partie des lieux de la sociabilité française : un café ferme, une pharmacie ou une banque ouvrent à la place. Et les Français restent parmi les plus gros consommateurs d'alcool au monde.

DIE DEUTSCHE ARBEITSFRONT
N.S. GEM.
KRAFT DURCH FREUDE
.veranstaltet im Auftrage des
OBERKOMMANDOS DER WEHRMACHT
am 9. 10. und 11. JAN. 1941 18 Uhr 30
GASTSPIEL DER OPER DER HANSESTADT KÖLN
Bühnenleitung: Generalintendant Alexander SPRING
FIGAROS HOCHZEIT
KOMISCHE OPER IN VIER AUFZÜGEN VON WOLFGANG AMADEUS MOZART
DICHTUNG VON LORENZO DE PONTE
MUSIKALISCHE LEITUNG: GENERALMUSIKDIREKTOR KARL DAMMER
INSZENIERUNG: ERICH BÖRMANN
im CHAMPS-ÉLYSÉES THEATER
15, Av. MONTAIGNE (U.bahn) MARBEUF, Rd. Pt. des CHAMPS-ÉLYSÉES

III

Culture

Un certain nombre de manifestations culturelles aujourd'hui constituent à la fois l'héritage du gouvernement de Vichy et celui de mesures mises en place par l'occupant. Celles-ci s'étendent à tous les domaines de la vie artistique, au premier rang desquels la musique qui imprègne en profondeur la société française, renouvelant habitudes et goûts musicaux.
Édition et cinéma sont également concernés, domaines dans lesquels les organisations corporatistes ont des prolongements inattendus. Tous ces éléments ont contribué à façonner ce que l'on appelle « l'exception culturelle française ».

L'occupant contribue à faire connaître les opéras de Mozart en France. Ici, une affiche pour Le Mariage de Figaro, *présenté comme « l'opéra de la Collaboration » par la presse. En effet, si la musique est de Mozart, l'œuvre est tirée de la pièce de Beaumarchais. (Théâtre des Champs-Élysées, Paris, janvier 1941)*

La Réunion des théâtres lyriques nationaux

« Aux fins de mutualiser les frais de fonctionnement de salles d'opéras parisiennes coûteuses et déficitaires, et de mettre gratuitement au service de l'occupant des salles de spectacle » : c'est ainsi que Vichy définit la Réunion des théâtres lyriques nationaux (RTLN), institution créée juste avant la Seconde Guerre mondiale. Signe d'un fonctionnement effectif, le gouvernement légifère à trois reprises, de novembre 1940 à avril 1944, sur cette jeune instance.

Un peu d'histoire

La Réunion des théâtres lyriques nationaux est créée par la loi de 1939 : « Il est institué, auprès du ministre de l'Éducation nationale, sous le nom de Réunion des théâtres lyriques nationaux, un établissement public, investi de la personnalité civile et de l'autonomie financière, chargé de la gestion artistique et financière de l'Opéra et de l'Opéra-Comique. La Réunion des théâtres lyriques nationaux est administrée sous l'autorité du ministre de l'Éducation nationale par un administrateur nommé par décret pour des périodes renouvelables de trois années[1]. »

Cette institution relève donc du ministre de l'Éducation nationale et des Beaux-Arts, Jean Zay. En 1941, celui-ci écrit joliment dans ses souvenirs : « Les Beaux-Arts sont la couronne et la récompense du ministre de la rue de Grenelle et le théâtre en est le plus brillant fleuron ; quant à la Comédie-Française, Napoléon y voyait "l'orgueil de la France" dont l'Opéra ne serait que "la vanité"[2]. »

Que devient ou plutôt que deviennent ces « vanités » sous l'Occupation ? Il s'agit non seulement de l'Opéra, mais aussi de l'Opéra-comique, désormais placés sous l'autorité du nouveau secrétaire d'État à l'Éducation nationale, Jérôme Carcopino jusqu'en avril 1942, auquel succède Abel Bonnard.

Hitler, lors de son unique visite de la capitale, à l'aube du 23 juin 1940, fait de l'Opéra de Paris l'objet de sa première halte : « Nous contournâmes l'Opéra et nous arrêtâmes devant l'escalier de l'entrée principale. Un détachement de la Wehrmacht nous attendait. Le colonel Speidel, responsable de Paris, s'avança et fit brièvement son rapport. Hitler le remercia. En un instant, il parut passionné par l'architecture de l'Opéra. [...] "Le plus beau théâtre du monde!" s'écria-t-il, saisi[3]. »

Comme l'indique sobrement l'historienne Sandrine Grandgambe, « la guerre vient compliquer l'existence de ce jeune mastodonte[4] ». Le *Janus bifrons* est doté d'un administrateur général, en l'occurrence Jacques Rouché, assisté d'un contrôleur financier et d'un agent comptable qui, eux, relèvent du ministère des Finances. Chaque opéra a son directeur. En novembre 1940 paraît un arrêté approuvant le budget de la Réunion des théâtres lyriques nationaux pour l'exercice 1940[5].

Une carte postale souvenir allemande adressée de Paris : « Bonjour de l'Opéra de Paris. » (Sans date)

L'opéra, un succès permanent

Le succès pendant la période de l'Occupation est « total et permanent[6] ». Le taux de remplissage s'élève à 87 % en raison de l'ensemble des loges mises gratuitement à la disposition des autorités allemandes. Les autres places peuvent encore être acquittées par l'occupant, à moitié prix. La défection du public allemand peut ainsi compromettre une première, comme en témoigne Cocteau : « 5 février 1943. Six cents places rendues à l'Opéra pour *Antigone*. Deuil national allemand. Perte de Stalingrad[7]. » Enfin, certains spectacles sont exclusivement réservés à la Wehrmacht, telle la représentation de l'opéra de Wagner, *Tristan et Isolde*, dirigée par Karajan avec Germaine Lubin dans le rôle-titre, en 1941.

La Réunion des théâtres lyriques accueille dès septembre 1940 de nombreuses troupes allemandes : d'abord l'Opéra de Francfort, puis en 1941, trois troupes, l'Opéra de Mannheim (pour *La Walkyrie*), le Staatsoper de Berlin (pour *L'Enlèvement au Sérail* et *Tristan*) et le Deutsche Oper (pour *La Chauve-Souris*), et ainsi de suite. Les opéras présentés, allemands pour un tiers, sont particulièrement mis en valeur.

Une orientation double

L'orientation de la RTLN est double : musique d'une part, ballets de l'autre. La musique est à l'honneur, mais les ballets, qui font partie du goût allemand et dont les frais de fonctionnement sont moins élevés que ceux d'un opéra, le sont plus encore. Plus de 35 % des spectacles de l'Opéra pour la période de l'Occupation sont des soirées de ballets[8]. Et 12 % supplémentaires sont des spectacles « mixtes », associant les deux. Ainsi, près d'un spectacle lyrique sur deux à Paris entre 1940 et 1944 est-il réservé à la danse. À partir du 28 août 1940, chaque mercredi soir y est consacré à l'Opéra. *Giselle* est l'un des favoris, suivi de *Coppélia*. Serge Lifar, danseur, chorégraphe, maître de ballet à la Réunion des théâtres lyriques, en est le maître d'œuvre. Sandrine Grandgambe observe : « On parle souvent de l'âge d'or du ballet français, mais il serait plus juste encore de parler de l'âge d'or de Lifar[9]. »

Les théâtres publics appartiennent par définition à l'État. Le *Journal officiel* de 1943 arrête « les conditions de concession des bâtiments et des locaux servant à l'exploitation des Théâtres lyriques nationaux ». Le texte poursuit : « L'État met gratuitement à la disposition de la Réunion des théâtres lyriques nationaux les biens meubles et immeubles et la jouissance de l'Opéra, l'Opéra-Comique et les Ateliers Berthier[10] de l'Opéra et l'Opéra-Comique[11]. » Le décret ne précise pas que, par convention, lesdits théâtres ont gratuitement mis à leur tour leurs propres locaux à la disposition de l'occupant : « La RTLN a obligation de prêter l'Opéra pour des représentations allemandes[12]. »

Au printemps 1944 paraît au *Journal officiel* une nouvelle loi sur la Réunion des théâtres lyriques nationaux, dans laquelle Jacques Rouché est maintenu dans ses fonctions d'administrateur « jusqu'au 31 juillet 1946[13] ». L'avenir semble envisagé avec sérénité. Rouché sera cependant révoqué en 1945.

Et aujourd'hui ?

La RTLN poursuit son activité et redevient, le 7 février 1978, le Théâtre national de l'Opéra de Paris. L'Opéra-Comique ferme quant à lui plusieurs années et retrouve son autonomie en 1990. L'alliance des théâtres lyriques ne se fait donc plus entre Opéra Garnier et Opéra-Comique, appelé parfois « salle Favart », mais entre Opéra Garnier et Opéra de la Bastille. Il existe aujourd'hui un établissement public « Opéra-Bastille ». Mutualiser les coûts, décloisonner les structures, multiplier les partenariats sont des moyens de limiter les pertes d'argent. Les ballets sont certes encore courus, mais sans doute moins que sous l'Occupation.

La musique allemande

Le rôle joué par la musique allemande sous le gouvernement de Vichy ne passe pas tant par l'appareil législatif que par une imprégnation en profondeur de la société française, dont se font l'écho de nombreux comptes-rendus dans la presse.

La musique sous Vichy

Les œuvres germaniques occupent un cinquième du total des représentations données avant 1940 en France[14]. Sous Vichy, non seulement cette musique est mise à l'honneur, mais elle est le cheval de Troie de l'occupant. Concerts gratuits en plein air, diffusion de musique classique sur les ondes de Radio-Paris, musique de chambre et opéras permettent de découvrir ou de redécouvrir des compositeurs allemands ou autrichiens et de rendre ainsi aimable l'image de l'envahisseur.

La musique se doit d'être l'élément fédérateur d'une « Europe nouvelle ». L'occupant fait entendre avant tout la sienne, interprétée en langue allemande. C'est aussi une musique revue et corrigée par les préceptes nazis soucieux de l'« aryaniser ». Gabriel Dussurget, imprésario, se souvient : « La période est difficile : on ne peut pas donner des musiques non admises par les autorités d'Occupation. Il faut soumettre chaque programme au service des censeurs, avenue Foch, car les musiciens américains juifs sont par exemple proscrits ou même les mélodies dont les auteurs des textes sont juifs[15]. »

Donc oui à Bruckner, non à Mendelssohn ; oui à Wagner, non à Mahler ; oui à Richard Strauss, non à Offenbach ou à Meyerbeer. Quatre compositeurs occupent l'essentiel des programmations – Bach, Beethoven, Mozart et Wagner –, mais la liste n'est pas limitative. En tout, près d'un tiers des représentations données est constitué d'opéras en allemand[16].

Mozart

Pour la première fois, ou presque, des œuvres de compositeurs inconnus en France sont jouées. Mozart en offre un exemple significatif. Dussurget se souvient de la semaine Mozart à Paris, organisée à l'été 1941 par l'Institut allemand, à l'occasion du 150e anniversaire de la mort du compositeur : « J'assistai, sous le charme, à une extraordinaire représentation de *L'Enlèvement au Sérail* de Mozart, dirigé par ce ressortissant autrichien [Karajan]. Il conduisit l'ouverture comme le reste d'une façon éblouissante[17]. » L'imprésario précise : « On ne jouait jamais Mozart en France : à cette époque, il ne faisait pas recette. Pour entendre ses opéras, il fallait aller au Festival de Salzbourg (ce que nous faisions en 1930 déjà) qui en était à ses débuts[18]. »

Mozart, œuvres choisies

Cependant, la plupart des opéras de Mozart en italien – *Le Nozze di Figaro*, *Don Giovanni* et *Cosi fan tutte* – ont un librettiste juif, Da Ponte. Qu'importe, *Les Noces* sont chantées en allemand (*Die Hochzeit von Figaro*). Le magazine collaborationniste *La Semaine* n'hésite pas, en 1941, à qualifier l'œuvre d'« opéra de la Collaboration[19] ». Beaumarchais n'a-t-il pas écrit la pièce ? Quant à l'auteur du livret, Da Ponte, on « oublie » de le mentionner.

De même, que Mozart ait été franc-maçon et que *La Flûte enchantée* abonde en symboles maçonniques ne trouble pas les programmateurs, puisque le *Singspiel* est interprété en allemand. *Die Zauberflöte* remporte ainsi un grand succès à Paris pendant toute la durée de l'Occupation.

Cosi fan tutte, « offert aux ouvriers français » en 1943 au palais de Chaillot « avec le concours de la troupe de l'Opéra-Comique[20] », remporte aussi un vif succès. Quant aux opéras de Mozart composés originellement en allemand, tel *L'Enlèvement au Sérail* (*Die Entführung aus dem Serail*) joué dès 1941, ils font déjà partie des classiques.

À gauche, Herbert von Karajan (1908-1989), jeune chef de 33 ans, venu diriger à Paris pour la première fois un opéra de Mozart. À l'ambassade d'Allemagne, il s'entretient avec le consul général Rudolf Schleier (au centre) et le général Otto von Stülpnagel (à droite) qui dirige le Haut Commandement militaire allemand en France (MBF). (La Semaine, *5 juin 1941*)

Et aujourd'hui ?

Ce renouveau de la musique allemande s'est prolongé après la guerre. Les principaux compositeurs font désormais partie du répertoire traditionnel de tous les opéras. La Libération n'a pas remis en cause ces habitudes.

En 1948, quand Dussurget fonde le Festival d'Aix-en-Provence, il réintroduit Mozart en France. « Pourquoi Mozart à Aix ? [...] J'avais entendu, durant la guerre, au cours des transmissions de Strasbourg, un programme Mozart et, trois ans plus tard, j'étais encore impressionné par l'atmosphère qui se dégageait de cette interprétation. Je me souviens du nom du chef d'orchestre de cette émission : Hans Rosbaud [...]. Le nom de Rosbaud soulève un concert de protestations : le chef autrichien a dirigé en France pendant la guerre[21]. » Hans Rosbaud (1895-1962) a été directeur général de la Musique à Strasbourg sous l'Occupation. Il sera le premier chef invité à Aix pour diriger *Cosi fan tutte*.

Les compositeurs à l'honneur

Gluck

Christoph Willibald Gluck (1714-1787) est un compositeur redécouvert sous l'Occupation. Ses opéras, *Iphigénie en Aulide* (1774), *Orphée et Eurydice* puis *Alceste* (1776) seront souvent donnés entre 1941 et 1944, notamment le dernier avec Germaine Lubin dans le rôle-titre. Les thèmes abordés – l'Antiquité, l'amour, la perte – ne peuvent causer d'ombrage aux relations franco-allemandes. Gluck sera à nouveau donné en France à partir de 1952, au Festival d'Aix-en-Provence, avec *Iphigénie*, sous la direction de Roger Désormière. Son succès perdure.

Beethoven

Certaines parties de l'œuvre de Beethoven (1770-1827) sont redécouvertes sous l'Occupation. Le Festival Beethoven a lieu en 1943 à Paris. L'intégrale des symphonies est donnée au théâtre des Champs-Élysées. Des interprètes allemands inconnus se font entendre, tels Kempff ou Gieseking. Côté français, le quatrième concerto avec Alfred Cortot au piano reste dans les mémoires. À l'Opéra, *Fidelio* triomphe, avec Lubin et Jouatte[22]. Musique de chambre, musique symphonique et opéra beethovénien s'inscrivent durablement dans le répertoire français.

Strauss, Johann et Richard

La musique des Johann Strauss, père et fils, est très différente de celle de leur homonyme, Richard Strauss. On donne souvent la musique de Johann Strauss fils (1825-1899), en particulier son opéra *La Chauve-Souris* (*Die Fledermaus*) avec Elisabeth Schwarzkopf dans le rôle-titre, à Paris, en 1941. Le compositeur allemand Richard Strauss (1864-1949) est un contemporain de l'Occupation. La première du *Chevalier à la rose* en 1942, avec Germaine Lubin lui vaut ce commentaire : « Paris a retrouvé son public élégant[23]. » *Ariane à Naxos* lui succède. Ces opéras sont aujourd'hui des classiques du répertoire.

Wagner

Avant 1940, on donnait déjà beaucoup Wagner en France. La première du *Crépuscule des Dieux* a lieu à l'Opéra de Paris en 1908. On jouera de plus en plus le célèbre compositeur. Henri Busser, directeur en 1941 de l'Opéra-Comique, sera révoqué à la demande du Haut Commandement allemand car « dans un interview de *L'Écho de Paris*, il avait imprudemment proclamé qu'on ne l'y prendrait plus à jouer du Wagner[24] ». *Le Vaisseau fantôme* est ainsi l'œuvre la plus donnée sous l'Occupation[25]. Lubin devient une célèbre Isolde grâce à la représentation de *Tristan et Isolde* jouée en 1941 à l'Opéra de Paris avec la troupe de l'Opéra de Berlin, dirigée par Karajan.

La route musicale sera désormais directe entre l'Allemagne ou l'Autriche et la France, notamment de Salzbourg à Aix : le chanteur Erich Kunz (1909-1995) fait ses débuts au Festival de Salzbourg en 1941 dans *Don Giovanni* de Mozart ; on le retrouve au Festival d'Aix en 1959 dans *La Flûte enchantée*.

Aujourd'hui, la musique en allemand est ainsi pleinement intégrée aux habitudes culturelles des Français.

Le renouveau d'une certaine musique française

Le rôle joué par la musique française sous le gouvernement de Vichy apparaît peu dans les textes législatifs. L'expression du « goût français » s'inscrit dans un cadre paradoxal. D'un côté, celui de l'exclusion : en raison des lois antisémites, Bruno Walter, chef d'orchestre, Clara Haskil, pianiste, Darius Milhaud, compositeur, ne peuvent plus jouer en France. De l'autre, la préférence nationale permet la découverte de musiciens français et de nouvelles formations musicales. L'Occupation est ainsi favorable à la création musicale.

Le renouveau des formations musicales

Partenaire de la plupart des manifestations officielles, la Société des concerts du Conservatoire – structure existant depuis 1828 – est réactivée sous l'Occupation où elle devient sans doute la formation musicale la plus importante. L'Alsacien Charles Munch en dirige l'orchestre entre 1938 et 1946.

Afin de donner une impulsion à cet ensemble, un « Bureau des concerts » est créé sous la direction de l'imprésario Dussurget. Les musiciens sont puisés parmi ceux de la Société des concerts du Conservatoire. Bien que le premier concert, donné le 12 décembre 1943, mette à l'honneur une symphonie de Haydn – dirigée par Désormière –, le Bureau des concerts laisse une place importante à la musique française… autant que l'autorise l'occupant qui exige des programmations alternées. Selon l'historienne Myriam Chimènes, « aucun compositeur français ne constitue à lui seul un programme. Duparc et Fauré succèdent à une série de séances consacrées à des compositeurs allemands[26] ». Toutefois, tous les genres musicaux sont représentés : musique symphonique, opéra et musique de chambre.

Pendant cette période, de nombreuses formations musicales se multiplient. Les concerts de la Pléiade, « financé[s] par le grand éditeur Gaston Gallimard[27] », permettent eux aussi de faire connaître des compositeurs français tels Messiaen, Poulenc, Sauguet et Dutilleux qui donnent ainsi des œuvres inédites. Ils perdurent jusqu'en 1947.

Le renouveau des interprètes et des musiciens

Le pianiste Alfred Cortot (1877-1962) est le principal conseiller musical du gouvernement de Vichy. Au printemps 1942, il doit « assurer le développement du goût musical en France[28] ». La pianiste Marguerite Long y contribue en donnant de nombreux récitals.

La mise à l'honneur de musiciens français permet de redécouvrir Charpentier, Couperin, Berlioz et Rameau, auteurs de musique « française » et compositeurs oubliés. L'imprésario Dussurget témoigne : « Nous [Henri Lambert et lui] allons à l'Opéra. *Castor et Pollux* nous fait

Vichy met à l'honneur des musiciens français, tels Berlioz. Par cette image d'un musicien à la fois compositeur et chef d'orchestre, la propagande tend à montrer que la France garde une certaine maîtrise de sa musique. (Sans date)

découvrir Rameau pour lequel j'aurai toute ma vie une grande admiration[29]. »

Le *Faust* de Gounod est l'œuvre la plus jouée et celle qui remporte le plus de succès[30].

Et aujourd'hui ?

La fin de cet « âge d'or » semble laisser quelques nostalgiques, tel Dussurget qui « senti[t], une fois la Seconde Guerre mondiale terminée, que la prééminence ancienne du goût français allait s'écrouler, sous les coups de boutoir portés par les multinationales du disque […][31] ». Pour autant, on ne peut nier que les œuvres de compositeurs tels Messiaen ou Poulenc sont plus que jamais données. Et la musique baroque doit probablement son renouveau dans les années 1950 à quelques compositeurs remis à l'honneur sous le gouvernement de Vichy.

Quant à la Société des concerts, à la tête de laquelle Cluytens puis Karajan ont succédé à Munch, elle a été rebaptisée Orchestre de Paris en 1967. Cet ensemble est d'une grande vitalité.

La création du département de la musique à la Bibliothèque nationale

Vichy légifère une seule fois, le 7 mars 1942, sur la création d'un département de la musique à la Bibliothèque nationale. Celle-ci entre dans le cadre d'une réorganisation des archives publiques. Les deux millions de documents provenant de la Bibliothèque nationale, du Conservatoire national de musique, de l'Opéra de Paris, mais aussi des bibliothèques juives ou franc-maçonnes pillées, sont rassemblés en un même département.

Un peu d'histoire

Avant 1942, les fonds d'archives de musique française sont éparpillés sans véritable classification en divers lieux : à la Bibliothèque royale, au Conservatoire et à l'Opéra. La Bibliothèque royale, future Bibliothèque nationale, est composée des dépôts légaux. En effet, le dépôt légal de musique imprimée, régi par les lois de 1793, est effectif depuis 1812. Le Conservatoire national de musique bénéficie, lui, de confiscations révolutionnaires et même royales. Quant à l'Opéra, situé jusqu'en 1820 à l'emplacement du square Louvois, il rassemble cartons et maquettes de ballets et d'opéras.

Le département de la musique sous l'Occupation

En mars 1942, afin de décongestionner le département des Imprimés, la Bibliothèque nationale (BN) est divisée en cinq nouveaux départements, dont celui de la Musique. Celui-ci a pour objet de rassembler en un lieu unique les archives éparpillées et de les classer différemment. Sous la direction de Bernard Faÿ, le nouvel administrateur de la BN, la musique devient un objet d'étude à part entière.

Le but avoué est de valoriser le fonds d'archives public français. Comme le précise l'historienne Martine Poulain, Bernard Faÿ, « très lié au maréchal Pétain, réussit à obtenir pour la Bibliothèque nationale des moyens financiers et humains quintuplés, cherchant à lui redonner le lustre qu'elle avait, à ses yeux, perdu depuis qu'elle n'était plus royale[32] ».

À l'automne 1941, quelques mois avant la promulgation de la loi, l'article suivant avait paru dans la presse : « Le nouveau Paris place Louvois/ La Bibliothèque nationale va progressivement s'annexer tous les immeubles voisins/Et créer un département de la Musique[33]. » La « place Louvois », aujourd'hui appelée « square Louvois », se trouve juste en face de la Bibliothèque nationale, rue de Richelieu, dans le deuxième arrondissement de Paris. Le choix du lieu revêt une valeur symbolique : il est situé à l'emplacement de l'ancien Opéra de Paris, encore présent en 1820. L'emploi du verbe « s'annexer » est un euphémisme propre à la presse collaborationniste. Ces annexes viennent en effet des nombreuses réquisitions d'immeubles alentour. C'est ainsi que la banque italienne San Lazzaro, sise au numéro 61 de la rue de Richelieu, devient le « dépôt de Richelieu ».

Parallèlement à la création du département de la Musique au printemps 1942, l'« Opération meuble », dirigée par Kurt von Behr rassemble dans ce dépôt tout ce qui a trait à la musique (instruments rares, manuscrits originaux et partitions) provenant du pillage de Français déchus de leur nationalité. Le détachement à mission spéciale pour la musique, dirigé par Herbert Gerigk, en est chargé depuis juillet 1940[34]. Bernard Faÿ, « entretenant d'excellentes relations avec le bureau allemand de “protection des bibliothèques françaises” », [...] n'hésite pas à enrichir la Bibliothèque de saisies[35] ».

On peut encore lire dans l'article de *Paris-Soir* qu'« une salle de concert sera ouverte afin de faire connaître les musiques françaises de périodes peu connues[36] ». Celle-ci donne sur la cour d'honneur de la Bibliothèque nationale et constitue une sorte de vitrine du département de la Musique. Quelques semaines après son ouverture, Ernst Jünger témoigne, dans son journal daté du 2 juin 1942 : « À la Bibliothèque nationale, Bernard Faÿ nous donne des musiques médiévales d'après des manuscrits retrouvés. Incroyable[37]. »

Et aujourd'hui ?

Sept des directeurs de département ou cadres de la BN sont suspendus à la Libération, mais la structure demeure. Aujourd'hui, le département de la Musique existe toujours. Le classement du fonds adopté en 1942 n'a pas été remis en cause et s'opère toujours autour de trois axes : musique, opéra et ballet.

Depuis 1964, le fonds ancien de la bibliothèque du Conservatoire y est également consultable. Le département comporte des raretés, tel le manuscrit de *Don Giovanni*, mais aussi des manuscrits autographes de compositeurs (Berlioz, Debussy, Ravel et Fauré), des partitions musicales imprimées et manuscrites, des correspondances. Quarante mille manuscrits antérieurs à 1800, cent mille pièces après cette date. Huit mille livres en tout.

Cependant, le rassemblement de l'ensemble de ces documents dans un lieu unique n'a pas encore été résolu. La structure, créée sous le gouvernement de Vichy, est toujours répartie sur plusieurs sites : bibliothèque de l'Arsenal, bibliothèque-musée de l'Opéra, département des Manuscrits de la Bibliothèque nationale. En cela, le projet de Vichy n'a pas tenu ses promesses.

Apprendre le chant choral et connaître la musique

Projet du gouvernement de Vichy, mais aussi influence de l'occupant ? Introduire l'enseignement de la musique et pratiquer ensemble le chant s'inscrit, entre 1940 et 1944, dans le projet global du gouvernement. Vichy légifère à plusieurs reprises à ce sujet, faisant du chant l'un des axes majeurs de la régénération de la société française, par le biais de sa jeunesse.

Un peu d'histoire

Les jeunes filles de la bonne société européenne d'autrefois devaient savoir chanter et jouer d'un instrument. La « leçon de musique » constitue d'ailleurs l'un des lieux communs des représentations picturales depuis le XVIe siècle. Cet apprentissage a la particularité d'être individuel.

Sous le Front populaire, l'école de la République tente de promouvoir une pratique collective de la musique et de prodiguer un enseignement musical, mais celui-ci, faute de temps et de moyens, ne peut aboutir.

Il faut attendre Vichy pour qu'une politique du chant choral naisse : « Pour la troisième fois

Les Petits Chanteurs à la croix de bois sont les ambassadeurs musicaux de Vichy. L'ambassadeur d'Espagne, José de Lequerica, félicite l'abbé Maillet et sa chorale. (1942)

en France, le chant choral devient une "affaire d'État" mais l'engagement d'un gouvernement pour la formation des jeunes par le chant choral est une nouveauté[38]. »

Le chant choral sous Vichy

Alfred Cortot, pianiste et pédagogue, le « monsieur Musique » du gouvernement de Vichy met l'accent sur l'initiation à la musique, le chant choral et l'organisation de concerts.

Le chant choral porte une très nette empreinte germanique, à connotation religieuse. Il existe depuis le XVIIIe siècle une tradition protestante de chorals chantés chaque dimanche par les fidèles – une grande partie de l'œuvre de Bach est fondée sur ces pratiques.

Mais le chant choral est également issu d'une tradition laïque. Un proverbe allemand dit d'ailleurs que « celui qui n'aime pas le chant, le vin et les femmes reste un sot toute sa vie ». En France occupée, les soldats de la Wehrmacht entonnent souvent des chants populaires, parfois accompagnés d'un orchestre. Ces airs sont regroupés dans de nombreux livrets avec partition.

Sous le gouvernement de Vichy, c'est au compositeur et musicologue Joseph Canteloube (1879-1957), secondant Cortot, que revient la tâche de promouvoir dès juin 1940, le chant choral, notamment dans les écoles. Il s'agit de donner leur pleine mesure au chant populaire et aux musiques régionales. De fait, sous Vichy, on chante beaucoup, du célèbre « Maréchal, nous voilà » au « Chant de la Jeunesse française en réponse au Maréchal ». Le gouvernement y voit une façon de « développer le sens moral[39] ». Ce chant choral est entonné à l'unisson, chacun dans son octave, ignorant les polyphonies.

L'initiation à la musique sous Vichy

À partir de 1943, sous l'impulsion de Cortot, l'enseignement de la musique fait évoluer le chant choral vers l'éducation musicale ouverte à la vie civile. C'est la naissance des JMF, les Jeunesses musicales de France, « modèle d'éducation musicale[40] », liant la production de concerts à la pratique de la musique dans la vie scolaire.

La presse collaborationniste se fera l'écho d'autres productions de musique chorale, désormais spectacles à part entière, notamment celle des Petits Chanteurs à la croix de bois : « Ils sont allés partout et jusqu'en Allemagne où tout récemment ils sont allés chanter pour nos prisonniers et nos travailleurs, remplissant ainsi une magnifique mission française et parisienne[41]. »

Et aujourd'hui ?

Sans doute le rapport des Français à la musique, et plus particulièrement au chant choral, a-t-il été ainsi profondément modifié sous l'Occupation.

Aujourd'hui, la France compte plusieurs milliers de formations chorales, le plus souvent regroupées en associations régies par la loi de 1901. L'éducation musicale, comme l'éducation physique et sportive, est ainsi entrée dans les mœurs. Le collège offre un enseignement musical obligatoire hebdomadaire d'une heure… et l'on y chante en polyphonie.

Danseuse étoile au firmament

Il n'existe, à notre connaissance, pas de texte législatif sur la création en 1940 d'un nouveau grade de danseuse au ballet de l'Opéra de Paris. Cependant, la presse se fait l'écho de la vie artistique des danseuses étoiles de l'Opéra, à l'instar des vedettes de cinéma. Les ballets classiques sont particulièrement prisés sous l'Occupation. Et les étoiles font partie de la symbolique et de l'esthétique de Vichy. Le maréchal Pétain, de par sa fonction, n'est-il pas lui-même porteur de sept étoiles ?

Un peu d'histoire

Titre suprême accordé aux artistes de la danse, comme une étoile au firmament, ou encore imitation de la hiérarchie militaire qui attribue des étoiles, la conjonction de l'un et de l'autre permet la création dès 1940 d'un statut « hors classe » de danseuse ou danseur de ballet à l'Opéra de Paris qui prennent ainsi le titre d'étoile.

Les consécrations de danseurs et de danseuses existent depuis le début du XIXe siècle dans la plupart des pays d'Europe, mais le terme « étoile » n'y figure pas. La structure du ballet de l'Opéra de Paris est figée depuis quatre siècles et dotée d'une hiérarchie immuable. Chaque danseur se doit de gravir progressivement les échelons jusqu'au grade supérieur – premier danseur – obtenu lors d'un concours annuel.

Le statut d'étoile sous l'Occupation

L'étoile est, pour reprendre la formule du journal *Paris-Soir*, « une consécration qui distingue les meilleurs dans leur catégorie ». Une catégorie particulièrement mise en valeur sous Vichy.

Si dans le domaine du sport, tel le ski, on peut obtenir jusqu'à trois étoiles, dans celui de la danse, on *devient* étoile. Cette nomination échappe au système du concours car elle est décidée, à la suite d'une représentation, par le directeur de l'Opéra de Paris sur proposition du directeur de la danse. Il n'existe pas vraiment de différence, hormis celle du prestige, entre premier danseur et étoile, puisque ces deux grades peuvent prétendre à l'interprétation du personnage principal d'un ballet.

Quelles étoiles pour quels ballets ?

Comme l'indique le journal *Paris-Soir*, en 1943 : « Attribuée pour la première fois à Solange Schwartz (*sic*) et Yvette Chauviré, cette consécration s'est ensuite répandue dans les autres ballets. » Solange Schwarz (1910-2000) qui se trouve ici renommée Schwartz (« noire » en allemand) est la première danseuse à être nommée étoile le 1er mars 1940 – donc avant l'Occupation, à une période où ce statut en était à ses balbutiements. Serge Lifar, chorégraphe et directeur de la danse, en est l'instigateur après l'avoir vue danser *Entre deux rondes*, l'une de ses créations. L'étoile participe à de nombreuses œuvres du chorégraphe sous l'Occupation : *Le Chevalier et la Damoiselle* de Philippe Gaubert (1941), *Les Animaux modèles* de Francis Poulenc (1942), *Suite en Blanc* sur une musique de Lalo (1943), etc.

Danseuse étoile, un métier à l'honneur sous Vichy. Le chorégraphe et directeur de la danse Serge Lifar décide de la promotion des danseuses. Le premier numéro de la revue La Semaine *leur consacre un long article.* (La Semaine, *25 juillet 1940)*

Cette danseuse étoile est traitée à l'égal d'une vedette et sa fonction semble avoir excédé son strict domaine. « À certains artistes, les relations directes avec les Allemands – Germaine Lubin, Serge Lifar, Solange Schwarz… À Rouché [administrateur de la Réunion des théâtres lyriques nationaux] et ses directeurs [un pour chaque opéra, Garnier et Opéra-Comique], les négociations avec Vichy[42]. » Au nom de l'art, en même temps qu'ils servent de modèle à leurs admirateurs, les artistes se font les ambassadeurs de la culture allemande.

La danseuse Lycette Darsonval est nommée le 28 février 1941 et Yvette Chauviré en décembre, toujours par Serge Lifar, à l'issue de la reprise d'*Istar*, de Vincent d'Indy. La même année, Renée Jeanmaire, la future « Zizi », qui a dix-sept ans, obtient également l'étoile. Le premier danseur à recevoir ce titre est Serge Peretti, en 1941.

Portés par leurs étoiles, les ballets ont tellement de succès qu'ils sont désormais donnés chaque mercredi à l'Opéra à partir du 28 août 1940, en particulier *Giselle*[43], œuvre du XIXe siècle : « 21 heures 15, au théâtre national de l'Opéra, le ballet […] déroule ses arabesques sur le plateau ; la salle est aux trois quarts remplie d'Allemands, officiers, soldats, Gretchen de la Rote Kreuz, souris grises[44]… » Le succès est immense. *Giselle*, dont l'action se place opportunément en Silésie, devient le spectacle de ballet le plus donné pendant la période de l'Occupation et, en quelque sorte, le « ballet de la Collaboration ».

Et aujourd'hui ?

En 1945, Lifar, le chorégraphe, et Schwarz, l'étoile, sont révoqués. Revenu à l'Opéra en 1947 après une courte disgrâce (l'année où une autre étoile, Yvette Chauviré, fait son retour), Lifar réinstaure une soirée hebdomadaire consacrée au ballet. Solange Schwarz, elle, rejoint les Ballets des Champs-Élysées et continue de danser.

Aujourd'hui, être nommé(e) étoile est toujours la consécration suprême et le rêve de la plupart des petites filles qui commencent « petit rat ». En 2012, l'Opéra de Paris compte quinze danseurs qui peuvent prétendre au titre, huit hommes et cinq femmes. La nomination est toujours le « fait du prince », même si la procédure a un peu changé. Depuis 2004, elle se fait devant le public, rideau levé.

La Réunion des musées nationaux

Sous le gouvernement de Vichy, la réorganisation transversale de différentes instances culturelles prend un nouvel essor, qu'elle soit musicale (Réunion des théâtres lyriques nationaux) ou muséale (Réunion des musées nationaux). Vichy légifère quatre fois, entre 1941 et 1943, à ce sujet.

Un peu d'histoire

Recueillir des fonds, les gérer et acquérir de nouvelles œuvres d'art pour enrichir les collections nationales, tel est l'objectif initial assigné à la Réunion des musées nationaux (RMN) lors de sa création sous la IIIe République[45]. La RMN regroupe alors quatre établissements : le Louvre, Versailles, le musée du Luxembourg et le château de Saint-Germain-en-Laye.

La RMN sous Vichy

La Réunion des musées nationaux est une instance qui relève de la direction des Beaux-Arts, et partant, du secrétariat d'État à l'Éducation nationale. Les raisons invoquées par Carcopino, secrétaire d'État de 1940 à 1942, pour la refonte de cette institution sont celles d'un « exemple germanique » à imiter : « L'Allemagne nous avait proposé des modèles dont nous étions restés fort éloignés : notamment dans l'organisation des fouilles archéologiques et dans celle des musées. J'étais mortifié de l'avance que l'Allemagne avait prise sur nous dans ces deux secteurs ; et il est naturel que j'aie désiré de la rattraper[46]. »

La réforme de 1941 porte sur des questions de méthode – notamment la nécessité d'une nouvelle organisation muséographique – et d'encadrement de la profession. Carcopino témoigne encore : « Elle [la loi sur les musées] avait pour but de remettre ordre et décence dans les musées locaux où, trop souvent, des oiseaux empaillés voisinaient, en un indicible bric-à-brac, avec de grands documents d'histoire ou d'admirables chefs-d'œuvre ; et elle remplissait son objet en les subordonnant plus ou moins étroitement à la Direction des musées nationaux, c'est-à-dire au musée du Louvre, et en exigeant de leurs futurs conservateurs, ordinairement élus par les municipalités, des garanties de compétence[47]. » L'organisation en est donc pyramidale, le Louvre se situant au sommet de la hiérarchie.

La loi de 1941 constitue l'acte de refondation de la Réunion des musées nationaux. Selon l'article 4, « les musées nationaux forment sous la dénomination RMN, un établissement public dont l'objet est défini par la loi de finances du 16 avril 1895[48] ». Elle est administrée par un directeur. Les autres musées qui en dépendent sont classés et contrôlés.

Réunir, fédérer, mais quels musées ? En août 1941, un décret fournit une liste qui en compte treize, tous situés à Paris ou alentour[49] : le Louvre, l'Orangerie des Tuileries, le musée d'Art moderne, le musée de Cluny, le musée de la Céramique à Sèvres, le musée Guimet, celui des Monuments français, le musée des Arts et Traditions populaires, le château de Versailles, celui de la Malmaison, le musée du château de Bois-Préau, le musée de Compiègne et celui de Fontainebleau.

En 1942, Jacques Jaujard est nommé directeur des Musées nationaux et de l'École du Louvre[50]. Il sera directeur général des Arts et Lettres sous la IVe République. L'année suivante, cinq nouveaux établissements rejoignent le groupement des musées nationaux qui passe alors à dix-huit. Il s'agit des musées Gustave Moreau, Rodin, Jean-Jacques Henner, d'Ennery et du musée Lannelongue à Castéra-Verduzan, dans le Gers, petite station thermale[51].

Dans le même temps, un certain nombre de musées faisant partie de la RMN sont « fermés provisoirement[52] ». Cette expression euphémique recouvre souvent des lieux d'entreposage de biens issus de la spoliation et requis par l'occupant, tels le musée des Thermes et de l'hôtel de Cluny, le musée Guimet, le musée des Arts et Traditions populaires, le musée Gustave Moreau et le musée Henner. Les seuls musées nationaux ouverts à Paris sont le Louvre, l'Orangerie des Tuileries et le musée d'Art moderne. Et encore, l'aile des Antiquités orientales du Louvre sert-elle de lieu d'entreposage de tableaux spoliés en partance pour l'Allemagne.

Le secrétaire d'État Carcopino semble ne rien ignorer du sort de ces lieux « fermés provisoirement » : « Je n'ai pu malheureusement tirer sur mes pauvres ficelles pour arracher aux Allemands les collections d'art qui appartenaient à des Juifs de la zone occupée et sur lesquelles ils étaient en train de faire main basse, non seulement aux domiciles particuliers des propriétaires, mais, ce qui était un comble, jusque dans les dépôts qu'en prévision de la guerre aérienne, le musée du Louvre, dès 1939, avait organisés dans divers châteaux de la zone occupée, et auxquels certains amateurs israélites les avaient remises[53]. »

LES MNR

À la fin de la guerre, de nombreux tableaux récupérés en Allemagne, regroupés à Baden-Baden, sont renvoyés en France et reçus par la RMN. En 1948, la Commission de récupération artistique demande aux familles spoliées de leur fournir la liste des œuvres qu'elles ont perdues. Un certain nombre d'entre elles sont ainsi rendues à leur propriétaire ou leurs ayants droit, mais 12 463 objets ou lots non identifiés sont vendus aux enchères. Le solde des œuvres spoliées sans propriétaire – environ deux mille – constitue un ensemble appelé MNR (Musées nationaux récupération). Confiés à la garde des musées nationaux, ces tableaux sont répartis dans divers musées de France.

Récupérer un tableau MNR est une procédure difficile, qui s'étend généralement sur plusieurs années, car il est impératif d'apporter la preuve que la famille le possédait au moment de la spoliation. Carole Achache, écrivain, témoigne de son long parcours pour reprendre *La Plage de Trouville*, œuvre de Jacques Mauny qui appartenait à ses grands-parents : « Cinquante-deux ans après, me voici à l'assaut des oublis de ma famille[54]. »

« Récupération » signifie « rentrer en possession de ce qui a été prêté ou perdu ou aurait pu l'être », selon la définition qu'en donne le *Petit Larousse*. Le terme paraît, dans ce contexte, fort ambigu. Si le but de la RMN est « d'acquérir de nouvelles œuvres d'art », le dépôt des MNR n'en apparaît que plus embarrassant. C'est un placement empoisonné et sujet à controverses.

Et aujourd'hui ?

Aujourd'hui, la RMN s'est agrandie et compte trente-quatre établissements. Elle inclut le Grand Palais depuis le 1er janvier 2011. Ses établissements sont essentiellement répartis en Île-de-France, mais il en existe aussi en province, tel le musée Magnin à Dijon. Son but est toujours de mieux gérer et de valoriser les collections nationales. La RMN s'occupe ainsi de l'organisation d'expositions temporaires, d'édition (catalogues), de banques d'images (elle fait aussi fonction d'agence photographique) et de vente de produits dérivés (affiches, cartes postales, moulages, bijoux et objets divers). Depuis 1990, elle a le statut d'EPIC (Établissement public à caractère industriel et commercial). Son ministère de tutelle est celui de la Culture.

Échange Vélasquez contre… Le transfert réciproque d'œuvres d'art

Dans un contexte de spoliation, Vichy légifère à deux reprises sur la circulation des œuvres d'art. En 1941, le contrôle à l'exportation vise implicitement l'Allemagne. Un échec. La même année, le gouvernement franquiste issu de la guerre civile de 1939 et le « jeune » gouvernement de Vichy procèdent à un échange d'œuvres d'art de grande valeur provenant des musées de leurs pays respectifs.

Un peu d'histoire

Depuis l'entre-deux-guerres, exportation, droit de préemption et échange sont les termes légaux concernant la circulation d'œuvres d'art entre la France et ses voisins. En outre, vol, spoliation et pillage par l'occupant nazi sont le lot commun en France occupée.

Pour tenter d'empêcher la sortie des œuvres d'art des musées nationaux, il existe une loi sur l'exportation, abrogée sous la IIIe République, et un droit de préemption de l'État français établi en 1921. La défense du patrimoine national relève ainsi d'une conception mise en place dans l'entre-deux-guerres.

L'échange des œuvres d'art sous Vichy

Vichy reprend cette initiative et crée, en 1941, une loi « relative à l'exportation des œuvres d'art[55] », stipulant que « l'État a le droit de retenir les objets proposés pour l'exportation[56] ». Le droit de préemption, institué par la loi de 1921, est la faculté légale qu'a l'État de se substituer en vente publique, au prix d'adjudication, au dernier enchérisseur, que celui-ci soit français ou étranger. L'application de cette loi est refusée par l'occupant.

En termes légaux, il ne reste que l'échange. La France de Vichy et l'Espagne franquiste vont opérer un transfert réciproque d'œuvres par convention. Carcopino précise qu'il est l'auteur de ce qui est présenté comme une « régularisation », mais non son instigateur : « La loi qui a régularisé une convention d'échanges artistiques avec l'Espagne, aux origines de laquelle j'étais étranger, mais que je suis arrivé avec quelque peine à conclure sans dommage pour la France […], rappelant les principes immuables de notre législation en vertu desquels les tableaux de nos collections nationales ne sauraient jamais qu'être échangés[57]. »

Les termes de l'échange sont les suivants : en France, le musée du Louvre rend l'*Apparition de la Vierge immaculée* de Murillo et la sculpture datant de l'Antiquité ibérique (Ve siècle avant J.-C.), dite « la dame d'Elche ». Le musée de Cluny rend les six couronnes d'or votives wisigothes du trésor de Guarrazar. L'ensemble – soit vingt-six couronnes wisigothes – avait été trouvé dans un champ près de Tolède en 1856 et partiellement pillé. La moitié d'entre elles se trouve déjà au musée archéologique de Madrid. Enfin, quarante documents royaux du XVIe siècle dérobés

À Vichy, le 24 septembre 1941.
De gauche à droite : le secrétaire d'État Carcopino, le maréchal Pétain (ancien ambassadeur de France en Espagne), les ambassadeurs d'Espagne et de France de Lequerica et Pietri, sous le regard de Doña Mariana d'Autriche *de Vélasquez, l'une des œuvres échangées avec l'Espagne.*
(La Semaine, *2 octobre 1941)*

par Napoléon Ier aux archives de Simancas, les archives du royaume de Castille, sorte d'équivalent des Archives nationales, sont également restitués. L'Espagne, en contrepartie, cède du Prado un Vélasquez, le portrait de *Doña Mariana d'Autriche*, un Greco, le *Portrait de l'humaniste Covarrubias* et un Goya, le carton de *La Rixe à l'auberge*.

Cet échange est une manière d'apurer des différends anciens. Côté français, les conquêtes napoléoniennes avaient en effet donné lieu à de nombreux pillages. Côté espagnol, le projet d'échange datait de la guerre civile. On tenait à remercier la France d'être venue en aide à la jeune République. Le ministre français Jean Zay était alors l'interlocuteur de l'Espagne. Mais les temps ont changé. Franco arrivé au pouvoir, désireux de récupérer ces joyaux, entame un dialogue avec Vichy pour conclure l'échange.

Le transfert de ces biens culturels donne lieu à une exposition des acquisitions nouvelles à Vichy en 1942, inaugurée par Pétain et qui remporte un grand succès.

Et aujourd'hui ?

Cet échange n'a jamais été remis en cause. Actuellement, les œuvres sont toujours dans leurs nouveaux musées respectifs. Le musée de Cluny a simplement gardé deux couronnes wisigothes. L'exportation de tout objet d'histoire ou d'art présentant un intérêt national est interdite si elle n'a pas reçu l'aval du secrétariat à l'Éducation et à la Jeunesse (aujourd'hui ministère de la Culture). L'État retient pour son compte, au prix fixé par l'exportateur, l'objet en question. C'est le droit de préemption. La loi du 31 décembre 1992 confirme ainsi celle de juin 1941.

Les héros de l'histoire de France revisités

De grandes figures de l'histoire de France sont remises à l'honneur par la propagande sous l'Occupation, en particulier Jeanne d'Arc, héroïne française et figure complexe utilisée par Vichy, mais aussi par la Résistance.

Un peu d'histoire

Il existe déjà en France un culte voué à Jeanne d'Arc. Une fête nationale en son honneur est instituée depuis 1920, année de sa canonisation par le pape Benoît XV. Celle-ci est fixée au deuxième dimanche de mai, anniversaire de la délivrance d'Orléans précédant de quelques jours la date de sainte Jeanne d'Arc, fixée par l'Église catholique au 30 mai.

Jeanne d'Arc, une figure ambivalente

La figure de Jeanne d'Arc est utilisée par le gouvernement de Pétain pour soutenir sa politique. En 1942, l'ancien ministre Zay ironise sur cette mainmise : « Vichy fête Jeanne d'Arc : Jeanne d'Arc, qui "ne craignait que la trahison" et chassa l'envahisseur. La Pucelle est annexée par les Bourguignons de 1940. Leur johannisme est, il est vrai, tout récent, fraîchement né de l'anglophobie. En 1929, le président de la République Doumergue, allant présider les fêtes du cinquième centenaire de la délivrance d'Orléans avec le président du Conseil Raymond Poincaré, ce dernier pria le maréchal Pétain de les accompagner. Il eut du mal à se décider. Jeanne d'Arc n'intéressait pas Pétain qui bougonna : "le moindre de mes poilus a fait cent fois plus..." En réalité, les militaires n'aiment guère les civils qui gagnent des batailles. Il faut, pour les rallier à Jeanne d'Arc, que l'inspiration divine vienne expliquer sa stratégie[58]. »

De fait, Jeanne d'Arc (1412-1431) est un personnage historique complexe, dont la propagande de Vichy utilise certains aspects. *Paris-Soir*, en 1941, la définit ainsi : « Une femme/Une paysanne/Une patriote/Une héroïne/Une vierge/Une sainte[59]. »

« La Pucelle »

Jeanne d'Arc, appelée aussi « la Pucelle », est d'abord une figure de la jeunesse féminine. La déclaration de l'Association des jeunes filles de France[60], créée en 1940, défend des valeurs similaires de dévouement et de courage. Mais sa fin tragique – brûlée vive alors qu'elle n'a pas vingt ans – sert aussi de modèle aux jeunes résistant(e)s.

La paysanne

Alors que Vichy remet les provinces à l'honneur, Jeanne d'Arc, née aux confins de la Lorraine et bergère à Domrémy, est l'incarnation de la figure de la paysanne. À travers elle, c'est toute la politique du « retour à la terre » prônée par Vichy qui prend forme. Jeanne d'Arc en devient, en quelque sorte, la « patronne ». « Jeanne appartient au nationalisme français dans ce qu'il a de plus réaliste, de plus profond et de plus attaché à la terre[61] », résume Robert Brasillach.

L'anglophobe

La propagande vichyste utilise aussi le symbole d'une Jeanne d'Arc qui voulait « bouter les Anglois hors de France ». « Jeanne-d'Arc, une femme, une anglophobe[62] », titre à l'appui le journal *Paris-Soir*. Les Anglais sont en effet présentés par le gouvernement de Vichy comme les envahisseurs de toujours, auxquels Jeanne a opposé une victoire « légitime ». Elle a défendu son pays contre leurs attaques, au point d'inverser le cours de l'Histoire – la guerre de Cent Ans contre l'Angleterre. Cependant, Jeanne, figure de la révolte et du courage contre l'ennemi, est aussi pleinement à ce titre une figure de la Résistance si l'envahisseur change de camp pour devenir l'occupant nazi.

La martyre chrétienne

« Sainte Jeanne d'Arc », celle dont la devise est « Dieu premier servi », devient aussi la figure du rapprochement avec l'Église mis en place par le gouvernement de Vichy. Béatifiée en 1909, canonisée en 1920, celle qui a pourtant été condamnée à mort par un tribunal ecclésiastique est l'objet de toutes les dévotions et celui de nombreux pèlerinages.

Vichy contribue à créer une mystique. Sa fête, le 11 mai, donne lieu à de grandes manifestations : monuments pavoisés, messes solennelles données en son honneur auxquelles assiste le maréchal Pétain, processions, défilés à mi-chemin entre le religieux et le politique en présence de l'Armée qui, toutefois, ne défile pas. La fête se clôt par un dépôt de fleurs aux statues de Jeanne. Un article paru dans *Paris-Soir* en 1942 témoigne de cette effervescence : « La France entière rend à Jeanne d'Arc un émouvant hommage. Le préfet de police Bard, le préfet de la Seine Magny, le représentant de Brinon [délégué général du gouvernement français dans les territoires occupés] et le commandant de Corcelles se découvrent devant sa statue place des Pyramides[63]. »

L'icône de la Collaboration

Jeanne est autant admirée des Français que des Allemands. En juillet 1941, la légion des Volontaires français contre le bolchevisme nomme l'une de ses permanences de recrutement « État-major des chasseurs de Jeanne d'Arc[64] ». Le cardinal Baudrillart note dans son journal : « Dire qu'un de ceux qui gouvernent aujourd'hui Paris est un catholique allemand, Sieburg qui, dans le livre qu'il me dédicaça, *Dieu est-il français ?*, a écrit les plus belles et les plus intelligentes pages sur sainte Jeanne d'Arc qui aient jamais paru[65]. »

La reine Marie-Antoinette

D'autres figures historiques sont utilisées à des fins politiques sous Vichy. L'aristocratique Marie-Antoinette (1755-1793) est ainsi remise au goût du jour et sa figure reprise par la propagande nazie en France.

Née à Vienne, elle est présentée comme une figure tutélaire, emblématique de la Collaboration, à la fois intime et politique. Son mariage en 1770 avec le futur roi Louis XVI scelle l'alliance franco-autrichienne au sein de l'Europe. En outre, sa fin tragique en fait une héroïne de l'« Ancien Régime », mise en valeur par la « Révolution nationale », qui fustige tous les acquis et les errements de la Révolution française. Les valeurs à l'origine de la République sont stigmatisées, tandis que les éléments dynastiques (monarchiques ou impériaux) sont magnifiés.

Affiche de la première fête officielle de Jeanne d'Arc, le 11 mai 1941. Celle-ci donne lieu à de nombreuses manifestations et défilés. Jeanne est une figure controversée : Vichy fait d'elle une anglophobe, tandis que la Résistance s'approprie la figure de la rebelle.

Jeanne d'Arc est une sainte qui fait l'unanimité tant du côté allemand que du côté français.

Et aujourd'hui ?

Cette grande figure historique reste l'objet de tiraillements, chaque parti investissant l'image de Jeanne d'éléments servant sa cause. La fête de Jeanne d'Arc en mai donne par exemple lieu à des rassemblements politiques d'extrême droite sous sa bannière, lors de défilés près de sa statue, place des Pyramides à Paris. Parallèlement, des festivités ont lieu à Orléans lors des « fêtes johanniques », au cours desquelles la cathédrale est de nouveau pavoisée.

Un statut pour l'archéologie

Le gouvernement de Vichy légifère à deux reprises, en 1941 et 1942, sur le statut de l'archéologie en France, qui n'existait pas auparavant. Les « lois Carcopino » doivent beaucoup à leur instigateur, secrétaire d'État à l'Éducation sous Vichy et lui-même historien de l'Antiquité. Les fouilles archéologiques sont dans « l'air du temps ». Jamais autant de sites n'ont été mis au jour : la découverte de la grotte de Lascaux, par exemple, date de mai 1941.

Un contexte franco-allemand

Dès la fin du XIXe siècle, les archéologues outre-Rhin développent une méthodologie élaborée. Tout commence avec la découverte de Troie et de Mycènes par Heinrich Schliemann (1822-1890), parti sur les traces d'Homère. Son collaborateur, Wilhelm Dörpfeld (1853-1940), directeur de la mission archéologique allemande en Grèce, met alors en place des fouilles stratigraphiques (les fameuses « coupes géologiques ») qui mettent en évidence différents niveaux de population. Il est l'un des fondateurs de la recherche archéologique outre-Rhin. Robert Koldewey (1855-1925), le « découvreur de Babylone » en 1899, adopte de nouvelles méthodes archéologiques, notamment par les schémas architecturaux de ruines antiques. Enfin, dans un registre plus nationaliste, Gustaf Kossina (1858-1931), pionnier de l'organisation scientifique des fouilles archéologiques (*Siedlungsarchäologie*), développe la théorie selon laquelle les vestiges archéologiques servent à reconnaître une ethnie.

En France, le déclin des sociétés savantes dans l'entre-deux-guerres ne facilite pas la recherche. Carcopino, qui parle et lit parfaitement l'allemand, connaît toutes ces écoles. À la mission archéologique, il travaille en 1935 avec les historiens Grenier et Albertini. L'idée, dans l'air du temps, est de procéder à des fouilles nationales, mais en leur donnant une base régionale. Il faut également trouver une justification pour aller faire des fouilles à l'étranger, notamment en métropole. Les bases de la loi sont prêtes dès 1937.

L'archéologie sous Vichy : les « lois Carcopino »

L'organisation des fouilles archéologiques en France (septembre 1941) est, de l'aveu de son instigateur Carcopino, alignée sur l'exemple allemand : « L'Allemagne nous avait proposé des modèles dont nous étions restés fort éloignés : notamment dans l'organisation des fouilles archéologiques et dans celle des musées. J'étais mortifié de l'avance que l'Allemagne avait prise sur nous dans ces deux secteurs ; et il est naturel que j'aie désiré de la rattraper[66]. » L'ancien directeur de l'École française de Rome va s'y atteler.

La première loi de 1941, « portant réglementation des fouilles archéologiques[67] » a été validée à la Libération et se trouve donc considérée comme la seule valable. Une seconde loi, en 1942, introduira la notion de circonscription[68].

La loi de 1941 est une « loi organique et, en même temps, une loi de circonstance », selon le mot de l'historien Jean-Pierre Reboul[69]. Elle réglemente les fouilles archéologiques en France et donne pour la première fois à celles-ci une structure administrative. Son idée-force est d'enraciner dans une gestion locale ou régionale, une structure à dimension nationale.

La raison invoquée à toute cette démarche par Carcopino est protectionniste : « Elle permettrait peut-être d'entraver des fouilles analogues à celles qu'en dehors de tout contrôle français, des partenaires de l'Axe avaient entrepris à Entremont et à Cimiez[70]. » Le fait que, dans le même temps, l'occupant fouille à Carnac peut lui donner raison. Pour autant, l'argument est peu recevable.

Il n'est pas donné de statut particulier à « l'objet de fouille », mais aux conditions mêmes de la fouille : « Nul ne peut effectuer sur un terrain lui appartenant ou appartenant à autrui des fouilles ou des sondages à l'effet de recherches de monuments ou objets pouvant intéresser la préhistoire, l'histoire, l'art ou l'archéologie sans en avoir, au préalable, obtenu l'autorisation[71]. » La demande est à adresser au préfet de région, concernant l'endroit exact, la portée et la durée des fouilles. La réponse du secrétaire d'État à l'Éducation doit parvenir à l'impétrant dans les deux mois, accompagnée de prescriptions. Le caractère obligatoire d'une déclaration préalable fonde l'archéologie professionnelle en France.

Selon le témoignage de Carcopino, cette loi « consacrait le droit de l'État à revendiquer, pour ses collections publiques, avec ou sans indemnité, tout ou partie de ses trouvailles[72] ». En effet, « la propriété des découvertes de caractère mobilier

Sous Vichy, les fouilles archéologiques en France acquièrent un statut et une protection juridiques. La découverte de cette tombe gauloise près d'Alise-Sainte-Reine (site présumé d'Alésia) est largement relayée par la presse. (La Semaine, *14 septembre 1940)*

effectuées au cours des fouilles est partagée entre l'État et le propriétaire du terrain suivant les règlements du droit communal[73] ». Cette loi applique en fait le Code civil (et non le droit romain) sur la propriété du sol qui distingue le « dessus » du « dessous ». Si le « dessus » a bien un seul propriétaire, le contenu du « dessous » doit se partager pour moitié entre l'État et le découvreur du « trésor ».

Carcopino met en place un double système, que l'on retrouvera dans un certain nombre d'institutions du gouvernement de Vichy : celui qui fait, et celui qui administre ce que l'autre est en train de faire. Ce précepte nous semble assez proche d'une méthodologie mise au point par l'occupant, l'*Aufsichtsverwaltung*, ou « administration de la surveillance ». Carcopino témoigne : « Dans chacune des "régions archéologiques" entre lesquelles fut découpé le sol métropolitain, le Service a été constitué sur la base d'une coopération aussi fructueuse que logique entre deux fonctionnaires rétribués par ailleurs : l'universitaire archéologue, et l'architecte des monuments historiques. Au premier appartiennent la désignation des sites à explorer et l'interprétation des textes et objets trouvés dans les fouilles ; au second, l'organisation et la surveillance des travaux d'excavation, l'ensemble des mesures restauratrices ou conservatoires[74]. »

Enfin, pour asseoir la recherche archéologique, Carcopino crée un périodique particulier, la revue *Gallia*, publiée par la recherche scientifique et rendant compte des découvertes faites sur le sol français. Elle existe encore aujourd'hui.

Et aujourd'hui ?

La loi de 1941 est validée à la Libération. L'organisation administrative de l'archéologie française repose encore, pour partie, sur elle. On peut noter la continuité de la loi Carcopino avec celle de 1937 qui n'avait pu aboutir et celle de la IVe République qui la reprendra.

Le film en couleur

La projection du premier film en couleur et la commercialisation des premières pellicules photo couleur, relèvent de l'occupant. La société Agfa qui les produit est allemande. La presse, par ses articles et ses « réclames », se fait l'écho de ces nouveautés. Il s'agit d'un exemple particulièrement parlant de l'influence allemande, dépassant le cadre du régime de Vichy et illustrant une période marquée par l'occupant, en premier lieu dans le domaine économique.

Un peu d'histoire

Le film en couleur est une invention américaine des années 1930. Le développement du procédé Technicolor succède au film colorisé. Parallèlement, en Europe, deux concurrents travaillent à une technologie similaire : le procédé Eastmancolor, de l'anglais Kodak et le procédé Agfacolor, de la société allemande Agfa. Sous Vichy, ce dernier va particulièrement être mis en valeur par l'occupant qui bloque dans le même temps la concurrence américaine et la libre circulation des films venus d'outre-Atlantique.

Le cinéma expressionniste allemand (1919-1929), en noir et blanc, a travaillé sur l'ombre et la lumière. L'occupant s'attache à se démarquer de ce cinéma, d'autant que la plupart de ses réalisateurs sont partis d'eux-mêmes ou ont fui en Europe à partir de 1934, notamment Fritz Lang.

Le film en couleur sous l'Occupation

« Vingt-cinq années de recherches viennent d'aboutir à la mise au point définitive du film en couleurs. Veit Harlan, le réalisateur de *La ville dorée* à Paris, plus à Berlin, *Les Aventures fantastiques du baron de Münchhausen*, produit par la UFA. » C'est ainsi que *Paris-Soir*, dans une édition du printemps 1943[75], annonce la sortie des premiers films en couleur en France.

La Ville dorée de Veit Harlan, premier grand film européen en couleur, a été présenté l'année précédente en Allemagne. Ce film de l'un des réalisateurs allemands les plus actifs du IIIe Reich – il est particulièrement connu pour sa réalisation du *Juif Süss* en 1940 est diffusé dans

Sous Vichy, la photographie en couleur connaît ses débuts. Publicité pour la marque de pellicules Agfa. La graphie du logo porte l'empreinte germanique et le texte sur la boîte est rédigé en allemand. (L'Illustration, *25 juillet 1942)*

tous les pays d'Europe occupée. En raison d'un mauvais rendu des couleurs, ce film est rebaptisé la « Ville chocolat » par la critique[76]. Présenté pendant dix semaines d'exclusivité dans les cinémas parisiens Normandie, sur les Champs-Élysées et Français, dans le quartier de l'Opéra, il est pourtant un succès. Le directeur du Normandie offre même une gerbe de fleurs à la 200 000e spectatrice, au septième dimanche d'exclusivité. Toutes ces actions de propagande sont largement relayées par la presse.

Ce film est suivi, en février 1944, des *Aventures fantastiques du Baron de Münchhausen*, de Josef von Baky, sorti l'année précédente en Allemagne. Cette production à très gros budget est présentée solennellement à Berlin pour le 25e anniversaire de l'UFA, la société de production allemande, et le dixième anniversaire du cinéma hitlérien[77]. Plein de turqueries et de trucages, l'affiche le présente comme « le film en couleurs le plus prodigieux du siècle » et donne de meilleurs résultats en termes de couleurs dans les tons jaunes, gris et mauves.

Et aujourd'hui ?

À la Libération, la défaite allemande signe la perte d'influence d'Agfa et de son procédé Agfacolor. Il est supplanté par le Technicolor américain. Les spectateurs français découvrent *Gone with the wind* (*Autant en emporte le vent*), sorti en 1939 outre-Atlantique. À partir des années 1950, le procédé cinématographique en Cinémascope succède au Technicolor.

Les pellicules photo couleur

L'invention de la pellicule couleur par l'américain Kodakchrome date de 1935. Presque au même moment, en 1936, la société allemande Agfacolor fait une invention similaire. Agfa (AkienGesellschaftFürAnilinFabrikation) est une société par actions spécialisée dans la fabrication de l'aniline, un colorant chimique utilisé lors du développement des pellicules couleur. La chimie allemande est puissante dans l'entre-deux-guerres, contrôlée par la société IG Farben à Francfort. Sa filiale en France, Francolor, est prospère.

La pellicule couleur, intégrée à des appareils photographiques de marque allemande, Leica ou Agfa Box en est à ses débuts. Elle sert aux premières photos de propagande, telles celles utilisées par le photographe français André Zucca qui travaille pour le magazine nazi *Signal*.

Après la Libération, l'usage de la photographie en couleur, souvent de la marque Agfa (ou Kodak), bien implantée en France, s'est banalisé. Toutefois, le support a évolué. Il est aujourd'hui essentiellement numérique et non plus nécessairement de la marque précitée.

Vers un nouveau statut du cinéma

Le cinéma français connaît une profonde modification entre 1940 et 1944. Activité très encadrée par l'occupant – le gouvernement de Vichy légifère souvent entre décembre 1940 et juin 1943 sur son organisation –, le cinéma acquiert un nouveau statut dans lequel chacun a des droits et des devoirs.

Un peu d'histoire

Sous le Front populaire, le projet de donner un statut au cinéma avait émergé, ainsi qu'en témoigne Jean Zay, alors ministre de l'Éducation : « Notre projet de statut entendait épauler l'effort de l'industrie cinématographique française, en en respectant la liberté, mais en y apportant l'ordre et l'harmonie que chacun réclamait. Il éliminait les éléments douteux et garantissait la moralité des studios et des conseils d'administration en créant la carte professionnelle[78]. »

Pour ce faire, ce projet envisageait certains principes, notamment la suppression du double programme, c'est-à-dire « des deux grands films au même spectacle », ce qui permettait « la résurrection des films de court-métrage, documentaires, bandes scientifiques, auxquels le goût français excellait[79] ». L'auteur du film y était également pour la première fois défini et protégé ; les salles de cinéma devenaient le cadre privilégié pour le visionnage des œuvres cinématographiques (et non plus les théâtres).

Toutefois, des considérations financières ont freiné l'accomplissement de ce projet ambitieux. Jean Zay témoigne des efforts déployés pour mener à bien cette entreprise : « Quand je voulus [...] établir un statut du cinéma français, ce fut à chaque fois une lutte véritable pour obtenir les crédits dérisoires qui eussent été nécessaires[80]... »

Le statut du cinéma sous l'Occupation

Vichy entreprend de parachever ce que le ministre du Front populaire avait entrepris, sans toutefois s'en réclamer. Il reprend les grands principes ébauchés dans le but de faire évoluer le statut du cinéma : déroulé du programme (actualités, puis court-métrage de type documentaire et « grand film »), notion d'auteur, carte professionnelle. La loi parue à l'automne 1940 portant « réglementation de l'industrie cinématographique » stipule en effet que « toute entreprise appartenant à l'une des branches de l'industrie cinématographique ne peut exercer son activité qu'après obtention d'une carte délivrée par le ministre chargé de l'Information[81] ». Cette carte se double d'une carte d'identité professionnelle.

S'il impose des devoirs, ce programme législatif assure également des droits. En ce sens, la loi du printemps 1941 « relative au régime des avances de l'industrie cinématographique[82] », création de Vichy, a pour but de « faciliter la reprise de la production cinématographique française[83] ». Celle-ci étant sous contrôle de l'État, ce dernier avance des fonds contribuant à la réalisation du film en veillant au contenu de celui-ci.

Parallèlement, des initiatives d'une grande liberté voient le jour, telle la Nuit blanche du cinéma à partir de 1942, qui donne lieu à des

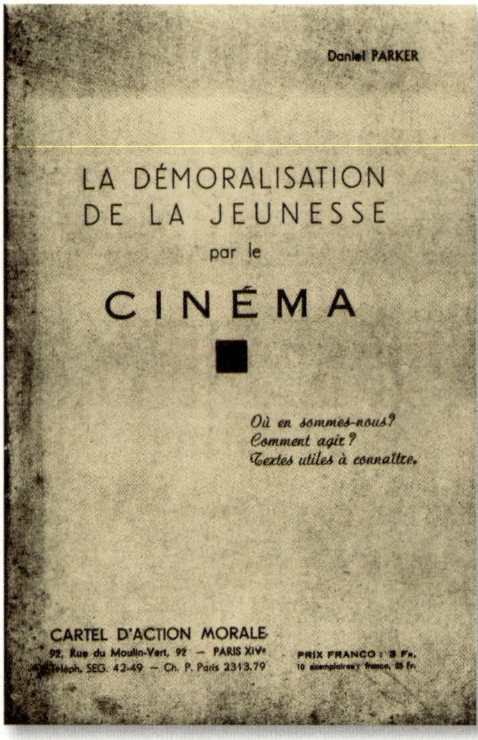
Daniel PARKER

LA DÉMORALISATION
DE LA JEUNESSE
par le
CINÉMA

Où en sommes-nous ?
Comment agir ?
Textes utiles à connaître.

CARTEL D'ACTION MORALE
92, Rue du Moulin-Vert, 92 — PARIS XIVe
Téléph. SEG. 42-49 — Ch. P. Paris 2313.79

PRIX FRANCO : 3 Fr.
10 exemplaires franco, 25 fr.

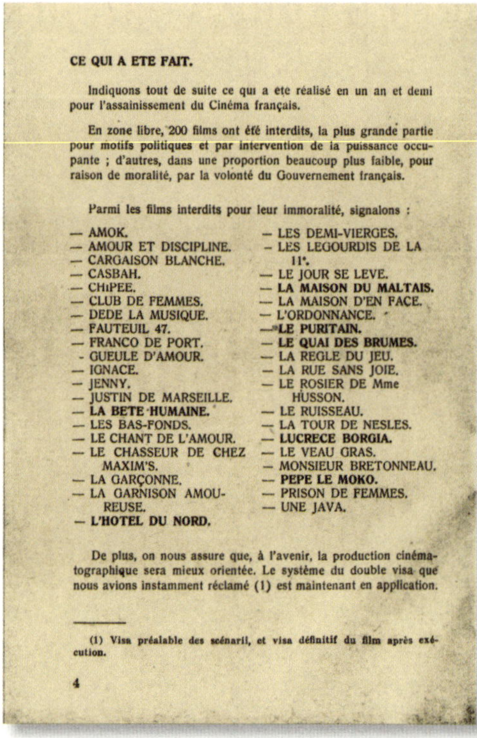
CE QUI A ETE FAIT.

Indiquons tout de suite ce qui a été réalisé en un an et demi pour l'assainissement du Cinéma français.

En zone libre, 200 films ont été interdits, la plus grande partie pour motifs politiques et par intervention de la puissance occupante ; d'autres, dans une proportion beaucoup plus faible, pour raison de moralité, par la volonté du Gouvernement français.

Parmi les films interdits pour leur immoralité, signalons :

— AMOK.
— AMOUR ET DISCIPLINE.
— CARGAISON BLANCHE.
— CASBAH.
— CHIPEE.
— CLUB DE FEMMES.
— DEDE LA MUSIQUE.
— FAUTEUIL 47.
— FRANCO DE PORT.
— GUEULE D'AMOUR.
— IGNACE.
— JENNY.
— JUSTIN DE MARSEILLE.
— **LA BETE HUMAINE.**
— LES BAS-FONDS.
— LE CHANT DE L'AMOUR.
— LE CHASSEUR DE CHEZ MAXIM'S.
— LA GARÇONNE.
— LA GARNISON AMOUREUSE.
— **L'HOTEL DU NORD.**
— LES DEMI-VIERGES.
— LES LEGOURDIS DE LA 11e.
— LE JOUR SE LEVE.
— **LA MAISON DU MALTAIS.**
— LA MAISON D'EN FACE.
— L'ORDONNANCE.
— **LE PURITAIN.**
— **LE QUAI DES BRUMES.**
— LA REGLE DU JEU.
— LA RUE SANS JOIE.
— LE ROSIER DE Mme HUSSON.
— LE RUISSEAU.
— LA TOUR DE NESLES.
— **LUCRECE BORGIA.**
— LE VEAU GRAS.
— MONSIEUR BRETONNEAU.
— **PEPE LE MOKO.**
— PRISON DE FEMMES.
— UNE JAVA.

De plus, on nous assure que, à l'avenir, la production cinématographique sera mieux orientée. Le système du double visa que nous avions instamment réclamé (1) est maintenant en application.

(1) Visa préalable des scénarii, et visa définitif du film après exécution.

4

Les films des plus grands réalisateurs interdits par la censure de Vichy : Gance, Renoir, Carné, Duvivier, mais aussi Pabst, le réalisateur allemand de La rue sans joie, *avec pour héroïne Garbo. (Plaquette du Cartel d'action morale, 1942)*

projections toute la nuit et où des présentateurs vedette se succèdent (Sacha Guitry, le tandem Valère-Desailly) : « Nuit blanche au Gaumont Palace où s'est déroulée la "nuit du cinéma" ! », titre *Paris-Soir*[84].

La façon d'être des acteurs et des actrices évolue elle aussi. Réaction contre les temps du Front populaire, les « garces », les allumeuses et les mauvais garçons disparaissent à l'époque de Vichy : « Voici, fraîche et acidulée, la première jeune fille bon chic bon genre, Danielle Darrieux[85]... » L'actrice sera la première d'une longue lignée à adopter ce style.

Et aujourd'hui ?

Remise au goût du jour en 1959 par deux décrets de Malraux, alors ministre de la Culture, l'avance sur recettes relève aujourd'hui du Centre national du cinéma (CNC). Les projets de long-métrage, qui doivent être « de nationalité majoritairement française », sont présentés devant une commission spécifique. Le montant total des sommes allouées chaque année est de vingt-cinq millions d'euros. Une soixantaine de films peuvent en bénéficier. Ce mode de fonctionnement est assez similaire à celui mis en place par Vichy mais suscite quelques controverses. Il existe toujours la suspicion d'un favoritisme ou d'un « fait du prince ».

Le visa de censure

Dans l'entre-deux-guerres, l'interdiction de projeter un film en public peut être arrêtée sur ordre du préfet de police si l'« ordre public » est troublé. C'est ainsi que Jean Chiappe, préfet à Paris depuis 1927, interdit le film *L'Âge d'or*, de Buñuel, en 1930.

Sous le Front populaire, tout film devait recueillir l'approbation unanime pour recevoir le visa légal. Sans elle, la décision était soumise à l'arbitrage du ministre. « Il fallait alors, rue de Grenelle, faire trêve aux affaires solennelles et trouver deux heures pour se transporter au cinéma privé de la rue Montpensier[86] », se souvient Jean Zay, alors ministre de l'Éducation.

Sous l'Occupation, le visa de censure s'inscrit dans une démarche générale d'« assainissement » du cinéma, accusé d'« immoralité » et de « démoraliser la jeunesse[87] ». La loi de 1942 annonce la constitution d'une commission chargée du contrôle cinématographique. L'article 3 précise que « le contrôle prévu à l'article premier est sanctionné par la délivrance ou le refus : 1. du visa de production ; 2. du visa d'exploitation (dont la délivrance peut-être soumise à des coupes et des remaniements) ; 3. du visa d'exportation ».

Quelques semaines plus tard, cette loi est renforcée. Visas d'exploitation et d'exportation deviennent obligatoires. La censure se durcit encore avec la mise en place du « double visa » : visa préalable du scénario, puis visa définitif du film après exécution. Il va toucher plus de deux cents films, dont des chefs-d'œuvre.

Après la Libération, le régime de la censure existe toujours mais ses critères sont assouplis. Le décret du 18 janvier 1961 prolonge cette dynamique.

Aujourd'hui, le visa d'exploitation peut être refusé, ou simplement assorti de restrictions (moins de 12, 16 ou 18 ans). Quant au visa d'exportation, il a disparu.

Le film d'animation

Sous Vichy, un nouveau genre apparaît au cinéma dans une forme et une spécificité françaises, bien qu'il trouve son origine dans l'entre-deux-guerres : le film d'animation, plus communément appelé « dessin animé ». Aucun dispositif législatif n'a été mis en place le concernant mais de nombreux articles de presse font état de son développement.

Un acte de naissance outre-Atlantique

Le film d'animation en couleur existe depuis 1932 aux États-Unis. Les premiers, créés par Walt Disney, remportent un grand succès outre-Atlantique.

Le film d'animation sous l'Occupation

Le vieux continent prend le relais. Le dessin animé français se développe pendant l'Occupation appuyé par la mise en place d'une formation spécifique. Au printemps 1943, une école de dessin animé français ouvre au Centre des Arts et Métiers, à Paris. L'objet de cette école avait été annoncé dans la presse quelques mois auparavant : « Noble descendant de notre art national/Le cinéma français doit se fixer dans le cadre de nos traditions/Après la création de nombreux films, le "Centre des jeunes" présente le dessin animé réalisé par le CATJC [Centre artistique et technique des jeunes du cinéma, né en 1940] sous l'égide du secrétariat d'État à l'Éducation[88]. » Le réalisateur Paul Grimault et l'équipe des Gémeaux produisent ainsi *Les Passagers de la Grande Ourse*, suivi par *Callisto*, d'André Marty. Le dessin animé français, pratiquement inexistant avant-guerre, vient de naître. « Officiellement baptisé en juin 1943, lors de l'inauguration à Paris du "Salon de l'imagerie", il est une des révélations les plus intéressantes de cette création en vase clos du cinéma français entre 1940 et 1944[89] », note Hervé Le Boterf.

Toujours en 1943, Henri Mahé, avec le procédé Simplifilm, perfectionne la technique initiale d'Achille Dufour, créateur du pictographe (mise au point totale sur tous les plans). Il réalise ainsi *Blondine*, avec l'actrice française Nicole Maurey et anticipe sur les recherches de Walt Disney pour mêler en une seule image des séquences de dessin et de scènes interprétées par des acteurs qui se déplacent dans un faux décor[90]. Malheureusement, ces essais ne seront révélés au public qu'après la Libération, au moment où les spectateurs n'auront d'yeux que pour Popeye et Mickey et tout ce qui concerne les productions des studios Walt Disney en général. L'Amérique a gagné.

Pour autant, la production de films d'animation français sera importante pendant toute la période de l'Occupation : plus de quatre cents courts-métrages et dessins animés[91], soit le double de la production des films.

Le documentaire

Le documentaire français doit sa structure, plutôt courte, diffusée en première partie de programme au cinéma, au ministre de l'Éducation du Front populaire, Jean Zay. Celui-ci peut prendre plusieurs formes, historique, de propagande (*Le Triomphe de la volonté*, de Leni Riefenstahl), d'actualité (qui mêle souvent la propagande à son propos et se trouve diffusé en première partie au cinéma) ou d'aventures – telles les réalisations inspirées du documentariste américain Robert Flaherty avec *Nanouk l'Esquimau* en 1922. Au même moment, le genre du film documentaire se répand en Allemagne. Les réalisateurs prennent des risques, plaçant des caméras mobiles au bout des skis lors des reportages.

Comme le titre *Paris-Soir* au printemps 1943 : « Un congrès du film documentaire/Sous le patronage de la Direction générale de la cinématographie nationale, le "premier congrès du film documentaire", organisé par "Arts, Sciences, Voyages" se tiendra à Paris du 5 au 22 avril[92]. »

Le documentaire devient lui aussi un genre à part entière. Cinq prix sont décernés, dont le Grand Prix à Georges Rouquier, avec *Le Tonnelier*. La production de ce documentariste sera par la suite célèbre, notamment grâce à *Farrebique* (1946).

Le documentaire français est un peu resté « le parent pauvre du cinéma », comme le prédisait un article de la presse française sous Vichy[93]. Ce genre cinématographique reste relativement marginal, à côté de la production massive de fictions, malgré d'excellentes réalisations.

La production de dessins animés français est encouragée et soutenue sous Vichy. Ici, trois phases de la fabrication du film Le Meunier, son Fils et l'Âne. (L'Illustration, *18 avril 1942)*

Le déploiement de la Cinémathèque française

Vichy ne légifère pas sur la Cinémathèque française, association créée sous le Front populaire. Toutefois, elle continue à se développer sous l'Occupation, avec l'aide du gouvernement et celle de l'occupant. Elle échappe cependant partiellement au contrôle de ce dernier, pour le plus grand bien des cinéphiles d'aujourd'hui.

Un peu d'histoire

Sous le statut d'association loi 1901, la Cinémathèque française est créée en septembre 1936. Les membres qui la composent sont Henri Langlois (21 ans), secrétaire, et Paul-Auguste Harlé, président. Georges Franju (23 ans) et Jean Mitry (32 ans) complètent le bureau. À l'inverse de la doctrine des grandes bibliothèques, Langlois prend le parti de « ne pas choisir mais tout conserver[94] ». Ainsi présente-t-il à Paris en 1937 le documentaire de propagande nazie *Le Triomphe de la volonté* (1936) de Leni Riefenstahl. La célèbre réalisatrice allemande devient membre de la Cinémathèque l'année suivante.

En juin 1938, la Cinémathèque participe à la création de la FIAF (Fédération internationale des archives du film). Langlois devient secrétaire général, « chargé de la recherche des films et de la gestion des stocks conservés dans les sous-sols du palais de Chaillot[95] ». Cette fédération comprend, entre autres, la Reichsfilmarchiv (archives des films du Reich), créée par Joseph Goebbels en 1934 et dirigée par le capitaine SS Frank Hensel, qui sera président de la FIAF, en poste en France sous l'Occupation.

La Cinémathèque française sous Vichy

Après l'armistice, en 1940, la Cinémathèque reçoit l'autorisation de poursuivre ses activités. Elle installe ses bureaux dans le VIIIe arrondissement de Paris dans un grand hôtel particulier, réquisitionné par l'occupant et appartenant au directeur du *Figaro*, M. Cotnaréanu, en exil. Les 600 m^2 du 7 avenue de Messine l'accueillent, au rez-de-chaussée. Des plantons en uniforme assurent la sécurité du lieu. Une salle de projection pour laquelle d'importants frais sont engagés (les mémoires font état de 156 000 francs pour le traitement acoustique, les fauteuils, l'équipe, etc.)[96], est installée à proximité des bureaux de Langlois. Au premier étage, deux bureaux sont occupés par Frank Hensel, conformément aux consignes de l'Aufsichtsverwaltung (administration de la surveillance), accompagné de son secrétariat allemand. Louis-Émile Galey, directeur de la Cinématographie nationale, occupe le reste de l'immeuble. Celui-ci est l'objet de nombreuses allées et venues. En effet, il sert essentiellement de siège au Comité d'organisation de l'industrie cinématographique (COIC), corporation puissante par laquelle doivent passer tous les professionnels du cinéma pour exercer leur métier.

Langlois reste à son poste pendant toute la durée de l'Occupation. Il obtient que tous les films soient déposés au palais de Chaillot, situé à proximité, sorte de « blockhaus » de la FIAF, afin d'éviter leur saisie. La Cinémathèque française, rattachée au ministère de l'Information comme l'ensemble de l'immeuble, devient le seul lieu d'archives officielles. Un nouveau président est élu en 1941, le réalisateur Marcel Lherbier.

En octobre 1942, des accords sont passés au sein de la FIAF entre la Cinémathèque française et son homologue allemand, la Reichsfilmarchiv. Cette dernière est autorisée à faire des copies des films prêtés. Le Dr Derichsweiler, responsable de la Commission cinéma à la Propaganda, s'en félicite : « La collaboration avec la Cinémathèque française s'est développée de manière très satisfaisante. [...] Avec l'aide de cette institution française, des centaines de films de grande valeur ont été expédiés à la Reichsfilmarchiv[97]. » Le rapport détaille les échanges effectués : côté allemand, le *Nosferatu* de Wiene et l'*Homunculus* de Rippert sont ainsi échangés contre, côté français, *La Fin du monde* de Gance et *La Passion de Jeanne d'Arc* de Dreyer. Plusieurs centaines de films sont ainsi envoyés à Berlin et réciproquement.

Langlois préserve sa collection et l'enrichit. Il doit pour cela traiter avec Hensel et laisse à Franju, secrétaire exécutif, les attributs de cette fonction. Les négociations sur films échappant aux conditions d'armistice, Langlois obtient en octobre 1942 la restitution des films muets de la firme Éclair – un trésor. Le fonds s'enrichit d'archives. Et « fin 1943, dans la petite salle de l'avenue de Messine qu'il avait spécialement aménagée, commencent les projections qui se poursuivront jusqu'en 1955[98] ». Ces séances sont réservées à quelques dizaines d'amis ; d'autres se déroulent dans une salle au-dessus du cinéma Marignan, sur les Champs-Élysées.

Les activités de la Cinémathèque se poursuivent. Les services de la propagande allemande contribuent à son rayonnement croissant, du moins s'en vantent-ils : « Notre service a autorisé la Cinémathèque française à organiser des conférences sur l'histoire du cinéma à l'IDHEC, récemment fondé[99]. » Le Dr Derichsweiler note également dans un rapport de la Propaganda en 1944 : « Cette assemblée a conservé strictement les anciennes formes démocratiques, toutefois [...] elle est soumise au droit de veto du Directeur général de la Cinématographie française, M. Galey, qui en assure directement le contrôle gouvernemental. D'ailleurs, son siège est situé dans l'immeuble du ministère de l'Information, 7 avenue de Messine[100]. » L'occupant donne donc son aval à la Cinémathèque française dans la mesure où elle respecte les règles fixées par le gouvernement.

Et aujourd'hui ?

La Cinémathèque ne fait l'objet d'aucune mesure d'interdiction à la Libération. Langlois continue son travail de collectionneur et de découvreur de trésors avenue de Messine, où il dispose d'un peu plus de place. Il déménage rue d'Ulm en 1955, puis à Chaillot en 1963.

La Cinémathèque est fréquentée par des générations de cinéastes et déménage dans le XIIe arrondissement en 1998. Avec plus de quarante mille films, elle est la plus grande base de données cinématographiques au monde.

Depuis, la Cinémathèque française a régulièrement proposé des rétrospectives mémorables du cinéma expressionniste allemand, avec des films muets rarissimes au programme. D'où venaient-ils ?

L'IDHEC

Entre décembre 1940 et décembre 1942, Vichy légifère cinq fois sur le statut du cinéma français. L'ensemble du dispositif mis en place aboutira notamment, en 1944, à la création d'une instance de formation aux métiers du cinéma, l'IDHEC, ou Institut des hautes études cinématographiques.

Un peu d'histoire

La recherche d'un statut général du cinéma français ne date pas de Vichy, mais du Front populaire, où le projet en reste aux limbes, faute de subsides.

Du « Centre artistique et technique des jeunes du cinéma » à l'IDHEC

Le Centre artistique et technique des jeunes du cinéma (CATJC) est créé en août 1940 par le secrétariat à l'Éducation nationale et à la Jeunesse. Son comité de direction est formé de noms prestigieux, dont Henri Alekan et René Clément. Il participe d'une politique de décentralisation culturelle mise en place par le gouvernement de Vichy.

Son but est de créer des structures de relais afin d'« éduquer la jeunesse ». Réservé aux jeunes techniciens déjà dotés d'une formation théorique, le CATJC s'installe d'abord à Nice, dans la Villa El Patio, avec pour directeur Paul Legros. À ses débuts, le centre réalise des films de commande, illustrant les grands thèmes de la Révolution nationale et se lance dans la réalisation de dessins animés. Il dispose de moyens importants, à la mesure de sa production. En quelques mois, huit films sont déjà réalisés et deux longs métrages sont en préparation. La presse se fait largement l'écho de ses productions.

Le 4 septembre 1943, le CATJC est scindé en deux : l'Institut des hautes études cinématographiques (IDHEC) davantage tourné vers les créateurs (réalisateurs, scénaristes) et l'École Louis-Lumière s'adressant aux techniciens du cinéma.

L'IDHEC, « véritable faculté du cinéma » selon le mot d'Hervé Le Boterf[101], s'installe à Paris, dans le VIIIe arrondissement, au 6 rue de Penthièvre. Il ouvre ses portes le 6 janvier 1944, sous l'égide du réalisateur Marcel L'Herbier, son président. Henri Langlois, secrétaire général à la Cinémathèque française, y fait des conférences sur l'histoire du cinéma.

La première promotion sort en 1944, et parmi elle le futur réalisateur Alain Resnais. « L'école compte de très bons élèves mais point encore de révélation », avait pourtant écrit le magazine collaborationniste *La Semaine*, le 15 juin 1944.

Et aujourd'hui ?

En 1986, l'IDHEC devient la FEMIS (Fédération européenne des métiers de l'image et du son). Avec l'École nationale supérieure Louis-Lumière, elle est toujours l'un des deux établissements publics du cinéma en France, même si désormais il est également possible d'étudier le cinéma à l'université.

DU COIC AU CNC

La création de l'IDHEC est incluse dans une refonte générale du cinéma français entreprise dès 1940. Toutes les chambres syndicales de la profession sont dissoutes le 10 mai 1941. Le COIC (Comité d'organisation de l'industrie du cinéma) est né, suivi par une Direction générale du cinéma, le 31 mai 1942.

L'IDHEC est l'instrument de perfectionnement du COIC, devenant une sorte d'« école de la Corporation ». La nouvelle institution du cinéma et le système éducatif qui y prépare sont parties prenantes du processus de la Révolution nationale. « Nul ne doit perdre de vue que le cinéma est un élément primordial de la propagande nationale[102] », déclarent le 15 mai 1942 Louis-Émile Galey et Raoul Ploquin, respectivement directeur et président du COIC. Le 31 décembre 1942, une nouvelle direction est nommée : Roger Richebé, André Debrie et Marcel Achard forment le triumvirat du COIC. Les réalisateurs Christian-Jaque et Marcel Pagnol ainsi que l'acteur Pierre Fresnay les assistent.

Le COIC autorise certains producteurs et contingente les films. Comme en témoigne Jean Cocteau en 1942 à propos des *Visiteurs du soir* : « Le COIC a dit à Carné qui le téléphone à Hubert [Roger Hubert, chef opérateur] que la photographie est quelconque et la mise en scène mauvaise[103]. »

Le 28 août 1945, le COIC – confié en octobre 1944 à un commissaire provisoire –, devient l'Office professionnel du cinéma (OPC). La loi du 26 avril 1946 dissout les organismes professionnels dont la Direction générale du cinéma et l'OPC qui laissent place au Centre national du cinéma. Ce dernier existe encore aujourd'hui et chapeaute toujours les deux écoles de cinéma publiques, IDHEC (devenu la FEMIS) et Louis-Lumière.

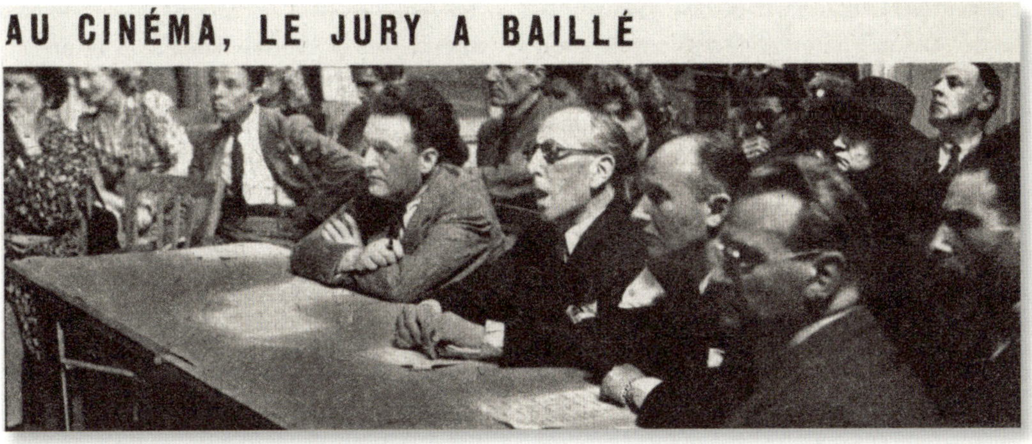

Première cession du concours de l'IDHEC, école de cinéma née sous Vichy. De gauche à droite, les réalisateurs Claude Autant-Lara, Marcel L'Herbier (président), Jean Grémillon et Marcel Achard. (La Semaine, 15 juin 1944)

Vers un nouveau statut de l'auteur

Sous l'Occupation, le statut de l'auteur, et partant, celui du livre, sont l'objet des attentions du gouvernement. La réforme du droit d'auteur et la plupart des mentions obligatoires dans un ouvrage datent de cette période. Dès 1941, Vichy légifère à deux reprises à ce sujet.

Un peu d'histoire

La notion de droit d'auteur apparaît en 1777, date à laquelle Beaumarchais fonde la première société d'auteurs. Une loi de 1793 garantit aux écrivains la propriété de leur œuvre pendant une durée de cinq ans, au-delà de laquelle elle passe dans le domaine public. Un nouveau statut de l'auteur est né, qui le protège de l'éditeur. Les époques suivantes renforceront cette tendance avec notamment, en 1838, la création de la Société des gens de lettres, par Balzac.

Sous le Front populaire une réflexion sur le statut d'auteur est entamée. Jean Zay, alors ministre de l'Éducation, témoigne : « Notre projet décida que le droit d'auteur était un droit d'une espèce particulière, attaché à la personne humaine, inaliénable, et qui n'était susceptible que de concession, non de cession. [...] Le projet organisait le droit de suite de l'écrivain ; pour la première fois, il définissait le droit moral sur l'œuvre et il en assurait la protection, même après la mort de l'auteur ; il libérait ce dernier du système esclavagiste des "avances". [...] Il engloba les moyens modernes d'expression, phonographe, cinéma, radio, la traduction, l'adaptation, et devint finalement une charte de l'intelligence française[104]... » Cette charte n'aura pas le temps d'aboutir.

Un droit « d'une espèce particulière »

Sans toutefois se réclamer de son prédécesseur, le gouvernement de Vichy poursuit ce qui avait été amorcé sous le Front populaire concernant la revalorisation du statut de l'auteur. Sous Vichy, on parle de « droit des auteurs », au pluriel – et non du droit d'auteur, en tant que terme générique. « Auteurs » s'entend ici au sens de « membres d'une corporation » qui doit être défendue. L'époque est en effet aux regroupements professionnels : dès mai 1941, un Comité d'organisation des industries, métiers et commerces du livre, regroupant sous une même enseigne tous les intervenants de la chaîne du livre, a été mis en place.

La loi promulguée par Carcopino à l'été 1941 renforce le contrôle par les auteurs de leurs écrits[105]. Elle tend à prolonger le plus possible la durée du droit de ceux-ci. Selon les termes du ministre, il s'agit de « rendre justice à des auteurs qui, du fait de la guerre et de l'Occupation, n'ont pu travailler ». Il poursuit : « Tel fut le cas, notamment, de la loi du 21 juillet 1941 par laquelle j'ai prorogé d'une durée égale à celle des hostilités les cinquante années, à compter du décès d'un auteur, pendant lesquelles, avant de tomber dans le domaine public, ses droits demeuraient acquis à ses héritiers[106]. » Cette loi de Vichy dans laquelle les années de guerre « comptent double » est une réactivation d'une loi promulguée à l'issue de la Première Guerre mondiale en 1919.

Si le droit d'auteur est bien « d'une espèce particulière », il est un *Janus bifrons* qui comporte deux aspects : le droit patrimonial et le droit moral. Le droit patrimonial est celui du régime des droits d'auteur, le droit moral est inaliénable et reste l'ultime secours de l'auteur.

Autre création de Vichy, le « droit de suite » incite fortement l'éditeur à continuer à faire travailler son auteur, qui doit prioritairement lui proposer tout nouveau projet, contribuant ainsi à la construction d'une œuvre.

Et aujourd'hui ?

Le droit d'auteur est considéré comme une cession et non une concession. L'auteur *cède* ses droits exclusifs à l'éditeur. Celle-ci est valable – depuis la législation européenne de 1995 qui s'est alignée sur celle de l'Autriche –, non seulement pour la vie entière, mais jusqu'à soixante-dix ans *post mortem*. Les années de guerre, absorbées, ne doivent plus être comptées.

Le livre sous Vichy

Le statut du livre est protégé depuis le XVIe siècle par l'ordonnance royale concernant le dépôt légal de 1537, qui oblige l'éditeur à déposer un exemplaire de chaque ouvrage imprimé à la bibliothèque du Roi, future Bibliothèque nationale.

Le statut du livre sous Vichy découle de celui de l'auteur. Le *Journal officiel* de 1941 modifie le régime du dépôt légal établi[107]. Désormais, deux exemplaires sont réservés à l'imprimeur et cinq à l'éditeur. Ce statut va vers une définition plus précise du livre. Il n'y a ainsi pas de dépôt légal pour les cartes de visite, ni pour les papiers à en-tête commerciaux.

Les nouveaux tirages de livres doivent porter l'indication du millésime de l'année au cours de laquelle ils sont effectués. Cette mention existe toujours. On distingue aujourd'hui l'achevé d'imprimer, immuable et situé à la dernière page, de la date de publication, inscrite en début d'ouvrage et modifiée à chaque réimpression.

Vichy instaure également le prix unique du livre par la loi de juillet 1941[108] qui protège la librairie contre des géants insoupçonnés sous l'Occupation : les grandes surfaces spécialisées. Le numérique viendra tout bousculer et redistribuera la donne, dans laquelle l'éditeur tente de garder la mainmise sur ce nouveau support immatériel. Au profit de l'auteur, espérons-le.

Du Comité d'organisation des industries, arts et commerces du livre à l'Office interprofessionnel du livre

Vichy met rapidement en place une législation corporatiste en légiférant à sept reprises, dès 1940 et jusqu'en octobre 1943, sur une réorganisation transversale des métiers du livre. Instance fédératrice, groupement transversal, puissante organisation, le Comité d'organisation des industries, arts et commerces du livre est tout cela à la fois.

Un peu d'histoire

Le Cercle de la librairie est fondé en 1847. Ce syndicat professionnel en fédérera peu à peu plusieurs autres, dont la Chambre syndicale des librairies de France et le Syndicat des éditeurs, créés en 1892. Tous logent déjà à la même enseigne parisienne, 117 boulevard Saint-Germain.

La réorganisation des métiers du livre sous Vichy

Avec le gouvernement de Vichy, la vénérable institution va connaître une « réorganisation corporative sans précédent[109] ». Dès l'été 1940, l'occupant va s'appuyer sur le Syndicat des éditeurs pour mettre en place sa politique. Le 28 septembre 1940, une « convention de censure » est signée avec les Allemands. René Philippon (1891-1972), président du Syndicat national des éditeurs, par ailleurs également directeur-adjoint des éditions Armand Colin, devient ainsi cosignataire de la première « liste Otto » (ouvrages retirés de la vente par les éditeurs ou interdits par les autorités allemandes) avec Otto von Stülpnagel qui dirige le Haut Commandement militaire allemand en France. Henri Filipacchi, amené à jouer un rôle important dans l'édition et la presse des années 1960, alors chef du service librairie d'Hachette, opère la censure des ouvrages de cette première liste Otto. Entre 1941 et 1943, le bilan de trois listes Otto successives est de 700 auteurs et 2 242 titres interdits. En tout, plus de deux millions d'ouvrages sont pilonnés.

Cet « oukase », selon le mot de Gerhard Heller qui dirige la censure, infléchit la politique des maisons d'édition et l'écriture des auteurs. La littérature régionaliste – dont Henri Pourrat, prix Goncourt en 1941 avec *Vent de Mars*, est l'un des auteurs phares pour l'Auvergne, – est favorisée. En littérature générale, l'occupant interdisant la mise en vente d'ouvrages d'auteurs anglo-saxons nés avant 1850, la littérature scandinave est mise à l'honneur, norvégienne avec Henrik Ibsen, suédoise avec Selma Lagerlöf, notamment.

Le Comité d'organisation des industries, arts et commerces du livre

En 1941, parallèlement à l'action du Syndicat des éditeurs, une instance fédératrice de toute la chaîne graphique du livre, de sa conception à sa mise en vente, est créée sous le nom de Comité d'organisation des « industries, arts et commerces du livre[110] ». Il est composé de cinq groupes, eux-mêmes divisés en sections administrative, financière et commerciale : édition (René Philippon), imprimerie (Émile Kapp), industries graphiques (Charles Peignot) et librairie (Elvire Choureau).

La mission du Comité est d'établir une charte régissant l'ensemble de ces professions. Aux éditions Plon, Robert Minguet ne manque pas de souligner : « Aujourd'hui, une occasion se présente à nous de mettre de l'ordre dans la profession, il ne faut pas la laisser échapper[111]. » La « réglementation de l'édition et du commerce du livre », mais encore le « classement des libraires de neuf et des revendeurs de livres neufs » figurent parmi les quelques mesures adoptées.

Véritable « mandarinat de la librairie », selon le mot de Bernard Grasset, le Comité entreprend de distinguer, en janvier 1943, des catégories de librairie selon leur chiffre d'affaires. Ainsi, les libraires de première classe – aujourd'hui appelés « du premier cercle » – bénéficient-ils d'une remise de 7 % sur la facture.

Quant à la délicate question du papier, dont la délivrance est strictement réglementée, le Comité d'organisation le distribue selon les demandes mensuelles des éditeurs[112], ce qui fait de lui une organisation à la fois puissante et décriée.

Et aujourd'hui ?

Le Comité d'organisation du livre évolue en Office professionnel du livre le 17 novembre 1944. Celui-ci, dirigé par Georges Rageot des éditions de l'Amitié, poursuit la réorganisation commencée par le Comité.

Depuis 1972, le Syndicat national de l'édition qui a succédé à celui des éditeurs, bénéficie de son propre système de formation (l'Asfored), d'un magazine lu par l'ensemble de la profession, *Livres-Hebdo* (créé en 1982), et même d'une maison d'édition, le Cercle de la librairie depuis 1986. Il a également créé la première base de données informatique, appelée Electre.

« L'Union des sages » a succédé aux réglementations despotiques. Aujourd'hui, il y a une Direction du livre et de la lecture au ministère de la Culture.

Sous l'effet des bombardements anglo-américains, l'enseignement à distance se développe sous Vichy. Il peut se faire par correspondance ou par la radio, comme ici à Paris, en 1943.

IV

Éducation

Tout nouveau projet de société se doit de réformer le système éducatif. Vichy ne fait pas exception en s'attachant particulièrement à l'enseignement secondaire. Sa réforme est aussi empreinte des valeurs de l'Occupant : rôle de la géographie, de la musique, du sport, de la langue allemande en général et des dialectes régionaux en particulier. Un enseignement de circonstance – l'enseignement à distance, dû aux bombardements – peut aussi devenir une institution, tel le CNED (Centre national d'enseignement à distance).

Enseigner à distance : du CNEPC au CNED

La multiplication des alertes et des bombardements stratégiques anglo-américains sur certaines villes de France à partir de 1942 (Boulogne-Billancourt) et surtout 1943 (Rennes, Rouen, Lorient, etc.) rend le déroulement de la vie quotidienne, en particulier de la vie scolaire, parfois difficile. Si l'élève ne peut plus se rendre au lycée, celui-ci viendra à lui. Vichy légifère une seule fois, en mai 1944, sur la création d'un Centre national d'enseignement par correspondance (CNEPC).

Un peu d'histoire

Devant la désorganisation du système d'enseignement due à la déclaration de guerre en 1939 (difficulté de préparer un examen ou même de se présenter à un concours), un service d'enseignement par correspondance, mis en place par le ministère de l'Éducation nationale, est créé à Paris. Après l'armistice, il est doublé d'un service similaire au sud de la ligne de démarcation. L'enseignement à distance en est à ses balbutiements.

Le Centre d'enseignement par correspondance

Il faut attendre la fin de la guerre et la multiplication des bombardements anglo-américains de certaines villes de France, principalement au nord et à l'ouest, qui touchent aussi les établissements scolaires ou empêchent leur accès, pour que se mette véritablement en place par voie législative une autre forme d'enseignement. Une fois de plus, nécessité fait loi.

Le gouvernement de Vichy légifère sur le Centre national d'enseignement par correspondance fin mai 1944. Le décret est promulgué dans le *Journal officiel* en juin[1], alors que le débarquement américain en Normandie a commencé. Celui-ci indique les raisons pour lesquelles il est institué : non parce que les élèves ne peuvent se déplacer (pour cause de maladie ou de handicap), mais parce que les locaux d'enseignement eux-mêmes ne sont pas en état de les recevoir ou sont fermés faute d'enseignants.

Le centre est instauré « à titre provisoire, en raison de la fermeture de plusieurs lycées et collèges » (la cause n'en est pas indiquée). L'État devient une sorte de précepteur public à domicile, qui pourvoit à l'éducation de ses enfants. Le responsable administratif et financier du Centre est celui d'un lycée, son siège est à Paris. Une ou plusieurs annexes peuvent être installées en régions. Les crédits affectés aux enseignants et aux élèves qui ont un statut d'externes, relèvent de ceux des lycées et, d'une manière générale, du ministère de l'Éducation nationale. « Dégagés par la fermeture provisoire de certains établissements », ils ont un caractère exceptionnel.

La mise en place d'un enseignement d'urgence et à domicile d'un genre nouveau s'avère fructueuse.

Et aujourd'hui ?

Après la Libération, non seulement la mission du Centre national d'enseignement par correspondance n'est pas remise en cause, mais elle s'élargit. Cette fois, ce n'est pas tant le manque de locaux qui lui garantit son succès mais l'incapacité de certains élèves à se déplacer ou la volonté d'anciens prisonniers ou de déportés souhaitant se former aux métiers commerciaux ou préparer un concours d'enseignement. Les devoirs et les copies sont adressés à domicile et retournés au Centre. L'école et la formation continue sont entrées à la maison.

L'enseignement par correspondance perdure et porte le nom de Centre national d'enseignement à distance (CNED) depuis 1986. Véritable institution, il possède huit centres en France : Grenoble, Lille, Lyon, Poitiers, Rennes, Rouen, Toulouse et Vanves, où se situe toujours son siège. C'est une spécificité française, aux effectifs nombreux : près de trois mille enseignants permanents et près de quatre mille vacataires en 2011.

L'agrégation de géographie

L'histoire et la géographie, qui jusqu'ici étaient liées dans l'enseignement, vont être distinguées avec la mise en place par le gouvernement de Vichy de l'agrégation de géographie, comme en attestent les nombreuses lois du *Journal officiel*.

Un peu d'histoire de la géographie

Au XVIIIe et surtout au XIXe siècle, la recherche géographique française accuse un certain retard par rapport aux grands géographes allemands : Humboldt, Ritter, Richthofen, Ratzel, entre autres. D'ailleurs, on a coutume d'attribuer la défaite des troupes françaises face aux troupes allemandes à la bataille de Sedan (1870) au fait que les officiers français étaient incapables de lire une carte.

De fait, le « père fondateur » de l'école française de géographie, Paul Vidal de La Blache (1845-1918), dont les célèbres cartes murales « Vidal Lablache » figurent dans toutes les écoles, est ouvertement redevable à l'apport allemand : « Vidal de La Blache élabore sa géographie les yeux fixés sur l'Allemagne. C'est de Ritter que lui vient sa vocation. Il s'appuie aussi sur Alexandre de Humboldt et sur Friedrich von Richthofen, et suit pas à pas les idées de Ratzel, son aîné d'un an[2]. » Son œuvre, fondamentale, marque le début de la géographie humaine en France, école qui privilégie l'étude des régions, le paysage, les aspects visibles et sensibles de la réalité.

Cependant, son disciple et gendre, Emmanuel de Martonne (1873-1955) incarne une autre tendance de l'école allemande : la géographie physique et notamment la géomorphologie. « De Martonne complète sa formation dans les universités allemandes. De ses voyages en Allemagne, de Martonne a tiré l'idée que la géographie doit être structurée autour de laboratoires… En s'inspirant aussi de l'exemple allemand, il s'emploie à structurer la géographie française au moyen d'un réseau d'associations, qu'il met progressivement en place dans l'entre-deux-guerres[3]. »

Pendant cet entre-deux-guerres, la perte de confiance dans l'histoire est telle que près de la moitié des normaliens de la rue d'Ulm deviennent géographes. En effet, l'histoire, telle qu'elle est enseignée, ignore la démographie et l'économie : « Les grandes questions dont nous devinions confusément qu'elles domineraient notre siècle ne nous étaient guère posées qu'à travers les leçons de nos maîtres géographes[4]. »

Dans les concours de recrutement de professeurs et dans l'enseignement secondaire, histoire et géographie, liées jusque-là, vont être séparées avec la mise en place du gouvernement de Vichy. Carcopino, secrétaire d'État à l'Éducation nationale de 1941 à 1942, s'attribue tout le bénéfice de cette scission : « Dans les Facultés des Lettres, par exemple, exhumant de la poussière des dossiers, un plan autrefois établi par Vidal de La Blache, j'ai scindé en deux licences, puis en deux agrégations distinctes, l'histoire et la géographie, ces Dodica-Radica [sœurs siamoises indiennes du début du XXe siècle, séparées tardivement grâce à la chirurgie] de la pédagogie, qui souffraient d'autant plus d'être soudées l'une à l'autre que les développements de la géographie géologique s'éloignaient davantage de la critique des textes et de la psychologie des événements[5]. »

Dominante en France, la géographie régionale inspirée de la géographie physique va influencer les choix de Vichy au point de l'intégrer au cursus éducatif et d'en faire, pour la première fois, une discipline spécifique.

Géographie et régime de Vichy

Cette nouvelle pratique de la géographie conforte les valeurs de la Révolution nationale. Elle se présente comme une science, dont les caractéristiques sont les suivantes : d'abord, priorité est donnée à la géographie ruraliste. Le sol, objet de toutes les attentions, sera étudié à part entière grâce à l'introduction de la géologie, autre spécialité allemande, dans le cursus scolaire ; contact avec le « terrain » ensuite, le « retour aux vraies valeurs » étant l'un des fondamentaux de la géographie régionale. Celui-ci se traduit par la visite de fermes, la participation aux moissons… Rôle de la géographie coloniale également, l'Empire étant lui aussi une valeur essentielle de Vichy. Enfin, intégration des notions de démographie et de statistiques à la science géographique.

Une mise en place progressive

Pour mettre en place l'enseignement de la géographie, les décrets-lois se succèdent à un rythme soutenu. D'emblée, cet enseignement devient obligatoire dans le secondaire : une heure hebdomadaire en 6e et en 5e[6].

Puis c'est au tour de la mise en place de l'agrégation de géographie, distincte de celle d'histoire. Elle est l'enjeu de luttes entre les différentes factions pédagogiques qui durent plusieurs années, pour aboutir, le 6 octobre 1943, à la création d'une agrégation de géographie spécifique. Pour concourir, il faut une licence de lettres et un diplôme d'études supérieures. C'est la première agrégation littéraire exempte de latin. De ce fait, elle s'ouvre à une nouvelle catégorie de boursiers.

Le contenu de ce concours laisse la part belle à la géographie physique : leçon de géographie régionale et croquis au tableau figurent sur la liste des épreuves définitives. Quant à la « coupe géologique », elle est « favorablement accueillie mais non exigée ». Les trois épreuves préparatoires à cette épreuve définitive comprennent au premier degré (c'est-à-dire à l'écrit) une épreuve de géographie physique ou humaine au choix, puis une épreuve de géographie régionale, enfin une épreuve d'histoire moderne et contemporaine. Les premiers résultats sont médiocres : 7 candidats reçus sur 45 en 1944, 8 sur 71 en 1945.

Et les filles ?

Admises à se présenter en octobre 1943 avec un classement séparé – « à condition que la dernière eût un nombre de points au moins égal à celui du dernier des candidats [masculins] reçus » –, le nombre des candidates est limité : deux reçues en 1943, une seule en 1944, une sévrienne. Ce chiffre culminera à cinq en 1959 ! Et il faudra attendre 1970 pour que l'agrégation de géographie devienne mixte.

Et aujourd'hui ?

Les Allemands partent, l'agrégation reste. Dans le secondaire, la géomorphologie n'est plus enseignée en géographie, mais a été intégrée aux sciences de la vie et de la Terre, où elle fait figure de parent pauvre. Quant à l'ancienne géographie physique, elle apparaît sous la forme d'études des questions d'environnement, de développement durable ou de changement climatique.

L'enseignement du dessin

Le gouvernement de Vichy légifère à trois reprises en 1941 sur l'enseignement du dessin au lycée, en trois temps : formation des enseignants, enseignement aux élèves, validation par l'examen.

Un peu d'histoire

Jusqu'au gouvernement de Vichy, l'enseignement du dessin se fait soit dans des écoles d'art (type Beaux-Arts), soit à domicile. Un professeur se charge alors de donner des cours particuliers à des jeunes filles faisant le plus souvent partie de la bonne société.

Sous le gouvernement de Vichy : un « travail manuel »

La mise en place de l'enseignement du dessin dans le secondaire est présentée par le secrétaire d'État à l'Éducation nationale, aux Beaux-Arts et à la Jeunesse comme le résultat d'une initiative personnelle. Carcopino la résume ainsi dans ses *Mémoires*: « Dans l'enseignement secondaire [...], j'ai impérativement encouragé le travail manuel chez tous : l'étude du dessin chez les garçons, celle de la musique chez les filles[7]. »

Curieusement, malgré l'intitulé du ministère dirigé par Carcopino (Éducation, Beaux-Arts, Jeunesse), le dessin n'est pas présenté comme une pratique des beaux-arts, mais comme un « travail manuel ». D'où vient cette notion ?

Carcopino paraît s'inspirer de la « pédagogie anglo-saxonne » : « J'ai prescrit que, dans le second cycle, c'est-à-dire de la seconde à la philosophie inclusivement, toutes les classes des disciplines intellectuelles fussent contenues en une seule matinée[8]. » Si le matin est consacré à des travaux intellectuels, l'après-midi revu à la manière de Vichy est occupé à diverses activités : « actions morales », travaux manuels, enseignement ménager, musique, EGS (Éducation générale et sportive, chère au commissaire aux Sports, Jean Borotra) et… dessin.

La célèbre école des Roches, établissement privé situé en Normandie, près de Verneuil-sur-Avre, ville dont Carcopino est originaire, semble avoir servi de modèle au ministre. Et en particulier le système pédagogique de la Bedales School, fondée à la fin du XIXe siècle dans le Hampshire, réputée pour la haute qualité de son enseignement artistique. En ces temps d'anglophobie, difficile de se réclamer d'une école anglaise, qui plus est privée et de surcroît la plus coûteuse d'Angleterre !

Cependant, un autre modèle a pu inspirer Carcopino : la pédagogie germanique. En effet, les « travaux manuels » (*Werkunterricht*) sont au cœur du système pédagogique et social outre-Rhin. Ils s'inscrivent dans une démarche générale de revalorisation de l'apprentissage et des métiers manuels.

Quels que soient ses inspirateurs, le gouvernement de Vichy procède en trois temps. Pour former les élèves, il faut d'abord former les maîtres. Dans le *Journal officiel* de l'été 1941 est promulgué le certificat d'aptitude à l'enseignement du dessin[9]. Quelques mois plus tard, le décret relatif à « l'épreuve facultative de dessin au baccalauréat de l'enseignement secondaire[10] » inscrit cette activité de loisir au « bachot ». La première session est prévue l'année suivante. Enfin, le décret paru en fin d'année donne les conditions de l'épreuve : une durée de trois heures, un examen comportant soit un sujet imposé, soit un sujet libre. Le jury est composé du recteur d'académie, de professeurs de dessin, éventuellement de professeurs des Beaux-Arts[11]. Curieusement, la pratique du dessin devient masculine, la musique étant réservée aux filles.

Et aujourd'hui ?

L'enseignement du dessin constitue toujours une épreuve facultative au baccalauréat toutes séries confondues, évaluée sur des travaux préparés pendant l'année. L'oral dure une demi-heure. Et non seulement les garçons, mais aussi les filles, peuvent présenter un dossier de leurs « œuvres ».

Sous l'Occupation, les écoles de dessin, privées ou publiques, se multiplient à partir de 1940. (La Semaine, *19 décembre 1940*)

L'épreuve de musique au baccalauréat

Avec le gouvernement de Vichy, non seulement les beaux-arts entrent au lycée, mais ils peuvent apporter des points supplémentaires à l'épreuve du baccalauréat. Vichy légifère à deux reprises en 1941 : recrutement des enseignants, détermination des programmes et contenu de l'épreuve.

Un peu d'histoire

L'enseignement de la musique se fait traditionnellement à la maison, au moyen de cours particuliers, où il est réservé à une élite. Il peut également être dispensé au conservatoire, à échelle régionale ou nationale et mener à une carrière de concertiste ou à l'enseignement.

L'enseignement de la musique

La musique sous ses différentes formes s'impose en France pendant l'Occupation. Restent les questions liées à son enseignement. Vuillermoz, compositeur et critique influent de l'époque, souligne : « L'art musical a des vertus pédagogiques, morales et sociales, susceptibles de développer le sens de la discipline et de la solidarité, ainsi qu'un certain équilibre dont le bénéfice s'étendra à toute notre culture intellectuelle[12]. » Il s'inscrit donc dans un projet global mis en place pour la jeunesse.

Les modalités d'examen sont précisées dès l'été 1941, de façon que l'enseignement soit mis en œuvre à la rentrée[13]. Un « certificat d'aptitude à l'éducation musicale et à l'enseignement choral » est ainsi créé pour les enseignants. Quelques semaines plus tard, le *Journal officiel* titularise 42 professeurs, huit hommes et 34 femmes[14].

On peut noter la représentation quasi paritaire des œuvres choisies (cinq françaises, quatre germaniques) qui laisse à penser que l'impulsion vient également de l'Occupant. Les questions se rattachant à l'histoire de la musique pour les années 1942 à 1944 concernent aussi bien Mozart (*Don Juan*), Massenet (*Le Jongleur de Notre-Dame*), Paul Dukan (*L'Apprenti sorcier*) ; Gounod (*Mireille*) ; Gabriel Pierné (*La Croisade des enfants*) ; Jean-Sébastien Bach (*Concerto italien et Fantaisie chromatique*) ; Duparc (*Mélodies*) ; enfin, Haydn (*Oxford Symphonie*)[15]. Les anciens, les modernes et les contemporains y figurent, de la musique de chambre à la musique symphonique. Mais c'est aussi une musique orientée, sans compositeur ni librettiste juif. Le *numerus clausus* des lois antisémites d'octobre 1940 a également exclu du conservatoire enseignants et élèves juifs.

Et aujourd'hui ?

Il existe toujours une épreuve de musique facultative au baccalauréat. Elle concerne tous les genres et s'adresse à tous les élèves. On propose toujours du Fauré et du Haydn, du Mozart et du Bach, mais le programme est un peu plus léger.

Le sport au baccalauréat

La pratique de l'exercice physique s'inscrit dans la réforme générale du système éducatif mise en place par Vichy en vue de forger l'« école nouvelle ». La compétence sportive est désormais sanctionnée au baccalauréat. Le gouvernement légifère en mars 1941 à ce sujet et fournit toutes les modalités de cette nouvelle épreuve.

Un peu d'histoire

Le courant hygiéniste de l'entre-deux-guerres encourage la pratique du sport et devient l'un des enjeux majeurs sous le Front populaire. Jean Zay, ministre de l'Éducation nationale, de la Jeunesse et des Sports et Léo Lagrange, sous-secrétaire d'État au Sport mettent en place l'infrastructure nécessaire : « [En 1936,] obligation de la culture physique dans tous les établissements et recherche des activités de plein air. Sur le même plan, le souci de la santé des enfants exige l'observation de toutes les précautions d'hygiène. On s'efforça d'y satisfaire par une conception rationnelle des constructions scolaires[16]. »

De plus, les compétences acquises doivent être couronnées par un diplôme : « Les sports, c'était pour lui [Léo Lagrange] la grande cause de la vitalité française, le salut de la race ; l'organisation des loisirs, sportifs ou intellectuels […]. Il avait créé ce Brevet sportif populaire, dont le succès fut si éclatant que les gouvernants d'aujourd'hui l'ont repris, généralisé. Mais le mot "populaire" étant frappé d'interdit, ils l'ont remplacé par le mot "national", un de ces termes, hélas ! auxquels on a ôté depuis huit mois toute signification[17]. » Ce brevet reste toutefois extérieur au système éducatif.

Le sport sous Vichy

Sans se réclamer des acquis du Front populaire, le gouvernement de Vichy donne une autre orientation au sport, en le rattachant à l'enseignement secondaire et supérieur. Chaque ministère de l'Éducation a son porte-parole sportif : après Léo Lagrange pour Jean Zay, c'est Jean Borotra, commissaire aux Sports de 1940 à 1942, qui donne une nouvelle impulsion à cette discipline sous le ministère de Carcopino : « Il [Borotra] croyait au sport pour tendre les muscles et les âmes des Français vers la revanche militaire dont l'espoir faisait battre son cœur[18]. »

Parler du sport sous Vichy, c'est ainsi passer d'une orientation non tant hygiéniste qu'à une organisation de type paramilitaire. Reste à déterminer de quelle façon celui-ci va s'insérer dans le système éducatif. Carcopino témoigne : « J'ai secondé de mon mieux l'admirable effort de Jean Borotra en faveur des sports. […] Je les ai donc largement favorisés. Dans l'enseignement supérieur, j'en ai subventionné la pratique. Dans le "secondaire", je l'ai primée par l'insertion d'une épreuve sportive au baccalauréat[19]. »

Dès lors, une disposition législative se met en place. Le commissariat de Borotra, par le décret du 26 mars 1941, instaure une épreuve facultative de sport aux deux parties du baccalauréat. Celui-ci comporte cinq épreuves : course, saut,

Le commissaire aux Sports, Jean Borotra (au centre), assiste à la première épreuve sportive au baccalauréat. Le grimper à la corde constitue une nouveauté en France. (Stade de Colombes, mai 1941)

lever, grimper à la corde et nage libre. Quelques-unes de ces épreuves sportives constituent des nouveautés en France alors qu'elles sont banales outre-Rhin. C'est le cas notamment du grimper à la corde.

Ces épreuves s'adressent tant aux jeunes garçons qu'aux jeunes filles, mais elles sont adaptées en fonction du sexe. Et comme pour l'épreuve de dessin ou celle de musique, seuls les points supérieurs à la moyenne sont comptabilisés.

Et aujourd'hui ?

L'épreuve d'Éducation physique et sportive (EPS) au baccalauréat est obligatoire. Elle comporte un contrôle en cours de formation qui compte pour les trois quarts de la note. À défaut, un contrôle ponctuel peut être mis en place. La liste des épreuves dans lesquelles les élèves peuvent concourir est passée à vingt-six. Elle compte notamment l'escalade, l'acrosport et le lancer de javelot.

Pratiquer les langues étrangères

Le gouvernement de Vichy légifère à trois reprises entre 1941 et 1942 sur l'enseignement public des langues étrangères et sur la reconnaissance des dialectes régionaux. L'influence de l'Occupant est sensible. L'« Europe nouvelle » se doit de parler plusieurs langues.

Un peu d'histoire

L'historienne Stéphanie Corcy émet l'hypothèse que la mise en avant des langues sous le gouvernement de Vichy est un lointain héritage des travaux de Victor Duruy puis de ceux de Jean Zay sous le Front populaire[20]. Ce dernier est favorable aux langues « vivantes » (nommées ainsi par contraste avec les langues « mortes » que sont le latin et le grec) mais non aux dialectes régionaux, contraires selon lui à l'esprit du cosmopolitisme. Il ne peut mener sa réforme jusqu'au bout.

Les langues étrangères sous Vichy

Sous Vichy, le secrétaire d'État à l'Éducation nationale, Carcopino, parle de « langues étrangères » (et non de langues vivantes), par référence au français, la langue nationale, et donne une nouvelle orientation à leur apprentissage.

L'éventail des langues proposées aux élèves s'ouvre : « La distinction entre la première et la seconde langue fut donc supprimée, et j'ouvris aux candidats bacheliers dont était requise la connaissance de deux langues étrangères, une option indéterminée non plus seulement entre l'allemand, l'anglais et l'espagnol, mais – par ordre alphabétique – entre l'allemand, l'anglais, l'arabe, l'espagnol, l'italien, le portugais et le russe[21]. » Toutefois, l'enseignement du latin reste majoritaire.

Deux dictionnaires bilingues de poche comme il en paraît beaucoup à cette époque. On y donne notamment la définition du mot Führer. *(1943)*

La prédominance de l'allemand

L'arrêté de l'été 1941[22] donne la prédominance à l'apprentissage de l'allemand sur l'anglais, l'espagnol et l'italien, sans nul doute sous l'influence de l'Occupant, et peut-être aussi par anglophobie vichyste. L'enseignement est divisé entre « classique » (avec latin) et « moderne » (sans latin, avec sciences et langues). En « moderne », l'une des deux langues vivantes est obligatoirement l'allemand ou l'anglais.

Au printemps 1942[23] est promulgué un programme complet de langues vivantes. Il est à noter que l'espagnol ne figure pas en tant que première langue vivante et que seule la section « moderne » propose deux langues.

L'ensemble de cette réforme de l'enseignement s'applique aux 6e dès la rentrée suivante. Elle est bien reçue par les chefs d'établissement. La seule critique formulée concerne l'âge, jugé trop précoce, auquel les élèves commencent l'apprentissage des langues.

Et aujourd'hui ?

Actuellement, on enseigne les langues vivantes dès l'école primaire. En 6e, l'apprentissage de la première langue occupe les élèves quatre heures par semaine. En 4e, ils commencent à apprendre une deuxième langue vivante. En 2de, si la première langue reste obligatoire pour tous, la seconde fait partie d'une option de détermination. Aujourd'hui, les élèves choisissent davantage l'espagnol que l'allemand. Au collège comme au lycée, les langues vivantes ont ainsi pris le pas sur les langues mortes, latin et grec.

Avec la caution du cardinal Baudrillart, grande figure de la Collaboration et recteur de l'Institut Catholique de Paris, parler une « langue étrangère », à savoir l'allemand, est une injonction. (La Semaine, *le 9 janvier 1941*)

Les dialectes régionaux

Vichy s'intéresse également aux langues régionales. La Révolution nationale valorisant les régions de France, le ministère de Carcopino crée fin août 1941 la première chaire d'histoire de la Bretagne à l'université de Rennes (enseignement de l'histoire et de la langue celtique). Est-ce aussi sous l'influence de l'Occupant ? On sait, en effet, que celui-ci favorisait dès 1940 la culture et la langue bretonnes, par affinité supposée entre les peuples celtes et les nazis.

Par l'un de ces retournements dont l'histoire est coutumière, la promotion des langues régionales est faite par un ministre jacobin. Le corse Carcopino commente ainsi l'arrêté de décembre 1941 : « Pour les deux sexes, dans les régions de France demeurées bilingues, comme la Bretagne, la Provence et le Languedoc, j'ai institué des leçons dialectales facultatives[24]. » On peut désormais apprendre en France le breton, le provençal ou l'occitan.

Aujourd'hui, les langues régionales peuvent aussi être enseignées au collège. L'« option de langue et culture régionale » peut être proposée dès la 4e, permettant aux élèves d'apprendre le breton, le basque, et même le mosellan. Depuis 1970, ces langues peuvent faire l'objet d'une option au baccalauréat. Il est loin, le temps où l'on était puni si l'on parlait breton à l'école.

VOULUE ET CONÇUE PAR LE MARÉCHAL
LA CHARTE DU TRAVAIL
ouvre une ère
DE JUSTICE SOCIALE
1 La Charte fait de la profession une famille où s'établit une complète solidarité d'intérêts entre employeurs et employés.
2 Les Syndicats seront uniques pour être francs, obligatoires pour être forts.
SALAIRE
QUALIFICATION PROFESSIONNELLE
CHARGE DE FAMILLE
3 Le travailleur est assuré de trouver dans son labeur : sécurité, dignité, justice professionnelle, satisfaction des nécessités de sa vie personnelle et familiale.
4 Les Comités Sociaux d'établissements provoquent un échange d'informations et résolvent les questions intéressant le travail et la vie sociale du personnel et des familles,
MAISON COMMUNE
ŒUVRES SOCIALES
POUPONNIÈRES
CENTRE SANITAIRE
DISPENSAIRE
MAISON DE REPOS
MAISON COMMUNE
5 Le plus humble collaborateur est intégré dans l'entreprise. Il bénéficie du Patrimoine Professionnel sous forme d'œuvres de toutes natures, multipliées pour son bien-être, celui de sa femme et de ses enfants.
6 L'État vient de verser 1.000.000.000 de Frs à la Caisse des Comités Sociaux pour faire entrer dans les faits les principes de la Charte du travail.

V

Métiers

Sous Vichy, de nouveaux métiers apparaissent. Le service public est autant concerné que les professions libérales, qui relèvent le plus souvent d'un ordre supérieur. En procédant à la réorganisation de la vie dans l'entreprise, la Charte du travail, instituée en 1941, ayant pour but de favoriser l'entente entre patrons et ouvriers, instaure des modes de fonctionnement qui perdurent.

La Charte du travail définit un nouveau mode de relation entre patrons et ouvriers, visant à abolir la lutte des classes. Un certain nombre d'institutions mises en place, notamment celles concernant le volet social, persisteront après guerre. (1941)

Les femmes au travail

La législation de Vichy développe une démarche contradictoire quant au travail des femmes, comme en témoignent de nombreuses lois à ce sujet. Dès 1940, la politique familiale menée par le gouvernement renvoie les femmes à leur foyer. Parallèlement, on assiste à l'émergence d'un statut du travail féminin, né du besoin croissant de main-d'œuvre de l'Allemagne nazie. La loi de 1942 institue ainsi un régime de liberté d'exercice du travail par la femme mariée.

Un peu d'histoire

Le travail des femmes est un héritage de l'industrialisation et de la Première Guerre mondiale. Les hommes partis à la guerre, les femmes ont dû occuper des emplois traditionnellement masculins. Faute de formation autorisée, elles sont cantonnées à des emplois peu rémunérés (comme les « demoiselles du téléphone »). Un certain nombre de professions leur sont refusées.

Cependant, la loi de février 1938 sur la suppression de l'incapacité juridique de la femme mariée l'autorise en droit à travailler, du moment qu'elle exerce une profession non commerciale.

La loi sur le travail féminin (1940)

Le gouvernement de Vichy valorise la femme au foyer et particulièrement la mère de famille. Il procède d'une division de la société où la femme est avant tout membre d'une famille – mère, fille ou épouse[1].

Le 11 octobre 1940 est promulguée une loi[2] interdisant l'embauche de femmes mariées dans les services de l'État, les collectivités locales ou territoriales, revenant ainsi sur la loi de 1938. Les femmes de plus de cinquante ans ont l'obligation de prendre leur retraite. La loi « sur » le travail féminin est en réalité une loi contre celui-ci.

Cependant, la loi accorde tout de même aux femmes le droit d'exercer un emploi, tout en l'assortissant de clauses restrictives : « Les dispositions du présent acte ne font pas obstacle au recrutement ou à l'emploi de femmes mariées dont le travail s'exerce de manière discontinue à proximité de leur domicile et ne les met pas dans l'impossibilité d'accomplir les travaux de ménage. La liste des emplois de cette nature sera déterminée par arrêté[3]. »

Cette loi s'accompagne de longs articles dans la presse, illustrés de photos provenant souvent de sources allemandes : « Madame, pour réussir dans votre travail, suivez ces conseils[4]. » Le travail en question est celui d'une sténodactylo. Ou encore : « J'ai le trac, dit la première conseillère municipale[5]. » Certaines femmes entrent ainsi timidement dans la vie civile.

Toutefois, tout est fait pour maintenir la femme à la maison. Le 29 mars 1941, l'allocation de mère au foyer est transformée en allocation de salaire unique. Celle-ci est étendue aux épouses d'artisans et d'agriculteurs.

Dans le *Journal officiel* d'avril 1941[6] paraît un arrêté introduisant des quotas dans les emplois féminins. Le taux de femmes admises dans l'administration publique, et particulièrement au secrétariat d'État aux Communications, Travaux et Transports, est défini comme suit : « Sous-directeur, chef de bureau, sous-chef de bureau, rédacteur : néant. Commis d'ordre et de comptabilité : 20 %. Dames sténodactylographes : totalité. Gardiens de bureau, hommes d'équipe et femmes de service : 15 % de l'effectif total. Femmes concierges : totalité. Enfin, à titre provisoire, le pourcentage de femmes cadres supérieurs ne doit pas excéder le quart desdits emplois. »

Mais parallèlement, une offre d'emploi est jugée légalement discriminative si elle porte mention de l'absence d'enfant. De même, on ne peut pas pénaliser une femme dans son travail parce qu'elle est mère.

Le premier mariage célébré en France par une femme. Mme Portman, conseillère municipale à Bordeaux, remet aux époux Pougnet leur livret de famille. Les femmes tiennent une place grandissante dans la société civile. (Reportage de presse allemand, 1942)

La loi en faveur du travail féminin (1942)

Sous le gouvernement de Laval, la loi du 22 septembre 1942 reprend l'essentiel des dispositions de la loi de février 1938 sur la suppression de l'incapacité juridique de la femme mariée, en l'étendant cette fois aux professions commerciales. L'autorisation maritale est supprimée et remplacée par un formulaire de non-opposition du mari. La femme mariée peut donc théoriquement conclure un contrat de travail. En cas de refus du mari, le juge considère « l'intérêt de la famille » et tranche.

Par cette même loi, les veuves peuvent travailler, si elles ne causent pas de licenciement. La priorité est toujours, certes, donnée à la famille (loi Gournot du 29 décembre 1942, appelée « Charte de la famille »), le mariage encouragé et les familles nombreuses prônées, mais une timide évolution du travail féminin est en marche.

Des métiers «réservés» (1943)

Toutefois, les femmes sont cantonnées à des métiers « réservés ». Dans le développement de la statistique que connaît la France, les « dames de la mécanographie » dépouillent les fiches en carton. « Sous la conduite d'une femme/Une quinzaine d'employés écoutent chaque jour battre le cœur de Paris/Les moindres détails de la vie des Parisiens sont traduits en fiches par le service des statistiques[7] », titre ainsi *Paris-Soir* en 1943.

Autre aspect de la féminisation de la vie professionnelle dans l'administration : l'intégration de femmes dans la police[8]. Un dessin humoristique paru dans *Paris-Soir* la même année, montre un homme flagellé par une femme policière. Un passant demande à un autre : « Que dit-il ? » Et l'autre de répondre : « Encore ! »

Et aujourd'hui ?

Désormais, les quatre cinquièmes des femmes de vingt-cinq à quarante-neuf ans travaillent, même si plus de la moitié des emplois féminins sont concentrés dans dix familles professionnelles sur quatre-vingt-quatre, souvent les moins payées. Leur salaire reste inférieur de 20 % à celui des hommes, et les femmes cadres représentent seulement un tiers de cette catégorie, taux qui chute à un peu plus de 10 % pour les postes à forte responsabilité[9]. Le travail féminin s'est banalisé.

Vers une émancipation des femmes ?

L'importante loi du 22 septembre 1942, validée plus tard par l'ordonnance du 9 octobre 1945, reprend et développe celle du 18 février 1938 sur la capacité de la femme mariée. Elle consacre cette égalité, en lui permettant notamment de disposer seule de son capital dans le cadre de la séparation de biens, comme le souligne l'ancien ministre de la Justice, Joseph-Barthélemy dans ses *Mémoires*[10]. Cette loi permet quelques avancées vers l'égalité des époux : à défaut de droits civiques, la femme dispose au moins de droits politiques.

Le 2 février 1943 paraît au *Journal officiel* une loi sur le règlement par chèque : les femmes peuvent désormais ouvrir un compte en banque sans l'autorisation de leur mari[11].

Des comités sociaux d'entreprise aux « CE »

Dans le cadre de la Charte du travail, instituée au printemps 1941 dans le but de favoriser l'entente entre patrons et ouvriers en évitant la lutte des classes, le gouvernement de Vichy légifère sur un nouveau type d'institutions. Parmi celles-ci figurent les comités professionnels d'entreprise et les comités sociaux d'entreprise.

Une « complète solidarité d'intérêts entre employeurs et employés »

Dans le cadre de la Charte du travail, la loi du 4 octobre 1941[12] instaure les comités sociaux d'établissement, les commissions paritaires et le Comité d'hygiène et de sécurité dans les conditions de travail (CHSCT). Un nouveau visage de la vie de l'entreprise se fait jour.

La presse relaie ces nouveautés, tel *Paris-Soir* : « La "Charte du travail"/Comités d'entreprises/ Dans les établissements dont l'effectif est au moins égal à 100 ouvriers ou employés, il est créé des "comités sociaux d'établissement" qui rassemblent le chef d'entreprise et des représentants de toutes les catégories de personnel. Ainsi se trouve obligatoirement organisée la collaboration entre employeurs et salariés. Les attributions de ces comités excluent l'immixtion dans la conduite et la gestion de l'entreprise et dans les questions débordant le cadre de cette entreprise. Mais leur action peut s'exercer dans le sens le plus large en vue :

a. d'aider la direction à résoudre toutes les questions relatives au travail et à la vie du personnel de l'établissement ;

b. de réaliser les mesures d'entraide sociale dans le cadre d'activités du comité social local correspondant[13]. »

Il existe donc un double volet, professionnel et social. Le premier consistant à prendre en charge chômage, assurance sociale, retraite, aide familiale et constitué de comités professionnels tripartites sera un échec. Le second, lui, se développera. En 1944, on compte entre huit mille et neuf mille comités sociaux, presque autant que le nombre d'établissements de plus de cent salariés où ils sont obligatoires[14]. Leur aide s'oriente vers des secteurs particuliers, tels les cantines ou les coopératives. L'employeur est le principal pourvoyeur de fonds, par l'augmentation indirecte des salaires que ces avantages procurent.

Et aujourd'hui ?

Le fonctionnement des comités d'établissement est repris par l'ordonnance du 22 février 1945, leur conférant des attributions à la fois sociales et économiques. Les innovations de 1941 « s'élargissent dans l'œuvre sociale de la IVe République », selon le mot de l'historien Marc Ferro[15]. En font partie le comité de sécurité, le service médical et social du travail et, pour partie, le comité social d'entreprise[16]. Son fonctionnement connaît toutefois quelques amendements.

Désormais appelé « comité d'entreprise », c'est une institution représentative du personnel au

Le Comité d'hygiène et de sécurité dans les conditions de travail (CHSCT)

Les instances régulatrices appelées « comité de sécurité » ou « service médical et social du travail » se développent sous Vichy en raison du « mauvais état sanitaire de la population ouvrière et sans doute aussi [...] le souci toujours très prégnant pendant la guerre d'améliorer la productivité[17] », explique l'historien Jean-Pierre Le Crom. En effet, un salarié en bonne santé est un employé qui travaille mieux. On peut aussi évoquer une instance similaire dans l'Allemagne nazie, l'Ausschuss für öffentliche Sicherheit (Comité sur la santé publique) qui a un fonctionnement proche de celui adopté par le gouvernement de Vichy.

Le comité de sécurité est devenu l'actuel CHSCT. Quant au service médical du travail, il se développe parallèlement.

sein de la société. Tout établissement de plus de cinquante salariés se doit d'être doté d'un « CE » dont le budget de fonctionnement consiste en un pourcentage – de l'ordre de 2 % – prélevé sur la masse salariale. Son pouvoir financier est important, mais ses attributions sont moindres que sous Vichy, puisqu'il n'intervient plus dans la vie professionnelle. Cependant, rares sont les salariés qui ne bénéficient pas de sa manne (subventions d'activités diverses, vacances...). Celui-ci est cependant diversement perçu : pour certains, il représente un droit ; pour d'autres, une forme de paternalisme.

Du salaire minimum au SMIC

Dans sa politique sociale, Vichy instaure dès 1941 la notion de salaire minimal, en deçà duquel il est interdit de payer un salarié et légifère à ce sujet jusqu'en 1944.

Le salaire minimum sous Vichy

Sous le régime de Vichy, les salaires sont bloqués et contrôlés par l'occupant. La notion de salaire minimal apparaît à l'automne 1941[18]. Celui-ci est compris dans la Charte sociale du travail, incluant les comités d'entreprise et la zone de salaire qui distingue Paris de la province. La loi du 4 octobre, relative à « l'organisation sociale des professions », fait ainsi du salaire minimal l'œuvre des « comités sociaux ». Paul Durand, directeur en 1942 de la revue *Droit social*, parle de « socialisation du droit ». Les relations juridiques entre individus laissent ainsi la place à des rapports organisés entre l'individu et le groupe[19]. Les salaires sont fixés fin 1941 – et restent bloqués plus de trois ans.

L'occupant doit donner son accord quant au déblocage des salaires moyens départementaux dont dépend aussi le montant des allocations familiales. Afin de favoriser le départ des travailleurs outre-Rhin dans le cadre du STO grâce à l'appât de bons salaires en Allemagne, il n'est pas favorable à la hausse des salaires en France.

Le *Journal officiel* du 23 décembre 1943 établit des barèmes précis pour le salaire minimum. Le gouvernement procède à des classifications, détermine des échelons (appelés « échelles ») des salaires. Début 1944, l'occupant change de politique et autorise enfin un relevé des barèmes de salaire de 30 %. Mais entre-temps, le coût de la vie a augmenté de plus de 50 %. Le salaire versé ne correspond plus à une juste rémunération.

Et aujourd'hui ?

À la Libération, la plupart des dispositions prises sous Vichy sont maintenues. Les grandes ordonnances de la fin 1945 majorent de 50 % l'allocation de salaire unique et les allocations familiales à partir de trois enfants. L'un est toujours lié à l'autre.

Dans la continuité, le salaire minimal institué en 1950 porte désormais le nom de SMIG (Salaire minimum interprofessionnel garanti). Celui-ci est indexé sur les prix. Les salaires sont désormais libres, sauf le salaire minimum qui reste fixe et comporte deux tarifs, l'un pour Paris et l'autre pour les régions.

Vingt ans plus tard, le SMIG devient le SMIC (Salaire minimum interprofessionnel de croissance)[20]. Il est le plus bas salaire légal, sorte de « salaire plancher », revalorisé au minimum le 1er janvier de chaque année. En 2012, plus de trois millions de personnes perçoivent ce salaire minimum en France, soit 15 % des salariés. C'est toujours le gouvernement qui décide.

La fonction de président-directeur général

Par trois lois promulguées entre 1940 et 1943, Vichy crée une nouvelle fonction au sein de l'entreprise, celle de président-directeur général. Celui-ci conjugue l'activité de supervision – autrefois occupée par le président du conseil d'administration – à celle de directeur opérationnel de la société.

Un peu d'histoire

Avant la réforme des lois sur les sociétés du gouvernement de Vichy, seuls deux statuts existent à la tête d'une entreprise : président du conseil d'administration – rôle surtout honorifique dans l'entre-deux-guerres – ou directeur général, avec une fonction opérationnelle. Le cumul des deux fonctions n'existe pas.

Le PDG sous Vichy

Vichy procède, dès l'automne 1940[21], à une réforme profonde de la structure des sociétés, par une démarche visant à favoriser les sociétés anonymes (SA) au détriment des trusts, accusés de tous les maux. La loi concerne essentiellement le conseil d'administration des SA. Sous le titre « Constitution des sociétés », les articles de presse ont annoncé quelque temps auparavant la nouvelle mesure : « M. Bouthillier annonce à Paris la réforme des sociétés anonymes[22]. » En effet, Yves Bouthillier, ministre d'État à l'Économie et aux Finances instaure la nouvelle fonction de président-directeur général. Celle-ci a pour but de renforcer la responsabilité personnelle des dirigeants sociaux.

Quelques semaines auparavant, les pleins pouvoirs ont été votés au maréchal Pétain qui concentre désormais en sa personne non seulement la fonction exécutive, mais aussi la fonction législative autrefois dévolue au Parlement. L'époque est à la personnification du pouvoir représenté par un « homme fort », mais aussi à la moralisation du capitalisme et à la responsabilité individuelle, selon les termes de la Révolution nationale. Le PDG doit être une personne physique, et non une personne morale. Il est déclaré « commerçant[23] », c'est-à-dire pécuniairement responsable, et occupe le plus haut rang de la société anonyme, dotée d'un conseil d'administration et d'un conseil de surveillance. Certes, le PDG a les pleins pouvoirs, mais il est aussi révocable *ad nutum*, c'est-à-dire sur un signe de tête, s'il est désavoué par son conseil d'administration.

La loi de mars 1943 sur les sociétés anonymes et les sociétés « en commandite par actions » ne modifie en rien la fonction du président-directeur général. Des modalités précises fixent les dispositions des membres du conseil d'administration, notamment par l'existence de jetons de présence[24].

L'influence allemande est prégnante, sinon nommée. La traduction française des travaux du célèbre économiste allemand Eugen

Schmalenbach (1873-1955), *Betriebswirtschaftslehre* (sur la gestion d'entreprise) circule au ministère de l'Économie. Le *Führerprinzip* (« principe du chef »), terme transparent de Schmalenbach, est étendu au monde de l'économie.

Et aujourd'hui ?

La fonction de PDG demeure sensiblement inchangée aujourd'hui, en dépit de la loi de 1966 sur les sociétés commerciales[25]. La personnification de la société incarnée par le président-directeur général conduit parfois à quelques débordements en cas de conflit social aigu dont la presse se fait l'écho.

Un autre aspect de la profession, la possible révocation immédiate, a été adouci par ce que l'on appelle les « parachutes dorés », ou dédommagement du président-directeur général soudainement désavoué par son conseil.

Et sous l'influence anglo-saxonne qu'eussent abhorrée Yves Bouthillier et le maréchal Pétain, on parle souvent désormais des PDG en les nommant CEO (*Chief Executive Officer*). La fonction est sensiblement la même. Les PDG n'ont pas supprimé les trusts.

Meilleur ouvrier de France

Dans un esprit corporatiste, le gouvernement de Vichy réhabilite l'artisanat et revalorise l'excellence, reprenant une pratique de l'entre-deux-guerres distinguant l'exceptionnelle qualité du travail d'un compagnon ou membre d'une corporation. La presse collaborationniste accompagne cette démarche.
Parallèlement, un titre similaire à celui de meilleur ouvrier à l'échelon national est créé par l'Allemagne nazie sous l'égide du « Concours professionnel du Reich ».

Un peu d'histoire

La loi Le Chapelier, qui porte le nom de son instigateur, est promulguée en France sous la Révolution française, en 1791. Elle proscrit les corporations, le compagnonnage et d'une manière générale, toute communauté d'exercice d'une profession. Cette loi est abrogée à la fin du XIXe siècle, sous la IIIe République. Depuis 1926, il existe chaque année un concours entre les meilleurs compagnons de France âgés de plus de vingt-trois ans.

Le meilleur ouvrier de France sous Vichy

La politique artisanale menée par le gouvernement de Vichy s'inscrit en réaction à la Révolution française et valorise les corporations, l'artisanat et le compagnonnage. Comme le titre le journal *Paris-Soir* à l'automne 1941 : « Les travailleurs s'organisent/Pâtissiers, charcutiers, coiffeurs ont fièrement défini leur métier [...]/ Est réputé charcutier celui qui pratique l'achat, le transport, l'abattage et le découpage des porcs, ainsi que toutes opérations culinaires[26]. »

Parallèlement, dans l'Allemagne nazie, les corporations sont également à l'honneur. Une coutume de concours des corporations entre régions (*Gau*) mise en place dès 1934, le *Reichsberufswettkampf* (« Concours professionnel du Reich »), détermine un vainqueur au niveau national, corporation par corporation. Un insigne et une médaille lui sont remis. À cette occasion, la poste émet un timbre particulier.

À partir de 1941, le « meilleur ouvrier de France » est remis en vogue sous Vichy. La législation s'attache à définir précisément le terme « artisan ». Ainsi, à l'été 1943 est promulguée une loi relative à l'utilisation de ce mot et de ses composés, tel celui de maître-artisan et de la personne qui a le droit d'être titulaire de cette qualification[27].

À l'automne 1943[28] et jusqu'en février 1944, plusieurs décrets instituent les brevets de maîtrise[29] : boulanger, pâtissier, boucher, tripier, charcutier. Toutes les corporations sont concernées, le meilleur ouvrier de France venant couronner le tout.

Comme en témoigne l'ancien ministre sous Vichy, Joseph-Barthélemy : « Les menaces aux patrons, l'exaltation du travail manuel, du rôle de l'ouvrier apparaissent souvent dans ses discours [ceux du maréchal Pétain][30]. »

Et aujourd'hui ?

À la Libération, l'organisation mise en place sous Vichy persiste. Elle induit la notion de fierté régionale, puis nationale. Aujourd'hui, le meilleur ouvrier de France est appelé « MOF ». Il peut faire partie d'une association.

Ce concours entre professionnels – il n'est plus nécessaire d'être compagnon pour concourir – est une particularité française. Ceux-ci doivent exécuter une œuvre en temps limité. Le titre est décerné à vie, avec mention de l'année de la promotion. Les métiers de bouche sont particulièrement à l'honneur, dont certains sont représentés par des célébrités, tel Paul Bocuse. La remise du diplôme donne lieu à une réception à l'Élysée, le président de la République étant lui-même considéré *honoris causa* comme « meilleur ouvrier de France ». En ce domaine, les choses ont-elles vraiment changé depuis Pétain ?

À l'occasion de la fête du Travail, les représentants des différentes corporations artisanales entourent le cardinal Suhard (archevêque de Paris, à gauche) et le cardinal Baudrillart (recteur de l'Institut catholique, à droite). Suivant le modèle allemand, on reconnaît les différentes confréries masculines à la couleur et au motif de leur cravate. À gauche, on distingue une couturière et un charpentier. À droite, parmi les métiers de bouche, on observe un boucher et un charcutier (ou «boucher blanc», reconnaissable à sa bretelle de tablier en biais). Enfin, un caviste. (Cathédrale Notre-Dame, Paris, 1er mai 1941)

Les médecins, premier Ordre

Le gouvernement de Vichy met en place dès octobre 1940 un système d'organisation et de juridiction internes à la plupart des professions, regroupées en corporation. Le conseil de l'Ordre des médecins est le premier d'entre eux. Un praticien doit être nommé et, le cas échéant, jugé par ses pairs. Cette « justice dans la justice » est lourde de conséquences, appliquée à la pratique médicale entre 1940 et 1944.

L'Ordre des médecins sous Vichy

Le texte fondateur de cette institution la définit ainsi : « Nul ne peut exercer la médecine s'il n'est habilité à cet effet par un conseil professionnel dit conseil de l'Ordre des médecins[31]. » Ce conseil, « interprète des médecins auprès des pouvoirs publics », est composé de douze docteurs en médecine nommés par décret, parmi lesquels est choisi le président. Celui-ci dispose d'une voix prépondérante en cas d'égalité[32]. D'octobre 1940 à 1942, le professeur René Leriche préside l'institution, suivi par le professeur Louis Portes, qui poursuivra son activité après guerre. Le conseil est renouvelable tous les deux ans. Ses réunions sont trimestrielles. Composé d'un Conseil national, il coordonne les conseils départementaux, véritables relais de son action.

Une organisation structurée

Au chef-lieu de chaque département, le conseil a une fonction de contrôle : il « surveille l'exercice de la médecine », constituant une sorte d'interface entre les lois du gouvernement et les conditions d'exercice des praticiens. Ses sanctions vont du blâme à l'interdiction d'exercer[33]. Le conseil de l'Ordre dispose d'un organe d'information, le *Bulletin de l'Ordre des médecins*, à périodicité mensuelle. Deux revues médicales, *Le Concours médical* et *La Presse médicale*, participent au relais de ses directives.

Recensement et exclusion

La première mouture de la loi, remaniée en 1942[34], indique que le conseil « est toujours tenu de suivre les lois en vigueur ». Chaque conseil départemental participe ainsi au recensement des médecins juifs qui doivent remplir un questionnaire relatif à leur statut. Le recensement prélude à l'exclusion. Ainsi, en décembre 1940 : « Nous demandons à nos confrères pour les mois à venir, de faire confiance à notre volonté d'action[35]. » Les médecins juifs étrangers qui souhaitent continuer à exercer doivent adresser une demande à l'Ordre, qui émet alors « un avis motivé[36] », selon la revue professionnelle *Le Concours médical* de l'été 1941.

À partir du deuxième statut des Juifs du 2 juin 1941, les médecins juifs français sont soumis à un *numerus clausus* de 2 %. Selon Bruno Halioua, seuls 800 sur environ 4 500 pratiquant en France, sont habilités à exercer leur profession[37]. Certains d'entre eux continuent cependant à travailler chez eux. Les instances départementales de l'Ordre sont rappelées à leur devoir : « Il appartient aux conseils départementaux d'user des pouvoirs que leur confère actuellement la loi, et ils ne doivent pas hésiter à signaler aux autorités administratives les médecins qui ne tiendraient pas compte de la notification de leur interdiction. Plusieurs conseils départementaux sont résolument entrés dans cette voie. Nous pouvons citer à titre d'exemple encourageant le cas d'un étranger qui, continuant d'exercer la médecine malgré la défense qui lui en avait été faite, vient d'être l'objet de la part d'un préfet d'une mesure d'internement administratif dans un camp de la région[38]. »

Enfin, le conseil de l'Ordre participe à la spoliation des cabinets des exclus : « Tous nos confrères, à la recherche d'un poste vacant, peuvent prendre communication des listes, avec noms et adresses, des médecins étrangers ou fils d'étrangers auxquels le droit d'exercer a été retiré, directement au siège du Conseil supérieur de l'Ordre, 60 boulevard de La Tour-Maubourg [Paris VIIe][39]. »

Ainsi, comme le note Robert Paxton, le conseil de l'Ordre contribue-t-il « à légitimer le principe de l'épuration[40] ». L'instauration des ordres dans plusieurs professions permet en effet à Vichy de disposer de formidables organisations de contrôle et de collecte de renseignements.

Et aujourd'hui ?

L'Ordre des médecins connaît une profonde réforme le 26 septembre 1945. Sa structure est aujourd'hui sensiblement la même, mais il effectue des tâches essentiellement administratives et juridictionnelles de défense et de régulation des praticiens (délivrance d'une carte professionnelle, recouvrement des cotisations, instruction des différends pouvant intervenir entre patients et médecins...). Et il ne se contente plus de « suivre les lois en vigueur », mais peut proposer les modifications du Code de déontologie médicale qui sont ensuite soumises au Conseil d'État.

L'Ordre des architectes

L'Ordre des architectes est institué par Vichy dès 1940, juste après celui des médecins. Le gouvernement de la Révolution nationale légifère jusqu'en 1944 sur cette profession en lui conférant un nouveau statut. Le métier d'architecte, strictement réglementé, est l'une des « clés de voûte » de la Révolution nationale.

Un peu d'histoire

Sous l'effet de la Révolution industrielle, la profession s'organise à la fin du XIXe siècle. Les architectes, diplômés des Beaux-Arts, entrent en concurrence avec les ingénieurs. Ces derniers font construire des bâtiments sans passer par eux, tel Gustave Eiffel à Paris pour la tour qui porte son nom. En effet, aucune loi ne les y oblige. On retrouvera ces ingénieurs, stigmatisés sous le terme d'« entrepreneurs », dans les lois du gouvernement de Vichy.

En 1877, les architectes diplômés de l'École des Beaux-Arts se regroupent en SDAG (Société des architectes diplômés par le gouvernement) pour protéger leur titre, finalement reconnu en 1914. Cette reconnaissance suscite des rivalités auprès des étudiants architectes de l'École des Arts décoratifs, qui voient leur titre reconnu à son tour en 1922. Juste avant la Seconde Guerre mondiale, Jean Zay, secrétaire d'État à l'Éducation et aux Beaux-Arts, ministre de tutelle des architectes, engage un projet de loi (1939) pour unifier les diplômes et conférer un statut particulier à cette profession.

L'Ordre des architectes sous Vichy

Sous le gouvernement de Vichy, la loi de décembre 1940 va plus loin et institue l'Ordre des architectes[41]. Celle-ci réglemente le titre et la profession. Pour être architecte, il faut être Français et titulaire d'un diplôme. Il est également nécessaire de présenter des « garanties de moralité nécessaires[42] ». L'Ordre dispose d'un pouvoir disciplinaire, allant du blâme à la radiation.

La nouveauté de cette loi consiste en ce qu'elle sépare l'activité de construction de celle de conception architecturale. On ne peut être à la fois juge et partie, concevoir des plans et réaliser le projet : « La profession d'architecte est incompatible avec celle d'entrepreneur, industriel ou fournisseur de matières ou objets employés dans la construction[43]. » Les ingénieurs sont donc écartés.

La loi définit ensuite l'Ordre. Son siège est situé à Paris, au cœur du Marais, dans l'ancien hôtel de Rohan, 87 rue Vieille-du-Temple. Le conseil de l'Ordre est composé de douze membres élus, renouvelés par tiers tous les deux ans. Seul le président est désigné par décret. Le *Journal officiel* nomme « M. Auguste Perret, architecte à Paris[44] ». Le célèbre architecte du béton armé (1874-1954), constructeur du théâtre des Champs-Élysées et du palais d'Iéna, apporte la caution de sa renommée au régime. Comme pour tout ordre professionnel, le président est « l'interprète des architectes auprès des pouvoirs publics[45] ». Il existe un Conseil national et des conseils régionaux, qui se réunissent « au moins une fois par mois ». Les architectes doivent s'inscrire au « tableau » et prêter serment d'allégeance au Maréchal.

Dès lors, selon le mot du juriste Jean-Guy Degos, être membre d'un ordre professionnel sous Vichy, c'est « à la fois s'y soumettre et en bénéficier[46] ». Le décret de septembre 1941 instaure un Code des devoirs professionnels et crée un *numerus clausus* des architectes juifs réduits à 2 % des effectifs : « L'élimination des architectes juifs en surnombre sera prononcée dans les conditions prévues aux articles 7 et 8[47]. »

Le conseil joue également un rôle clé dans la spoliation des immeubles. À cet effet, un décret de décembre 1942[48] nomme au conseil d'administration de l'Ordre le commissaire général aux Questions juives, Darquier de Pellepoix, le président de l'Ordre des architectes de la Seine, Auguste Perret, et le directeur des services d'architecture et d'urbanisme à la préfecture de la Seine[49].

La profession est désormais de plus en plus réglementée, protégeant ceux qui sont détenteurs du titre, éliminant les autres. Les architectes « d'origine étrangère » sont exclus en 1942[50]. Le décret d'avril 1942[51] définit le titre d'architecte « DPLG », diplômé par le gouvernement. Il faut avoir étudié aux Beaux-Arts ou dans un institut privé, l'École spéciale d'architecture. Son directeur à Paris depuis 1929 et jusqu'à sa mort est Henri Prost (1874-1959), « membre de l'Institut », secrétaire général de l'Ordre des architectes à partir de 1941.

Et aujourd'hui ?

Après la Libération, l'ordonnance de 1945 maintient l'Ordre des architectes, hormis les lois discriminatives. La loi de 1977 instaure une nouveauté : l'établissement d'un projet architectural relève désormais des seuls architectes inscrits au tableau, donc admis sur dossier, par concours. Le dernier diplôme « DPLG » a été délivré en 2007. Il est remplacé aujourd'hui par un diplôme d'architecture de type master, qui comporte un stage d'application, à l'issue duquel le diplôme est obtenu. Mais il faut toujours être inscrit au tableau – entendez à l'Ordre des architectes – pour pouvoir exercer.

Experts-comptables, un Ordre au service du régime

La profession d'expert-comptable existait déjà dans l'entre-deux-guerres. Cependant, Vichy la réorganise entièrement pour en faire une « véritable machine de guerre » de sa politique, selon l'expression du juriste Jean-Guy Degos. Pas moins de quatre lois, deux décrets, deux arrêtés et huit décisions ministérielles sont adoptés à son sujet entre 1942 et 1943.

Un peu d'histoire

En 1927, le brevet d'expert-comptable est promulgué par décret[52]. Celui-ci comporte de nombreuses obligations et se voit remanié en avril 1940. Le brevet de comptabilité, lui, est institué en 1931. Les termes de ces décrets, souvent incomplets, suscitent le désaccord des professionnels sur leur contenu. Il n'existe pas à proprement parler de diplôme d'expert-comptable.

L'ordre des experts-comptables sous Vichy

« Sommes-nous donc une jurande de l'ancien temps pour codifier les tâches permises aux gens du métier... ? », s'interroge l'historien Marc Bloch en 1941[53]. En effet, l'Ordre des experts-comptables, institué en 1942, s'apparente à un groupement professionnel autonome, avec personnalité juridique propre, discipline collective stricte et membres unis par un serment.

Cet ordre professionnel est inspiré de l'exemple allemand de la « communauté d'entreprise » (*Betriebsgemeinschaft*) dans l'industrie. Il repose sur un ensemble de textes légaux, dotés « d'une intendance fort efficace et minutieuse[54] ». Les deux lois fondatrices sont promulguées au printemps 1942[55], à l'instigation d'Yves Bouthillier, ministre de l'Économie et des Finances.

La première s'adresse aux « professionnels qui, depuis octobre 1940 au moins, figurent sur une liste d'experts-comptables agréés par une cour d'appel ». Pour être comptable agréé, il faut au moins cinq ans d'activité. La seconde loi est la charte de fonctionnement de l'Ordre des experts-comptables et des comptables agréés : « Est comptable agréé le technicien qui, en son propre nom et sous sa responsabilité, fait profession habituelle de tenir, centraliser, arrêter et surveiller les comptabilités et les comptes de toute nature[56]. »

Deux décrets du printemps 1942 complètent ces lois fondatrices. Le premier, « relatif à la formation professionnelle des experts-comptables », communique le programme des épreuves. Celui-ci est ambitieux : commerce, comptabilité, mathématiques commerciales et financières, droit et législation commerciale, économie politique. Il constitue le « premier élément conduisant à la formation d'un corps de professeurs d'élite, à la culture générale étendue, aux capacités économiques performantes[57] ». La formation s'apparente à un parcours du combattant : épreuve préliminaire à l'examen, admissibilité, admission, stage de trois ans chez un expert-comptable et diplôme délivré à l'issue d'un examen final, écrit et oral.

Le second décret nomme un commissaire du gouvernement auprès de l'Ordre[58], composé de vingt-sept membres, renouvelable par tiers tous les deux ans. Son « président est [l']interprète [de l'Ordre] auprès des pouvoirs publics », représentés par le commissaire du gouvernement. Ce dernier, Jacques Chezleprêtre, fonctionnaire au ministère des Finances et germaniste, instigateur du « plan comptable », procède à la normalisation des comptabilités en s'inspirant du modèle allemand. Les travaux de l'économiste Eugen Schmalenbach (1873-1955) sont déterminants. Dès 1937, une circulaire de Goering visant à unifier toutes les pratiques comptables en Europe, est diffusée en France sous l'Occupation, par le biais du ministère de l'Industrie. Schmalenbach est le fondateur de la normalisation comptable, de la théorie du bilan dynamique et de la gestion d'entreprise *(BWL* ou *Betriebswirtschaftslehre*). Ce modèle de plan comptable sera repris dans l'enseignement de la comptabilité sous Vichy[59].

La presse collaborationniste se fait l'écho de ces changements structurels : « La réforme de la comptabilité des entreprises/Obligation de tenue d'un "Journal" des recettes et des dépenses et intervention de l'État sur les comptes », titre *Paris-Soir*[60].

Enfin, l'ensemble des droits et devoirs de l'expert-comptable et du comptable agréé sont précisés dans huit décisions ministérielles prises entre 1942 et 1943. Un membre du conseil de l'Ordre doit avoir une « moralité irréprochable », dans sa vie privée comme dans sa vie professionnelle. « Le cérémonial des séances ressemble à celui des hautes cours de juridictions prestigieuses », note Jean-Guy Degos[61].

L'ensemble comporte toute une hiérarchie, depuis « l'expert-comptable [qui] "vérifie" les comptabilités et le comptable agréé [qui] les "surveille"[62] », jusqu'au comptable salarié d'entreprise, à l'aide-comptable et au commis aux écritures.

La décision ministérielle de septembre 1942[63] instaure un questionnaire à remplir par tous les candidats : « Êtes-vous aryen ? » L'Ordre des experts-comptables, comme l'ensemble des ordres professionnels créés sous Vichy, participe pleinement de la politique antisémite.

Les comptables agréés et experts-comptables sont dans une relation complexe à l'ordre. Une sorte d'« ordre de chevaliers » – on n'ose pas écrire de chevaliers teutoniques – soutient le régime. Ainsi, l'économie française est-elle contrôlée par trois institutions : les comités d'organisation, le contrôle des prix et le plan comptable, institué en 1943.

Et aujourd'hui ?

L'ordonnance de septembre 1945[64] réinstaure l'Ordre des experts-comptables et des comptables agréés, encore en vigueur aujourd'hui. Elle supprime les discriminations et procède à une refonte de l'Ordre. Actuellement, les études et le stage pour obtenir le diplôme sont toujours aussi longs. Mais l'Ordre « a permis de construire un système comptable qui a accompagné la croissance de la France[65] » après-guerre. En effet, le premier plan comptable général en France date de 1947. La tenue d'un livre des comptes est, elle aussi, toujours une obligation.

Le régime de Vichy avait tenté de mettre en place une « société d'ordres », selon le mot de l'historien François-Georges Dreyfus[66]. En cela, il a réussi.

Le médecin-inspecteur du travail

Vichy légifère à de nombreuses reprises à partir de 1940 en matière d'assurances sociales et de droit du travail. Il crée également une nouvelle profession à l'automne 1941 : médecin-inspecteur du travail.

La législation autour du travail

Le gouvernement de Vichy légifère dès juin 1940 sur différents aspects du droit du travail : bureaux de placement et de la main-d'œuvre, médecine du travail, inspection du travail, accident du travail[67]. L'aspect préventif est particulièrement soigné, grâce aux réflexions menées par la fondation Alexis Carrel sur les conditions optimales d'exercice du travail du point de vue de l'hygiène, de la sécurité et même de l'ergonomie. Mais la législation de Vichy s'intéresse aussi à l'aspect curatif, notamment en cas d'accident du travail. Avec l'aide du médecin-inspecteur du travail et son adjoint le contrôleur du travail, ces lois sociales sont destinées à assurer la protection du salarié.

Médecin-inspecteur du travail

Dès l'automne 1941, des mesures sont prises en matière d'inspection du travail et de la main-d'œuvre[68]. D'abord, un décret modifie le statut d'inspecteur du travail : « Nul ne peut entrer dans le cadre de l'inspection du travail comme inspecteur, qu'après avoir satisfait aux épreuves d'un concours. » Des périmètres d'intervention sont définis, appelés « circonscriptions[69] ». La France en comporte quinze. Les dernières nommées sont situées à Marseille, Lyon, Limoges, Clermont-Ferrand et Montpellier.

La loi porte « réorganisation de l'inspection du travail et de la main-d'œuvre ». La dénomination est importante, car il ne s'agit plus seulement du travail, mais aussi du salarié. L'inspection médicale est organisée sous la forme d'un corps hiérarchisé : l'inspection médicale centrale et les inspections médicales régionales. La première est placée sous l'autorité administrative directe du ministère du Travail. Le médecin chef de service de l'inspection médicale est désigné pour toutes les questions relatives à la santé au travail. Les médecins inspecteurs régionaux sont placés sous son autorité. L'accent est mis sur l'aspect préventif du métier : « Les médecins inspecteurs et inspectrices du travail exercent une activité permanente en vue de la protection de la santé des travailleurs au lieu de leur travail[70] ». Dans les faits, les

L'accident du travail

Le gouvernement de Vichy légifère dès l'été 1940 en matière d'accident du travail, reconnaissant la nature particulière des accidents survenus dans le cadre de l'exercice d'une profession. Il prévoit qu'à la suite d'une déclaration co-remplie par le travailleur et son employeur, les accidents du travail donnent droit au maintien du salaire, avec délai de carence[71]. Soit l'employeur avance le salaire et la caisse d'assurance-maladie le rembourse, soit l'organisme social (aujourd'hui, la Sécurité sociale) paie directement.

Le recrutement des inspecteurs sociaux et des médecins-inspecteurs du travail en France, dans les camps de l'organisation Todt. Les anciens légionnaires de la LVF, blessés sur le front de l'Est, constituent les premières recrues. (L'Illustration, *20 février 1943)*

recrutements se font souvent parmi d'anciens combattants de la Légion des volontaires français contre le bolchevisme (LVF), partis se battre sur le front de l'Est et revenus eux-mêmes diminués[72].

Pour les plus atteints d'entre ces militaires, réformés à la suite de leurs blessures, le corps particulier d'« inspecteur social » est créé à partir de l'automne 1942. Ceux-ci exerceront auprès de leurs pairs mais dans le cadre de l'organisation Todt en France. Leur formation est assurée par les « autorités allemandes[73] », leur champ d'action concerne « tout ce qui touche aux conditions sociales et aux conditions matérielles de vie des travailleurs[74] ». Il n'est pas besoin de concours pour les recruter.

Et aujourd'hui ?

Comme le montre l'historien Jean-Pierre Le Crom, la quasi-totalité des textes adoptés sous le gouvernement de Vichy en matière de droit du travail et d'assurances sociales – notamment ceux relatifs aux accidents du travail[75], au placement et à l'inspection du travail et de la main-d'œuvre –, sont validés à la Libération[76]. Une véritable législation médicale et sociale du travail, à la fois préventive et curative, est née.

Mais la profession de médecin-inspecteur du travail est aujourd'hui en crise. Plus de la moitié des postes à pourvoir restent vacants, faute de candidats. Il y a pourtant fort à faire.

La police nationale

La police est le bras armé d'une société. Le gouvernement de Vichy va modifier son statut en profondeur. Née de la cité (*polis*), dont elle tire étymologiquement son nom, la police, longtemps municipale, est étatisée en 1941. Le gouvernement de Vichy légifère à de nombreuses reprises sur la création d'une police nationale. « Le régime construisait du neuf et de fait, un certain nombre de réformes (l'étatisation des polices, la création des préfets régionaux, voire l'esquisse d'un statut des fonctionnaires) devaient lui survivre (Jean-Pierre Azéma)[77]. »

Un peu d'histoire

Depuis la période révolutionnaire, la police française est éclatée entre plusieurs pôles concurrents. La gendarmerie dépend du ministère des Armées ; la police, du ministère de l'Intérieur. La première est puissante, la seconde dispose de peu de moyens et d'effectifs. Les polices municipales, elles, assurent l'essentiel du travail de maintien de l'ordre.

Leur inégalité constitue un trait caractéristique de la France de la IIIe République, jusqu'en 1941. Il n'y a donc pas une, mais des polices, sans lien organique entre elles, qui diffèrent par leur statut, leur ressort géographique, leur organisation, leurs attributions, leur recrutement, leurs effectifs, leur costume et leurs moyens. Ces polices sont aux mains des maires. Ainsi, toute ville de moins de cinq mille habitants a, pour la protéger, un garde champêtre, hormis la gendarmerie. À l'inverse, toute ville de plus de cinq mille habitants est dotée de sa propre police, engagée et subventionnée sur le budget municipal et possiblement révoquée par le maire. Les villes de Paris et de Lyon sont dotées de forces de l'ordre puissantes, si bien que l'on parle à leur propos de « polices municipales étatisées[78] ».

Ainsi, la préfecture de police est paradoxalement plus puissante que son autorité de tutelle, la Sûreté générale. La loi municipale du 5 avril 1884 réserve toutefois à cette dernière, « état-major sans troupes[79] », quelques prérogatives et moyens de contrôle, avec des commissaires et inspecteurs d'une « police spéciale des chemins de fer » aux missions essentiellement politiques. Ces fonctionnaires ont ainsi une carrière qui dépend du pouvoir central, mais une vie quotidienne dépendant de la municipalité.

« Tous les personnels de police deviennent agents de l'État » (1941)

Le gouvernement de Vichy procède à une profonde réforme en créant la police nationale dès le printemps 1941. Les policiers sont placés non plus sous l'autorité des maires, mais sous celle des préfets.

Or, qui dit police nationale dit territoire national. Le nouveau découpage distingue plusieurs niveaux : la région, composée de districts – ou départements – relève du préfet de région, tandis que la circonscription concernant les communes de moins de dix mille habitants est du ressort du commissaire[80]. Comme le stipule la loi, « le préfet régional dirige et coordonne dans

« Et ce pénible accoutrement [...] qu'une casquette trop rigide apparentait aux formations de S.S. » (Du Moulin de Labarthète, chef de cabinet civil de Pétain). Affiche de propagande vichyste, 1942.

les départements placés sous son autorité, l'action de tous les services de police. Il a la responsabilité du maintien de l'ordre dans la région et prend toutes les mesures nécessaires pour prévenir et réprimer les atteintes à la sécurité publique[81] ». Le préfet régional est donc chargé de deux secteurs clés en matière de tranquillité et d'ordre public, la police et le ravitaillement[82].

Pour engager des effectifs, il ne rencontre pas de problème de recrutement. Cette réorganisation générale de la police a lieu sous la direction de Pierre Pucheu, ministre de l'Intérieur (août 1941-novembre 1942).

Le modèle allemand

En France occupée, le correspondant allemand est le général von Stülpnagel, interlocuteur du gouvernement pour les questions administratives, y compris celles de police, jusqu'au milieu de l'année 1942. De fait, le modèle allemand est prégnant : « Ayant reçu la consigne de copier les gestes automatiques de leurs collègues allemands pour régler la circulation, les agents de police français saluent de façon impeccable les officiers en casquette verte[83]. » Il n'est jusqu'à l'uniforme, qui, de l'aveu même du chef du cabinet civil de

Pétain, Du Moulin de Labarthète, ne rappelle les formations nazies : « Et ce pénible accoutrement, que déshonorait une feuille d'acanthe sur fond noir et qu'une casquette trop rigide apparentait aux formations de S.S.[84] »

Enfin, dans un esprit germanique, un décret attribue un orchestre de musique à la police nationale[85].

« Étatisation des polices municipales » (1942)

À partir d'avril 1942, l'étatisation des polices municipales prend un tournant et se radicalise. Le décret du printemps 1942[86], portant « réorganisation du gouvernement », nomme René Bousquet, secrétaire général de la Police. Marc Olivier Baruch, historien, souligne que « pendant les vingt mois où il fut à la tête de la police française, Bousquet témoigna d'une passion pour l'organisation au moins égale à celle dont avait fait preuve Pucheu[87] ».

En juillet 1942, les accords passés entre Oberg (chef de la Gestapo en France) et Bousquet se concluent par la rafle du Vel'd'hiv. Cet acte a été rendu possible à cause du « fichier juif », conçu et agencé principalement par André Tulard, sous-directeur du service des Étrangers et des Affaires juives à la direction de la Police générale de mai 1942 à juillet 1943[88].

Après l'invasion de la zone occupée en novembre 1942, l'« étatisation de la police » s'étend aux régions de Bordeaux, Poitiers, Angers, Orléans[89]. La police se dote d'une direction technique de ses services[90]. Elle coordonne les forces de maintien de l'ordre, ainsi qu'une direction des Groupes mobiles de réserve, les GMR, troupes créées en 1941, qui deviennent une force de police à part entière[91].

Et aujourd'hui ?

En 1944, cette administration est remplacée par celle de la Sûreté nationale, mais la structure de l'organisation ne change pas fondamentalement. Il faut attendre 1966[92] et l'affaire Ben Barka pour qu'il soit mis fin, par la création d'une « police nationale » englobant la préfecture de Police, à cette dichotomie administrative.

Aujourd'hui, cette administration compte plus de cent quarante mille employés. Les personnes clés en sont le préfet de police et le directeur général de la Police nationale. Tous relèvent du ministère de l'Intérieur.

L'École de la police

L'École nationale de police est créée dans le but de former des policiers[93]. Elle est divisée en école supérieure qui forme les commissaires, tandis que l'école pratique, s'adressant aux inspecteurs, est installée à Saint-Cyr-au-Mont-d'Or, près de Lyon. « La première promotion de l'École nationale de police a été baptisée ce matin "promotion Pétain" à Saint-Cyr-au-Mont-d'Or », titre ainsi à la une le journal *Paris-Soir* en décembre 1941[94]. Son objectif est de « former les cadres de la police française[95] ». La durée des études est de deux ans.

Aujourd'hui, l'École nationale de la police, toujours située à Saint-Cyr-au-Mont-d'Or, forme les commissaires. Quant au titre d'inspecteur, il n'existe plus. On parle désormais d'officiers de police, nommés par arrêté du ministre de l'Intérieur.

Du GMR aux CRS

Pour renforcer sa police nationale instituée en 1941, le gouvernement de Vichy crée la même année le Groupement mobile de réserve (GMR). Il légifère deux fois à ce sujet, en 1941 et 1943. Ce corps se retrouve après la Libération sous la forme des Compagnies républicaines de sécurité (CRS).

Une création de Vichy

La création du GMR en 1941 s'opère à l'initiative de Pierre Pucheu, ministre de l'Intérieur. Comme en témoigne Jean Zay, incarcéré à la prison de Riom de 1941 à 1944, leur recrutement est aléatoire : « Les GMR (appelés aussi gardes mobiles) se recrutent au petit bonheur parmi les jeunes gens dont beaucoup n'ont aucune expérience des armes. Il y a quelques jours, l'un d'entre eux a fait partir son fusil de chasse devant ma porte[96]. »

Ces troupes mobiles, et de réserve, comme leur nom l'indique, se doivent d'être souples. Elles accèdent ainsi en un temps record au statut de force de police à part entière puisqu'une direction des Groupes mobiles de réserve est créée en 1943[97], à l'initiative de René Bousquet, secrétaire général à la police. Leur tenue sombre connaît quelques variantes – avec ou sans pèlerine, avec capote en hiver, en béret ou le plus souvent en casque, quelquefois en tenue de circulation, mais toujours avec un fusil. Ils portent les noms des régions où ils opèrent : Estérel, Comtat (Venaissin)[98], etc.

Une circulaire de Bousquet en janvier 1943, destinée aux intendants de police, leur demande de « veiller à ce que les GMR placés sous [leur] autorité soient composés d'éléments en parfaite condition physique, actifs et vigoureux, capables de supporter un effort qui peut être particulièrement pénible [...] et de muter dans les corps urbains les éléments des GMR âgés de plus de trente ans[99] ». Il s'agit en effet d'aller débusquer en montagne maquisards et communistes – souvent appelés « gaullistes » ou « terroristes » –, ou d'encadrer l'arrestation et la déportation des Juifs, notamment lors de la grande rafle de Marseille de janvier 1943. Mais leur rôle ne consiste pas seulement à arrêter des civils, leurs compatriotes. De nombreuses dérives apparaissent rapidement.

« La répression se dévore elle-même »

Comme en témoigne Jean Zay de sa prison de Riom, les GMR deviennent peu à peu une sorte de « police des polices » : « Le personnel de surveillance de la maison d'arrêt s'est augmenté depuis quelques jours d'une quarantaine de G.M.R (gardes mobiles de réserve) qui montent la garde dans les couloirs, le chemin de ronde et la prison. [...] Il y aura maintenant des gardes mobiles pour surveiller les gardiens, en attendant qu'il soit nécessaire de surveiller les gardes mobiles. Car la répression se dévore elle-même[100]. » Dès lors, la fonction de GMR oscille entre celle de gendarme, qui relève de l'armée de terre et la milice, organisation politique et paramilitaire créée en 1943. Les GMR

Les Groupements mobiles de réserve participent à des opérations contre les maquisards de Haute-Savoie. (Février 1944)

ont parfois du mal à se démarquer de cette dernière, avec laquelle ils sont souvent confondus, et réciproquement : certains rapports de milice départementale insistent sur le fait qu'eux sont bénévoles[101]. En 1944, ils finiront par faire le même travail.

Et aujourd'hui ?

Après la Libération, les GMR sont dissous en novembre 1944. Ils renaissent en intégrant des éléments des Forces françaises de l'Intérieur sous le nom de Compagnies républicaines de sécurité (CRS). Leur rôle est toujours celui du maintien de l'ordre. « Police des foules », ils participent à la répression des débordements lors de manifestations, notamment celles concernant la guerre d'Algérie. Lors des mouvements de mai 1968, les étudiants scandaient « CRS, SS ». Slogan excessif ou juste retour de l'histoire ?

Du Service national de la statistique à l'INSEE

L'École nationale de la statistique, créée sous la IIIe République, connaît un véritable essor sous le gouvernement de Vichy. Dès l'été 1940, il légifère souvent sur cet institut, au point d'en faire l'un des outils de sa politique.

Un peu d'histoire

Les études statistiques se mettent en place en France au XIXe siècle, avec l'essor de l'industrialisation. La Statistique générale de la France (SGF) est créée sous la monarchie de Juillet, par Thiers, alors ministre du Commerce. Le bureau, comprenant une centaine d'employés, ouvre en 1840.

Puis en 1891, la SGF est rattachée à l'Office du travail, créé dans le but de mieux connaître les réalités du monde industriel en pleine expansion[102]. Elle opère également un recensement quinquennal de la population.

Le modèle allemand

En 1918, l'Alsace et la Lorraine redeviennent françaises. La France hérite de structures de l'Empire allemand qui avait doté ces provinces d'un service statistique[103]. Le modèle de l'office régional des statistiques d'Alsace-Lorraine s'étend à d'autres régions de France, constituant le noyau des différentes directions régionales de la Statistique en 1940.

Les statisticiens allemands bénéficiaient d'une formation. La France de l'entre-deux-guerres va suivre ce modèle. En 1922, est créé l'Institut de statistique de l'université de Paris (ISUP). Son rôle sera essentiel dans la formation des statisticiens sous l'Occupation. Le dépouillement des données est fait par les « dames de la statistique », essentiellement des veuves de guerre.

L'économiste Alfred Sauvy, qui a travaillé à la SGF de 1922 à 1945, témoigne : « À l'époque, ces chiffres austères, serrés, n'étaient guère utilisés car il n'y avait aucune idée de diffusion dans le public[104]. »

Le rôle de la statistique sous Vichy

En 1934, le polytechnicien René Carmille avait conçu un système permettant d'améliorer l'action des bureaux de mobilisation militaire, où beaucoup d'hommes tentaient d'échapper à la conscription. À l'été 1940, la loi[105] nomme un directeur de la Statistique générale et de la documentation. Ce sera Carmille. Il s'agit en fait de créer un service camouflé de recrutement, sous couvert de démographie.

Le Service national de la statistique[106] (SNS) fonctionne avec dix fois plus de moyens et de personnel. Selon Alfred Sauvy, « après un siècle de lente évolution, le paysage statistique français est complètement bouleversé entre 1940 et 1946[107] ».

En 1942, « tous les Français doivent déclarer leurs changements de domicile[108] ». Carmille,

« résistant maréchaliste », selon Gérard Noiriel, mourra en déportation, mais les structures mises en place lui survivront. L'objet des travaux menés par la Statistique est partiellement donné : « Sous la conduite d'une femme/Une quinzaine d'employés écoutent chaque jour battre le cœur de Paris/Les moindres détails de la vie des Parisiens sont traduits en fiches par le Service des statistiques », titre *Paris-soir*.

Et aujourd'hui ?

Sous un nouveau nom – Institut national de la statistique et des études économiques (INSEE) – mais avec le même personnel, l'organisme statistique de Vichy est incorporé à l'Administration après-guerre[109]. Le rattachement au ministère des Finances, les directions régionales, les corps d'administrateurs et d'attachés, l'École d'application de la statistique, la mécanographie pour le traitement des fichiers, le « Numéro d'inscription aux répertoires » à treize chiffres, rien n'a changé. L'INSEE a toutefois quitté Paris pour s'installer à Vanves, en proche banlieue.

En raison des rafles sous l'Occupation, il existe aujourd'hui parfois une certaine méfiance à l'encontre de l'agent recenseur. Comme l'écrit Michelet, « ni la race, ni la religion, ni la langue, ni même la géographie ne sont des critères pertinents pour définir une communauté nationale ». Sommes-nous des individus ou des catégories ? Des personnes ou des membres de « communautés » ?

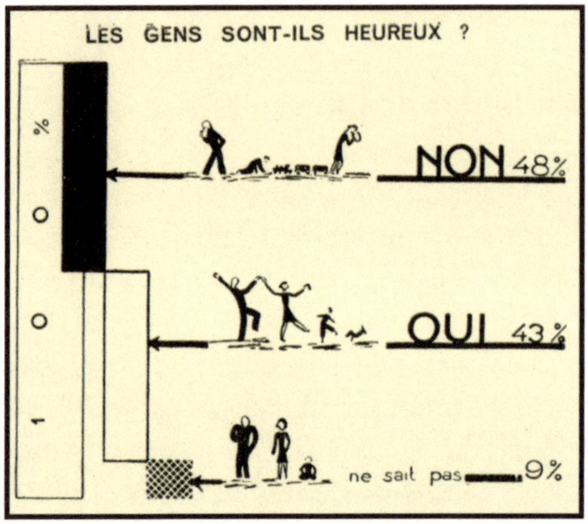

La mesure du bonheur.
Sondage de l'Institut national de la statistique.
*(*L'Illustration*, 18 juillet 1942)*

Le numéro à treize chiffres, futur numéro de Sécurité sociale

Sous Vichy, chaque personne se voit attribuer un numéro d'identification à treize chiffres, appelé Numéro d'inscription au répertoire des personnes physiques (NIR), composé ainsi : le premier chiffre distingue le sexe (« 1 » pour les hommes ; « 2 » pour les femmes), puis viennent les deux derniers chiffres de l'année de naissance (« 27 » pour « 1927 ») et le mois de naissance (« 02 » pour février). Un ensemble de cinq chiffres précise ensuite le lieu de naissance de l'individu. Les deux premiers indiquent le département : « 01 » pour l'Ain ou « 99 » pour toute personne née à l'étranger. Cette composante permet donc aux agents de l'État de repérer facilement à quelle catégorie « raciale » ou nationale il appartient[110]. Les trois derniers référencent la commune de naissance. Suit un groupe de trois autres chiffres indiquant le numéro d'enregistrement sur le registre d'état-civil. Enfin, la « clé de contrôle », hors numéro, est un ensemble de deux chiffres variables.

Après la guerre, il deviendra le numéro de Sécurité sociale. Chaque numéro est unique. Tous les Français sont en fiches mécanographiques.

Du Centre Alexis Carrel à l'INED

Vichy légifère dès 1941 sur la création d'une Fondation française pour l'étude des problèmes humains. Plus connue sous le nom de Centre Alexis Carrel, son fondateur, elle est le creuset d'une réflexion mêlant sciences sociales et statistique.

Un peu d'histoire

Dans l'entre-deux-guerres, un certain nombre de groupes constitués de personnalités aux formations diverses, réfléchit à l'utilisation des sciences humaines et sociales pour répondre à la crise (absence de renouvellement démographique, malnutrition…).

Dès 1936, un Centre d'études des problèmes humains (CEPH) est fondé par le polytechnicien Jean Coutrot. Il est en correspondance avec le docteur Carrel qui a publié en 1935, *L'Homme, cet inconnu*, véritable succès de librairie. L'auteur y développe des thèses eugénistes et s'y montre un fervent partisan d'une politique nataliste.

La Fondation française pour l'étude des problèmes humains

Sous Vichy, le maréchal Pétain fait appel à Alexis Carrel pour donner une nouvelle impulsion à l'ensemble de ces questions. La loi de l'automne 1941 instaure la Fondation française pour l'étude des problèmes humains. Elle est définie comme « un établissement public de l'État, doté de la personnalité civile et de l'autonomie financière[111] ». Le docteur Alexis Carrel, nommé à sa tête de 1941 à 1944, porte le titre de « régent », étrange appellation qu'il préférera à celle de directeur.

À l'été 1942, le Centre Alexis Carrel commence à fonctionner. L'écrivain Alfred Fabre-Luce en résume ainsi les deux objectifs : « Le but lointain, c'est la création par l'hérédité, l'alimentation, l'organisation sociale d'un homme supérieur. Le but immédiat, c'est tout simplement la survie de l'homme présent[112]. » Priorité est donc donnée aux questions de nutrition et à celles du développement du premier âge de l'enfant, animées par le chercheur Jean Sutter.

L'originalité de la Fondation réside dans la méthode employée : l'utilisation de données statistiques associée à la recherche en sciences sociales. Pour ce faire, la pluridisciplinarité est mise en œuvre. Architectes, professeurs ou sociologues côtoient ainsi des ingénieurs, notamment polytechniciens. Ici, point d'universitaires mais, selon les statuts, « des praticiens non titrés ayant fait preuve d'une compétence réelle dans le domaine considéré[113] ». Les équipes, de deux à dix personnes, sont dirigées par un secrétaire général. Elles sont regroupées en six départements : biologie de la population, biologie de l'enfance et de l'adolescence, travail (l'un des premiers à se former, en 1942), production et économie rurale, biosociologie, enfin biotypologie (l'un des derniers constitués, fin 1943). Une réunion hebdomadaire réunit les divers centres. La Fondation a une revue, *Population.*

La pluridisciplinarité porte ses fruits. Les équipes de « biosociologie de la lignée », de « psychologie sociale » et de « psychologie de

L'enquête des « cent mille enfants anormaux »

Au départ, l'idée d'une enquête à vaste échelle menée auprès des enfants est une initiative du Front populaire. La Fondation d'Alexis Carrel, en la personne de François Perroux, son secrétaire général, reprend le projet en 1943. Le test collectif pratiqué est connu sous le nom de « mosaïque de Gille ». La France est divisée en vingt zones distinguant les enfants de zone urbaine de ceux de zone rurale. L'enquête, qui a lieu pendant les premier et second semestres 1944, se déroule à la fois dans la France occupée et la France libérée. Elle sert de base après guerre pour étayer l'orientation et la sélection scolaires[114], donner une large diffusion à la notion d'enfant « anormal » et essaimer dans d'autres pays, tel le Canada qui l'utilise encore aujourd'hui.

la personnalité » construisent une science de l'homme. Celui-ci n'est pas tant un individu qu'une « catégorie ». Cependant, des conflits de pouvoir traversent la Fondation et le décret du 24 février 1943 entérine sa réorganisation. François Perroux, nouveau secrétaire général, succède au docteur Ménétrier, l'un des artisans de la médecine du travail. La loi du 28 juillet 1942 institutionnalise cette dernière, reprenant le dispositif conçu par ces médecins de terrain – le docteur Barthe à GDF, le docteur Eck chez Citroën – réunis autour de Jean-Jacques Gillion.

Le nouveau secrétaire général de la Fondation s'intéresse quant à lui davantage aux questions de pédagogie. Il met sur pied la grande enquête des « cent mille enfants anormaux », à l'origine des tests de sélection scolaire.

L'ergonomie

Le Centre Alexis Carrel développe également un concept novateur : l'ergonomie appliquée aux conditions de travail et puise sur le terrain les fondements de sa théorie. Les médecins du travail s'en font le relais. Il s'agit d'adapter la machine à l'homme – et non le contraire –, concept développé aux États-Unis sous le nom de *human engineering*.

Un laboratoire des idées

L'équipe de la Fondation comprend des membres appelés à une grande carrière : non seulement la psychanalyste Françoise Dolto, mais encore l'historien Louis Chevalier[115] qui intègre les données statistiques à une réflexion sur l'histoire sociale. Les enquêtes et sondages de Jean Stœtzel, les travaux sur l'habitat de l'équipe de Merlet, la mise en évidence du renouveau de la fécondité en France dès 1941 par Bourgeois, font partie des grands projets mis en œuvre.

Et aujourd'hui ?

L'institution est discréditée à la Libération. L'Institut national des études démographiques (INED) est créé dans son prolongement, en 1945. Son objet, déterminé par décret à l'automne[116], est l'étude des « problèmes démographiques sous tous leurs aspects ». À cet effet, l'Institut « rassemble la documentation utile, ouvre des enquêtes, procède à des expériences et étudie les moyens susceptibles de contribuer à l'accroissement quantitatif et à l'amélioration qualitative de la population ».

Les chercheurs de l'ancien Centre Carrel se partagent entre l'Institut national d'hygiène

– futur INSERM – et l'INED. Alfred Sauvy est nommé directeur de cette dernière institution. L'historien Louis Chevalier continue de travailler dans cet organisme en tant que directeur des travaux au Centre historique et géographique. Dès la première année, l'INED est doté d'importants moyens : il emploie cent cinquante personnes avec un budget de quarante millions de francs. Aujourd'hui, il relève du ministère de l'Enseignement supérieur et de la Recherche.

« La grande enquête des cent mille enfants anormaux », un test mis au point par le Centre Carrel. Un élève français essaie de reproduire un dessin géométrique après l'avoir observé pendant une minute. Toute une population est ainsi évaluée. (Institut psychotechnique de Lyon, 30 janvier 1942)

Normalisateur et norme AFNOR

Sous influence de l'occupant, Vichy s'intéresse non seulement à la classification des métiers, mais aussi à celle des produits. Le secrétariat d'État à la Production industrielle légifère à de très nombreuses reprises à partir de 1941 – on dénombre plus de cinquante lois, décrets et arrêtés – sur une mise aux normes de pans entiers de la production industrielle française, catégorie par catégorie, et jusque dans les moindres détails. L'Association française de normalisation ou AFNOR, créée dans l'entre-deux-guerres, prend toute son ampleur sous l'Occupation.

Un peu d'histoire

C'est en Allemagne, à Berlin, que le premier Comité des normes de l'industrie a été créé, en 1917. Le Normenausschuss des Deutschen Industrie (NADI) a pour mission d'harmoniser les produits manufacturés des petites et moyennes entreprises en vue de leur exportation.

Au sortir de la Première Guerre mondiale, les comités américain, anglais ou français tentent eux aussi d'établir des normes industrielles exportables. La commission française fonctionne avec plus ou moins de bonheur et suscite la méfiance des PME, qui voient en elle le « cheval de Troie de l'État », selon l'expression de Sylvie Fayet-Scribe[117].

En 1926, le ministère de l'Industrie tente à nouveau de normaliser les productions manufacturées, essentiellement électriques, avec l'AFNOR. Sous l'acronyme facile à prononcer, les difficultés persistent. En 1939, l'Association française de normalisation est ainsi habilitée à délivrer la marque NF (« Norme française »), gage national de conformité à son cahier des charges, mais son succès reste mitigé.

L'AFNOR sous Vichy

Du côté des associations de normalisation allemandes, le NADI est devenu, en 1926, le Comité des normes allemandes (Deutscher Normenausschuss ou DNA), organisation sous contrôle nazi. Pendant l'Occupation, la mise aux normes est aussi une mise au pas. Les produits industriels français sont soumis aux normes « européennes », c'est-à-dire allemandes. D'importantes subventions sont allouées au DNA[118], en coordination avec les comités d'organisation professionnels nouvellement institués. Celui-ci s'implante en profondeur et durablement dans le tissu économique français.

Côté français, l'arrêté du 24 mai 1941 signe la véritable date de naissance de l'AFNOR. L'article 2 en souligne le caractère coercitif : « À compter de la publication du présent arrêté, l'application des normes est obligatoire pour toutes les administrations. »

Vichy reconnaît le statut d'association loi de 1901 à l'AFNOR, mais nomme son directeur, Ernest Lhoste (1880-1948), un statisticien. Il en assigne les objectifs : « Réaliser une collaboration constante entre les industries et les ministères ou les grandes administrations, afin que les normes et cahiers des charges dont on envisageait l'élaboration fussent unanimement acceptés[119]. »

Les maîtres mots sont normalisation et homologation. Au sortir de l'École centrale, le jeune écrivain Boris Vian – il est alors âgé de 22 ans – intègre l'AFNOR en août 1942 en tant qu'ingénieur dans la nomenclature de la verrerie, sous la direction d'Ernest Lhoste. Son œuvre littéraire porte la trace de cette expérience professionnelle, résumée par la formule : « Tout ce qui est Afnormal est nôtre[120]. » Vian tentera ainsi une « Gamme d'injures normalisées pour Français moyen » et peuplera ses récits d'histoires où tout le monde normalise tout, y compris les surprises-parties[121].

Les buts de cette nouvelle organisation sont l'amélioration du rendement et l'efficience du travail. Dès lors se succèdent dans le *Journal officiel*, semaine après semaine, de nouvelles homologations. Rien n'est laissé au hasard. Par exemple, dans celui du 7 mai 1942, AFNOR Q2-22 donne les caractéristiques des papiers pour machines à écrire. Le 19 juin 1942, AFNOR Z2-50 concerne les documents d'administrations publiques : caractéristiques, force, couleur, format de papier, etc. Toute cette nomenclature industrielle signe une nouvelle ère, celle de la technique et partant, celle des technocrates.

Et aujourd'hui ?

Les structures de l'AFNOR mises en place sous l'Occupation demeurent inchangées jusqu'en 1984. Son directeur, Lhoste conserve son poste.

Aujourd'hui, l'AFNOR est membre de l'Organisation internationale de normalisation (ISO pour International Standardisation Organisation). On parle davantage aujourd'hui de « norme ISO » que de norme AFNOR, même si le logo bleu-blanc-rouge de la « Norme française » figure encore sur nombre d'emballages.

Les normes industrielles mises au point par l'Institut allemand de normalisation (Deutsches Institut für Normung ou DIN) qui a remplacé le DNA, sont aussi présentes dans nos vies. Par exemple, DIN 476 signe la norme de papier standard. Et les formats de papier – A3, A4, A5, etc. – sont allemands. CQFD.

Le préfet régional et la création des régions

Si le gouvernement de Vichy a paru inspiré par le régionalisme, il s'est efforcé de consolider le pouvoir central. Loin de recréer les provinces de l'Ancien Régime, la Révolution nationale a amorcé la création des régions actuelles. Vichy a légiféré à plusieurs reprises sur ce sujet.

Un peu d'histoire : des provinces au régionalisme

Avant 1789, la France était divisée en trente-cinq provinces environ, de taille variable, telles la Provence, la Champagne ou le Dauphiné. La Révolution supprime ces provinces et les remplace par quatre-vingt-trois départements, créés par les lois des 15 janvier et 16 février 1790 sous l'Assemblée constituante.

À partir de la fin du XIXe siècle, des mouvements régionalistes, animés par l'esprit de l'Ancien Régime, revendiquent le retour aux provinces. L'un des plus ardents royalistes, le dirigeant de l'Action française Charles Maurras (1868-1952), se fait le chantre du retour aux provinces de l'Ancien Régime contre le jacobinisme républicain.

Parallèlement, des tentatives de création d'entités supra-départementales voient le jour en 1917, en pleine Première Guerre mondiale, pour gérer la pénurie de l'économie de guerre. À l'initiative du ministre du Commerce Clémentel, conseillé par l'historien Henri Hauser, un arrêté ministériel du 5 avril 1919 crée des « régions économiques » qui regroupent des chambres de commerce, mais le découpage territorial n'est pas précisé.

Pétain lance la réforme territoriale

Dans un discours prononcé le 11 juillet 1940, le maréchal Pétain annonce la réforme territoriale du pays : « Des gouverneurs seront placés à la tête des grandes provinces françaises, ainsi l'administration sera à la fois concentrée et décentralisée. » Décentralisée pour complaire aux opposants de la République une et indivisible : ce mouvement s'accompagne du retour du folklore provincial, avec ses costumes régionaux, tout cela mis en avant à chaque visite de Pétain dans l'une des provinces de France. En visite à Toulouse, il déclare : « La restauration des provinces va faire revivre, je le souhaite, les anciennes coutumes. »

Mais sous cet apparent régionalisme, la réforme est en fait centralisatrice et vise à renforcer le pouvoir de l'État. Le 1er septembre 1940, Raphaël Alibert, ministre de la Justice, présente un projet de vingt-six régions. Le journal *Le Temps*, qui paraît en zone Sud, consacre plusieurs articles – non signés – à cette question, mettant l'accent sur le rôle régional des grandes métropoles urbaines et préconisant quant à lui un découpage en une douzaine de régions[122]. Dans une lettre adressée au journal, Maurras réagit en indiquant que « le nombre utile dépasserait de peu la vingtaine[123] ». Pour un militaire de formation tel que Pétain, l'efficacité doit commander et une vingtaine de subordonnés sont plus faciles à diriger que plus de quatre-vingts préfets à la tête de départements[124].

Le gouvernement de Vichy ne tarde pas à légiférer. Une loi du 23 décembre 1940 précise que « tous les fonctionnaires qui sont placés à la tête d'un service technique civil de l'État organisé dans le département ou la région, à l'exception des magistrats de l'ordre judiciaire, sont placés sous l'autorité personnelle du préfet ».

Les préfets régionaux : des « pouvoirs spéciaux »

La loi du 19 avril 1941[125] instaure les préfets régionaux. Selon l'exposé des motifs, « l'idée est de créer un échelon régional intermédiaire entre le gouvernement et les départements, et qui constituera un centre coordonnateur à la fois pour l'information du gouvernement, le règlement sur place de certaines affaires et l'exécution des directives gouvernementales ». L'article 1 stipule que « des pouvoirs spéciaux en matière de police et en matière économique » sont conférés à ces préfets régionaux, ce qui implique la production agricole, la production industrielle, le travail, le ravitaillement, les transports et l'équipement national. La compétence territoriale est définie par décret. Parmi les préfectures régionales figurent Lyon, Marseille, Montpellier, Clermont-Ferrand, Toulouse et Limoges. Aucun département n'est partagé entre plusieurs régions, sauf certains des départements traversés par la ligne de démarcation[126]. Cette loi ne concerne que la zone Sud, non occupée.

Les lois du 11 et du 25 août 1941[127] renforcent le pouvoir des préfets régionaux : ils ont de plus grandes compétences en matière économique et une liberté d'action plus importante vis-à-vis des administrations centrales[128]. Ils peuvent notamment procéder eux-mêmes à l'internement administratif des éléments « étrangers » ou « indésirables ». L'historien Marc Olivier Baruch les qualifie de « véritables satrapes[129] ».

Les départements sont conservés et les régions constituées de regroupements de départements. Elles prennent le nom de la ville où se situe la préfecture de région. Un décret du 30 juin 1941 précise les délimitations de certaines d'entre elles et attribue à certains préfets les pouvoirs des préfets régionaux : selon l'article premier, « sont attribués aux préfets du Loiret, d'Ille-et-Vilaine, de Maine-et-Loire et de la Vienne, les pouvoirs de préfets régionaux définis par la loi du 19 avril 1941. Les régions placées sous l'autorité des préfets régionaux désignés au paragraphe premier du présent article prennent respectivement le nom de région d'Orléans, de Rennes, d'Angers et de Poitiers ». L'article 2 stipule : « Le territoire est divisé de la façon suivante : région de Rennes : Ille-et-Vilaine, Côtes-du-Nord, Finistère, Morbihan. Région d'Angers : Maine-et-Loire, Loire-Inférieure, Mayenne, Sarthe, Indre-et-Loire (partie occupée). » La Loire-Inférieure (aujourd'hui Loire-Atlantique) ne dépend pas de Rennes mais d'Angers, car c'est là que siège le commandement militaire allemand de la zone occupée Ouest. La Loire-Inférieure (avec Nantes pour chef-lieu) ne fait donc pas partie du même ensemble que les autres départements bretons. D'où une revendication toujours vive en Bretagne, demandant un nouveau découpage et un rattachement de la Loire-Atlantique à la région Bretagne.

Les préfets des Alpes-Maritimes et de la Corse, départements rattachés à Marseille, reçoivent, en 1941, le titre et certaines compétences des préfets régionaux. La région parisienne est délimitée par la réunion des départements de la Seine, de la Seine-et-Oise et de la Seine-et-Marne, plus

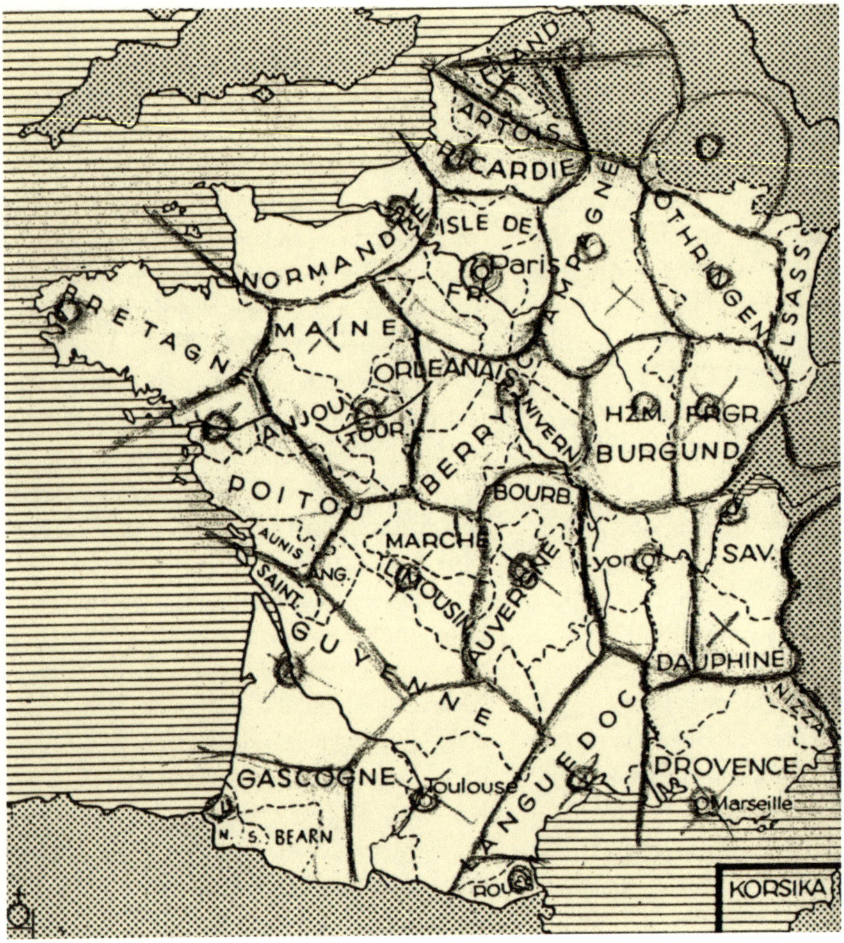

Le découpage des régions de France selon des normes « scientifiques » par le géographe nazi Walter Christaller. Quelques régions sont indiquées en allemand.

cinq cantons de l'Oise, mais ne constitue pas à proprement parler l'une des nouvelles régions et son statut est particulier, sans préfet de région.

L'influence d'un géographe nazi ?

Les troupes d'occupation étaient arrivées en France avec des projets précis de découpage territorial et certains idéologues nazis souhaitaient même rattacher certaines populations de France – qu'ils considéraient comme d'origine germanique – au Grand Reich, tels les habitants de la Bourgogne.

En Allemagne, avant de devenir membre du parti national-socialiste en 1940, le géographe Walter Christaller (1893-1969) avait proposé de diviser le territoire d'un pays en grandes régions, regroupées autour d'une ville dominante d'un point de vue économique. Il avait effectué un découpage de la France en fonction de sa théorie et avait donc retenu une vingtaine de grandes villes dominant des régions de taille comparable[130].

Cette nouvelle organisation administrative correspond à un projet nazi qui s'étend à l'ensemble de l'Europe : la plus grande unité administrative du parti nazi, correspondant à une région, est un *Gau*, dirigé par un *Gauleiter*. Le découpage proposé par Christaller est très proche de celui retenu par les services de Vichy. Les technocrates français en ont-ils eu connaissance ? Se sont-ils inspirés de la carte de Christaller ? Ni Yves Bouthillier, ministre des Finances en 1941, ni Marcel Peyrouton, ministre de l'Intérieur qui affirme être à l'origine des préfectures régionales, n'en font mention. Mais il est permis de le penser.

Et aujourd'hui ?

Les organisations de résistance décident de maintenir ce niveau territorial régional. Henri Fresnay, chef du mouvement Combat, met en place des inspecteurs de régions et décide que « la division administrative du Mouvement de libération nationale sera calquée sur celle de Vichy[131] ». Une ordonnance du 10 janvier 1944 du Gouvernement provisoire de la République française, qui siège à Alger, subordonne les préfets de départements à des « commissariats régionaux de la République, correspondant en principe aux organismes de fait, dit préfectures régionales ». Le rôle prépondérant des préfets est supprimé.

Ces régions sont dissoutes en mars 1946, après le départ du général De Gaulle du pouvoir, mais ne vont pas tarder à réapparaître. En 1948, une loi institue des inspecteurs, responsables de la sécurité publique. Les dix-neuf régions créées en 1955 passent au nombre de vingt-deux en 1956 selon une délimitation très proche de celle établie en 1941. Ainsi Nantes est-elle toujours rattachée à Angers, Châlons-sur-Marne reste préfecture de région, tout comme Bordeaux, Toulouse, Montpellier, Marseille, Lyon, Clermont-Ferrand, Dijon, Lille, Rouen, Rennes, Orléans, Poitiers et Limoges.

Puis une loi du 5 juillet 1972 crée les conseils régionaux. Enfin, la loi de décentralisation du 2 mars 1982 institue l'élection des conseillers régionaux au suffrage universel et dote les régions de pouvoirs accrus.

Aujourd'hui, le découpage en régions est devenu familier aux habitants et sa légitimité est réelle, même si les limites en sont encore discutées. Mais qui se souvient que ce niveau administratif supplémentaire remonte à Vichy et sans doute à un projet allemand ?

Cartographe : un métier créatif

Un nouveau métier apparaît sous le gouvernement de Vichy, sans doute sous influence allemande : cartographe. La profession, reconnue à part entière, confère un statut d'artiste à celui qui l'exerce, comme le stipule un décret paru dans le *Journal officiel* en 1942. Désormais, la géographie se dessine autrement.

Le métier de cartographe sous Vichy

Un décret d'avril 1943 paru dans le *Journal officiel*[132] fixe « l'organisation du cadre des artistes cartographes du service de la carte géologique de la France ». Au cartographe et au cartographe géologue est donc reconnu le statut de créateur – dont l'œuvre et le statut sont protégés – et non plus celui de simples exécutants. Jusqu'ici, la question des cartes et des plans relevait d'abord de la géographie militaire allemande, dont les services cartographiques des trois armées (air, terre, marine) présents à Paris depuis 1940, revêtent un caractère confidentiel.

L'arrivée de l'occupant va créer une certaine effervescence « cartographique ». Le 22 novembre 1940, Bouthillier, ministre au gouvernement, témoigne ainsi : « M. Berthelot venait d'être saisi par les autorités d'occupation, en tant que ministre responsable du service général de l'armée, d'une demande de cinq mille cartes de possessions françaises d'Afrique[133]. »

Le Bureau de recherches géologiques et géophysiques (BRGG) est créé à Paris en 1941. Il relève du corps des Mines. Certes, le service de la carte géologique de la France institué par Napoléon III date de 1868. Mais l'objet des cartes géologiques sous l'Occupation est de prospecter en vue de l'exploitation des ressources minérales françaises. Ce service travaille en collaboration avec l'Office allemand d'exploitation des matières premières et de régulation de la consommation, situé lui aussi à Paris.

Et aujourd'hui ?

Après la guerre, le service de prospection géologique continue son activité et modifie légèrement son appellation, devenue BRGM (Bureau de recherches géologiques et minières). Le cartographe, lui, garde son statut protégé, quel que soit le client pour lequel il travaille, géologue ou non. Travailleur indépendant, il peut, sous certaines conditions, s'inscrire à la Maison des artistes. Il a ainsi un statut social et fiscal privilégié, bénéficiant d'une couverture sociale, de consultations juridique et comptable et d'un accès gratuit aux musées. Ce sont des artistes à part entière.

Le métier de cartographe est à l'honneur sous l'Occupation. La production cartographique est foisonnante.
(L'Illustration, *28 novembre 1942)*

CANADA
OCEAN
PACIFIQUE
AFRIQUE
ASIE
ATLANTIQUE
le Cadeau qui plaira
NOS CARTES MURALES DÉCORATIVES
EMBELLISSENT UNE DEMEURE
Beau planisphère, 2 m × 1 m, décoratif, documenté, très lisible, moderne, traité à l'ancienne, patiné, colorié à la main : 200 francs.
REPRODUCTION DE CARTES ANCIENNES POUR PANNEAUX DÉCORATIFS
N° 1. Bassin de la Méditerranée (2 feuilles), 2 m. 50 × 1 m. 30 : 275 francs. — N° 2. Amérique du Sud (2 feuilles), 1 m. 70 × 1 m. 60 : 200 francs. — N° 3. Europe. — N° 4. Asie. — N° 5. Afrique. — N° 6. Les Amériques. Chaque panneau, 2 m. 70 × 2 m. 70 (6 feuilles), patiné, colorié à la main : 600 francs. — Planisphère des découvertes des marins français depuis le XVe siècle, colorié, patiné, 0 m. 75 × 1 m. 25 : 170 francs. — Envoi franco. — Demander le catalogue.
GIRARD & BARRÉRE, GÉOGRAPHES - ÉDITEURS
17, RUE DE BUCI, PARIS (VIe) — COMPTE CHÈQUE POSTAL PARIS 406.62

La mise en place de la « retraite des vieux »

Vichy légifère de 1941 à 1944 sur la retraite des vieux travailleurs, qu'il fixe à soixante ans, en un temps où l'espérance de vie est plus courte qu'aujourd'hui.

Un peu d'histoire

En 1910, une loi instaure la retraite ouvrière et paysanne à partir de soixante-cinq ans, mais celle-ci est très mal appliquée et ne concerne que peu de gens. En 1928, une loi crée les assurances sociales, dans le secteur privé et par capitalisation, mais celle-ci a une action très restreinte.

La « retraite des vieux »

Il faut attendre l'été 1940 pour que Vichy crée « la retraite des vieux à soixante ans d'âge[134] » pour tous et selon le principe de répartition, comme le relaie le journal *Paris-Soir* dès le mois de septembre.

La retraite des vieux travailleurs est l'un des grands chantiers de Vichy. De fait, les personnes âgées sont l'un des groupes privilégiés du régime. Pétain affirme que « les vieux sont plus frappés que tous les autres par la dureté des temps » et souhaite y remédier. Une célèbre affiche d'Edmond-Maurice Pérot représente le maréchal Pétain serrant la main d'un ouvrier : « 1er mai, fête du Travail. Je tiens les promesses, même celles des autres », affirme le Maréchal, en référence aux promesses non abouties de ses prédécesseurs. Cette phrase extraite du discours de Saint-Étienne au printemps 1941 fait allusion à la mise en place de la retraite des vieux, au temps où ce terme n'a encore aucune connotation péjorative.

La loi de décembre 1941, « relative à l'incessibilité et à l'insaisissabilité de l'allocation aux vieux travailleurs salariés[135] », viendra conforter ces acquis, en émettant la réserve suivante : « sauf au profit d'établissements hospitaliers et aux caisses d'assurances sociales. »

En mars 1942 est mise en place l'Allocation aux vieux travailleurs salariés (AVTS), destinée à laisser la « place aux jeunes » sur le marché du travail et en retirer les « anciens », tout en leur attribuant les ressources puisées dans les réserves des caisses des assurances sociales. Le système de capitalisation des retraites cède le pas à celui de la répartition.

Et aujourd'hui ?

Comme en témoigne l'historien Jean-Pierre Le Crom, « la quasi-totalité des textes pris en matière d'assurances sociales, notamment celui relatif à l'Allocation aux vieux travailleurs salariés [...] sont purement et simplement validés à la Libération de même que ceux relatifs à l'assistance aux vieillards, infirmes et incurables[136] ».

La retraite relève aujourd'hui de la branche vieillesse de la Sécurité sociale. Elle procède toujours par répartition, même s'il est de plus en plus question de capitaliser ses revenus futurs. Quant à l'âge de la retraite, il ne cesse de reculer.

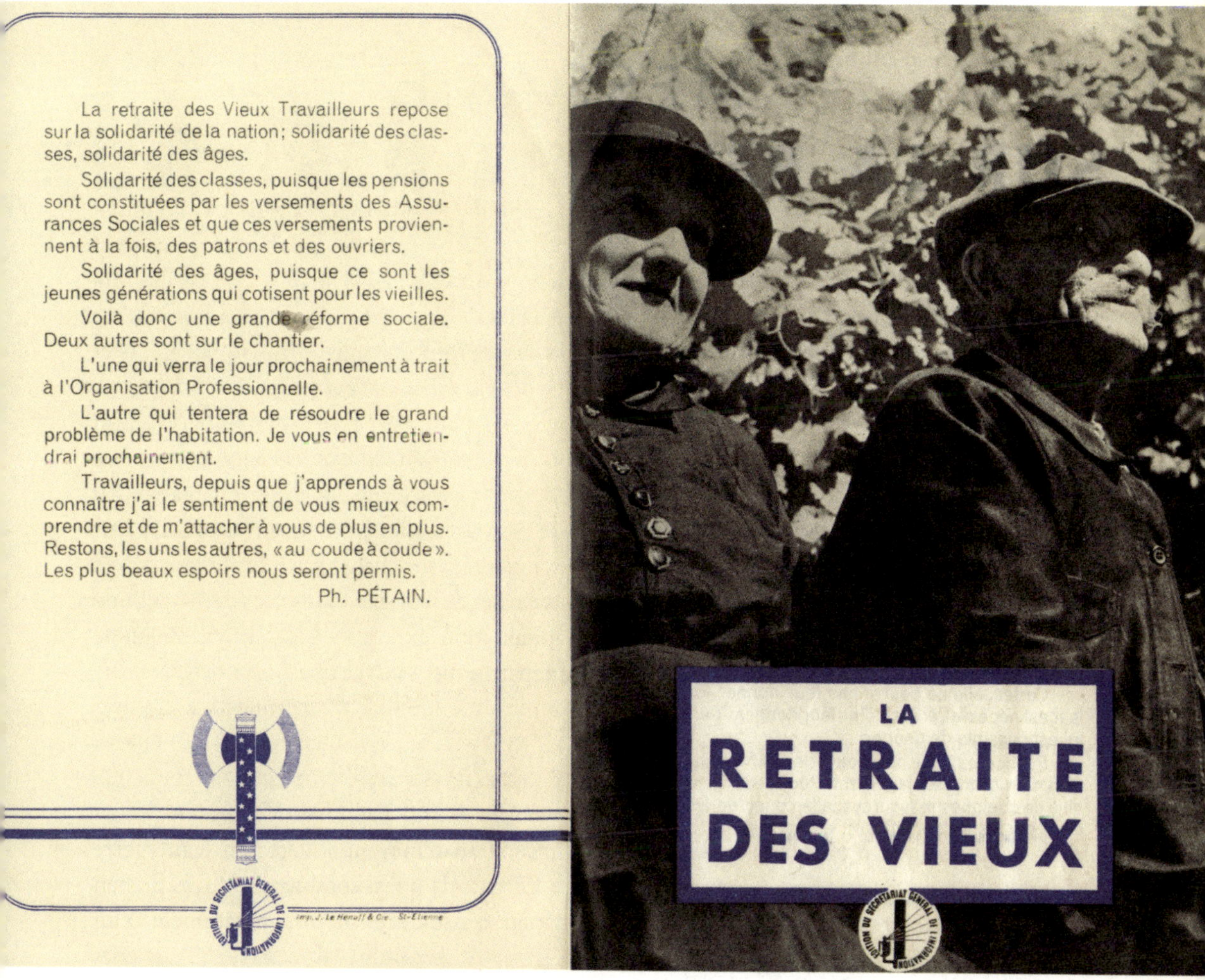

La retraite des Vieux Travailleurs repose sur la solidarité de la nation ; solidarité des classes, solidarité des âges.

Solidarité des classes, puisque les pensions sont constituées par les versements des Assurances Sociales et que ces versements proviennent à la fois, des patrons et des ouvriers.

Solidarité des âges, puisque ce sont les jeunes générations qui cotisent pour les vieilles.

Voilà donc une grande réforme sociale. Deux autres sont sur le chantier.

L'une qui verra le jour prochainement à trait à l'Organisation Professionnelle.

L'autre qui tentera de résoudre le grand problème de l'habitation. Je vous en entretiendrai prochainement.

Travailleurs, depuis que j'apprends à vous connaître j'ai le sentiment de vous mieux comprendre et de m'attacher à vous de plus en plus. Restons, les uns les autres, « au coude à coude ». Les plus beaux espoirs nous seront permis.

Ph. PÉTAIN.

Imp. J. Le Henaff & Cie. St-Étienne

« La retraite, un repos mérité. »
Plaquette éditée à la suite du discours de Pétain à Saint-Étienne en mars 1941. Vichy met en avant l'un de ses principaux acquis : la retraite selon le principe de répartition.

L'organisation des foires et salons

Sous Vichy, foires et salons connaissent un regain d'intérêt certain et surtout une réorganisation en profondeur. Le gouvernement légifère une seule fois sur le statut des foires, à l'automne 1942 et ne changera plus.

Un peu d'histoire

Depuis le Moyen Âge, les foires représentent les principales activités commerciales des villes et des régions. Elles font partie des grands rassemblements européens : en France, avec les foires de Champagne, notamment à Troyes (deux fois par an), ou en Allemagne avec la Foire de Leipzig.

Quelques-unes des vignettes primées à la suite du concours de la plus belle vignette pour la Foire de Paris de 1942. (L'Illustration, *7 février 1942*)

Le statut des foires sous Vichy

Sous le gouvernement de Vichy, et sous l'impulsion de l'occupant allemand, les foires vont être organisées et hiérarchisées selon leur rayonnement local, départemental et régional. Foires et salons, à la différence des expositions, présentent un caractère commercial. Si les secondes servent souvent de vitrine à l'idéologie de l'occupant et du gouvernement de Vichy (Le Juif et la France, la France européenne, etc.), les premiers tiennent lieu de base au commerce européen. Ainsi, Rudolf Schleier, consul général d'Allemagne en France, et le général Ernst von Schaumburg, gouverneur militaire de Paris, inaugurent-ils en septembre 1941, avec quelque retard, la Foire de Paris traditionnellement organisée au printemps.

À l'automne 1942, une loi paraît dans le *Journal officiel* « portant organisation des foires françaises[137] ». Celle-ci opère une hiérarchie entre les appellations : on distingue d'abord « foire » (marchandises diverses de qualité différente présentées en vue de leur acquisition) de « salon » (foire consacrée à une seule catégorie de marchandises). Les foires sont ensuite réparties en quatre catégories. Les deux premières, les plus importantes, relèvent du secrétariat à la Production industrielle et du Travail sous le gouvernement de Laval, dirigé par René Belin. La loi distingue ainsi les foires internationales des foires nationales (en principe, « l'exposant doit être Français – exception sur demande pour présence d'étrangers »). Les deux autres rassemblements, plus petits, foires régionales et foires locales, relèvent du préfet régional. Les mouvements de foule générés par l'organisation de ces manifestations sont à la charge du préfet qui dispose des pouvoirs de police.

Cette loi, instaurée pour trois ans, profite surtout aux affaires allemandes. Quelque temps auparavant, en septembre 1941, lors de la visite du maréchal Pétain à Lyon, qui se déroule en même temps que la foire dans la capitale des Gaules, Henry du Moulin de Labarthète, chef du cabinet civil, note dans ses mémoires que ce sont davantage les affaires commerciales – ce qu'il appelle « collaboration » – qui intéressent la population française que les rassemblements autour du maréchal Pétain : « La "collaboration" s'étalait. À Lyon, même, quelques heures après le passage du Maréchal, quatre Allemands, Schleier, Hoffmann, le Dr Ude et Wiederholt, étaient accueillis avec déférence, dans le grand stand de la Foire. Ils dressaient, aux côtés de nos industriels, le calendrier des futures manifestations de la "solidarité européenne"[138] ».

Signe de l'intense activité commerciale générée par les salons, l'annonce d'un changement d'appellation paraît dans la presse en 1944[139] : la traditionnelle Foire à la ferraille qui se tient dans le quartier de la Bastille, boulevard Richard-Lenoir à Paris, est renommée Foire à la brocante. Sa spécificité est de « récupérer des objets ». En ces temps de pénurie mais aussi de spoliation, ce changement de nom semble particulièrement approprié.

Et aujourd'hui ?

Après la Libération, l'ordonnance du 11 septembre 1945 relative au régime applicable aux foires reprend les acquis de la loi de 1942. Elle sera abrogée en 2004, mais l'essentiel de la distinction perdure.

Aujourd'hui, il existe toujours des foires (par exemple, celle de Paris) et des salons (par exemple, celui de l'agriculture). Et ceux-ci peuvent être de dimension internationale (Foire du livre de Francfort), nationale, régionale ou même locale, même si les préfets ne sont plus responsables de ces deux derniers.

VI

Pratiques sportives

« Le sport, cette chevalerie moderne », indique une affiche de 1941. De fait, la pratique collective ou individuelle d'un sport, mise en place par Vichy, s'inscrit dans un projet général de société qui met à l'honneur certaines activités physiques. Et, sous l'influence de l'occupant, de nouveaux sports apparaissent. Certains spécifiquement français, tel le rugby à XV, d'autres typiquement allemands, tel le handball.

Centre de monitrices d'éducation physique.
La formation est de courte durée (un mois), mais la profession est née.
(Document de propagande, sans date)

L'alpinisme de haute montagne

Vichy encourage la pratique de l'alpinisme et légifère à ce sujet dès 1941, signe du nouvel intérêt lié à cette activité marquée par l'occupant.

Un peu d'histoire

Dans les années 1920 et 1930, la pratique de l'alpinisme est réservée à la bourgeoisie intellectuelle des grandes villes ou aux habitants des vallées alpines ou pyrénéennes. Les montagnards français sont sensibles aux nouveautés techniques venues d'Allemagne, comme le crampon à douze pointes, les pitons ou les mousquetons, et les adoptent progressivement.

Les plus hauts sommets de l'Himalaya restent encore invaincus et deviennent des enjeux géopolitiques ; les grandes puissances de l'alpinisme se « partagent » les massifs. L'Allemagne opte pour le Kangchenjunga, troisième plus haut sommet du monde, et le Nanga Parbat, autre « 8 000 mètres ». À leur arrivée au pouvoir, en 1933, les nazis comprennent le parti à tirer de ces ascensions. Quatre expéditions au Nanga Parbat entre 1934 et 1939 sont des échecs toutefois magnifiés par le régime. Le 21 juillet 1938, le grand alpiniste Heinrich Harrer devient un héros national pour avoir vaincu, dans une cordée austro-allemande, la face nord de l'Eiger, en Suisse : il est félicité par Hitler pour cet exploit, quatre mois après l'annexion de l'Autriche par l'Allemagne.

En France, les alpinistes se regroupent au sein du Club alpin français (CAF) qui existe depuis 1874. Ces pratiquants sont imprégnés de la figure de l'explorateur, dans la découverte de régions peu connues des citadins. Les Alpes, facilement accessibles en train, seront le premier terrain d'élection. Suivra la forêt de Fontainebleau, proche de la capitale. En 1919, la création du Groupe de haute montagne vient conforter ce besoin. Ces alpinistes français suivent les descriptions d'un livret-guide du Mont-Blanc, disponible seulement en allemand. Ils créeront bientôt leurs propres ouvrages, avec des descriptions détaillées des itinéraires.

Vichy et la haute montagne

Sous l'influence de l'occupant, Vichy valorise l'alpinisme, sport de plein air. Jean Borotra, commissaire général à l'Éducation générale et sportive, déclare : « L'alpinisme comporte une éducation morale tant personnelle (humilité vis-à-vis de la montagne, obéissance absolue au chef de cordée, goût de l'effort, acceptation raisonnée du risque, éducation de la volonté, du sang-froid, de la maîtrise de soi) que communautaire (esprit de discipline, sens de la responsabilité, esprit d'équipe matérialisé par la corde)[1]. » Il reprend ce thème en 1942 : « Il faut que chacun d'entre nous s'astreigne à pratiquer un de ces sports où on apprend à affronter les chocs, les coups, les risques [dont] l'alpinisme[2]. »

La profession de guide de haute montagne est créée et reconnue par la loi de l'été 1943 : « Est réputé guide de montagne quiconque conduit, moyennant rétribution, d'autres personnes sur les glaciers, les rochers et les pentes recouverts

« Les Alpes françaises auront bientôt, à l'aiguille du Midi, le plus haut téléférique du monde. » Un certain nombre de stations de sports d'hiver, telles Val-d'Isère ou Courchevel, doivent leur existence à Vichy et à l'influence de l'occupant. (Couverture de L'Illustration, 16 août 1941)

de neige à l'exception des pistes et terrains spécialement autorisés[3] », selon le *Journal officiel* du 6 août.

Parallèlement, l'équipement des stations de sports d'hiver se développe. Le commissariat général aux Sports crée les stations de Courchevel, Vars, Chamrousse et mène des travaux à Serre-Chevalier et à Val-d'Isère[4]. Le 21 décembre 1941, Jean Berthelot, ministre de la Communication, inaugure le téléphérique le plus long d'Europe à Courchevel. En 1943, Val-d'Isère se dote du téléphérique le plus rapide du monde[5].

Implantée dans l'air vivifiant des Alpes, au sud de Grenoble, l'École des cadres d'Uriage, dont les membres semblent, du moins au début, favorables au régime, valorise l'esprit de la montagne.

Ceux qui sont trop jeunes pour escalader les montagnes ne sont pas oubliés : le grimper à la corde figure parmi les cinq épreuves retenues à la nouvelle épreuve d'éducation générale et sportive au baccalauréat, instaurée au printemps 1941[6]. En avril 1942, les épreuves d'éducation physique aux examens sont réduites : la seule maintenue pour les garçons au certificat d'études est l'épreuve de grimper[7].

En 1942, la Fédération française de la montagne (FFM) est créée pour rassembler l'ensemble des associations d'alpinistes[8]. Cette création vient concurrencer la domination du Club alpin français. Elle tend à promouvoir l'escalade dans des conditions extrêmes.

Et aujourd'hui ?

La loi créant la profession de guide de montagne est reprise, après la Libération, par la loi de 1948 : « Nul ne peut exercer, même occasionnellement, la profession de guide de montagne s'il n'est titulaire d'un diplôme ou d'un brevet soit de guide de haute montagne, soit de guide de montagne[9]. » Les divergences entre les associations d'alpinistes se poursuivent après-guerre avec, en toile de fond, la professionnalisation et la course aux records. Les adhérents de la FFM se distinguent par leurs grandes expéditions des années 1950 et 1960 dans l'Himalaya.

Avec la montée en puissance de l'escalade sportive dans les années 1980, l'écart ne cesse de grandir entre une pratique plus athlétique, y compris sur des murs artificiels d'escalade construits dans des endroits fermés en ville, et un alpinisme sans esprit de compétition. La montagne n'a pas fini de susciter des passions.

La littérature de montagne

Paru en 1941, *Premier de cordée*, le roman de Roger Frison-Roche, Parisien d'origine et Chamoniard d'adoption, connaît un grand succès : il s'en vend 150 000 exemplaires dès la première année, la 25e édition est tirée dès 1944[10] et l'ouvrage obtient le Grand Prix de littérature sportive en 1943[11]. Roman valorisant autorité et solidarité, *Premier de cordée* décrit une montagne où s'expriment patriotisme et pureté morale[12]. Un an après le succès d'*À l'assaut des Aiguilles du diable*, documentaire de Marcel Ichac (1942), le roman de Frison-Roche fait l'objet d'une adaptation de propagande au cinéma en 1943, tournée avec l'aide du commissariat général à l'Éducation générale et sportive de Borotra. Son réalisateur, Louis Daquin, communiste et résistant, devait indiquer plus tard que son film reflétait les valeurs de Vichy[13].

La montagne pour tous : de « Jeunesse et Montagne » à l'UCPA

La « montagne pour tous » est l'une des priorités du gouvernement de Vichy. Ce dernier légifère dès l'automne 1940, et jusqu'en 1943, pour en définir le cadre tant pour les formateurs que pour les élèves.

Vichy et la montagne pour tous

Avant-guerre, la pratique de la montagne était réservée aux habitants du cru ou à une élite accompagnée d'un guide. La guerre, puis l'armistice, changent ces façons de faire. Le service militaire est remplacé par un service civil de huit mois, les Chantiers de la jeunesse. À la place, quelques volontaires peuvent pratiquer l'alpinisme au sein des groupements Jeunesse et Montagne (JM). Une instruction du 16 août 1940 du général Picard, chef d'état-major de l'armée de l'air, fixe « la constitution et l'organisation » des JM. Placés sous diverses responsabilités, dont celle, en septembre 1940, du secrétariat général à la Jeunesse du ministère Lamirand (Instruction publique), ces groupements sont dirigés par le capitaine de chasseurs alpins Jacques Faure, qui avait conduit l'équipe de France militaire de ski aux Jeux olympiques d'hiver de Garmisch-Partenkirchen (1936), en Allemagne.

Jeunesse et Montagne accueille en zone libre, dans les Alpes et dans les Pyrénées, des jeunes intéressés par la montagne et parmi eux, de jeunes aviateurs démobilisés. Pour être admis, il faut être célibataire, avoir plus de dix-huit ans, être citoyen français et ne pas appartenir à la « race juive[14] ». Ce mouvement est subdivisé en équipes qui se livrent à différentes tâches montagnardes, dont la construction de refuges, l'escalade et le ski, mais aussi des activités artistiques, dont le groupe Jeux et Arts d'où sont issus les Compagnons de la chanson. Sa devise – « Faire face » – est proposée par le capitaine de chasseurs alpins Raymond Coche et empruntée à Guynemer, célèbre pilote de chasse de la Première Guerre mondiale. Il se développe également sous la houlette du Club alpin français (CAF) et renforce les liens entre alpinistes et aviateurs.

Comme l'indique le général Dosse, président d'honneur du CAF, la jeunesse « a compris que la véritable pratique de la montagne est la meilleure préparation au rôle de chef ou de guide dans la vie sociale pour la purifier dans l'esprit d'en haut[15] ». Il s'agit « par une éducation virile de former un homme nouveau ». Le *Bulletin officiel* précise que « dans l'ordre moral, cette formation doit contribuer au développement de la volonté, de l'énergie, du sang-froid, du goût du risque, de la sûreté du jugement, de l'esprit d'équipe[16] ». L'esprit de l'époque est à la compétition : « En présence de difficultés croissantes [...], on assiste à une sélection des meilleurs qui s'opère avec l'altitude[17]. » Et l'un des participants, Lionel Terray, futur grand alpiniste français, d'affirmer sans détour : « Après une vingtaine de jours, près de la moitié des stagiaires étaient à bout de force. [...] Commencé dans l'enthousiasme, ce stage se transformait en une sorte d'enfer à mesure que les jours s'écoulaient[18]. » Un autre grand alpiniste passera aussi par Jeunesse et Montagne : Louis Lachenal (deuxième ascension de la face nord de l'Eiger, en 1948, et premier vainqueur de l'Annapurna, en 1950).

Si une loi de janvier 1941[19] crée un service national regroupant les Chantiers de jeunesse et Jeunesse et Montagne au sein des Chantiers de la jeunesse française, JM conserve une relative autonomie. En mars 1943, une ordonnance place l'organisation sous la direction du commissaire général des Chantiers de la jeunesse française.

En 1942, les effectifs se montent à trois mille cinq cents hommes. Au total de la période considérée, douze mille hommes passent par Jeunesse et Montagne[20]. De nombreux citadins découvrent ainsi la montagne, se familiarisent avec l'alpinisme en collectivité, apprennent, dans des stages spartiates, à se passer de guide, à grimper en cordée réversible, chaque participant devant passer en tête à son tour : le client ne fait plus appel à un guide et les rapports hiérarchiques tombent[21]. Les meilleurs peuvent suivre une formation de chef de cordée ou de moniteur de ski, profession qui vient d'être réglementée par Vichy.

Le ski

Pour le commissariat général à l'Éducation générale et sportive (CGEGS) dirigé par Borotra depuis août 1940, le développement des sports de montagne est prioritaire[22]. La loi de novembre 1940 encadre la profession de moniteur de ski. Son article stipule que « nul ne peut, en France, ouvrir une école de ski ni y enseigner, sans une autorisation du secrétaire d'État à l'Instruction publique[23] ». Une École supérieure de ski et d'alpinisme (ESSA) est fondée le 12 janvier 1941. À la fin de l'année 1943, l'ESSA devient l'École nationale de ski.

Cependant, avec l'instauration du STO, de nombreux jeunes adultes prennent le maquis ou se réfugient en montagne. De nombreux alpinistes seront aussi résistants. La Milice obtient, en janvier 1944, la dissolution de Jeunesse et Montagne, dont les membres rejoignent la Résistance.

Et aujourd'hui ?

En février 1944 était apparue l'Association nationale des camps de montagne, qui deviendra l'Union nationale des centres de montagne à la Libération, puis l'Union des centres de plein air (UCPA) en 1965. Les participants peuvent y trouver une ambiance spartiate parfois comparable à celle qui avait cours à Jeunesse et Montagne. L'une des conséquences indirecte de la guerre est aussi l'arrivée des femmes dans les cordées, alors qu'elles étaient inexistantes dans les années 1930.

Concernant l'enseignement du ski, la loi de février 1948 reprend les termes de celle de 1940 sur le métier de guide de montagne : « Nul ne peut enseigner le ski [...] s'il n'est titulaire d'un diplôme ou brevet délivré par le ministre chargé des Sports[24]. » Sait-on tout cela en s'inscrivant à l'École de ski français pour décrocher des étoiles ?

L'éducation physique

Vichy développe la pratique collective de l'éducation physique. Cette « formation générale » est prioritairement centrée sur la jeunesse et revêt un caractère obligatoire. Dans l'enseignement primaire, l'instituteur devient également moniteur. Dans l'enseignement secondaire, c'est un professeur formé à cet effet qui s'en charge. Les nombreuses lois adoptées par le gouvernement en témoignent. Mais l'éducation physique relève également d'un comportement individuel. Quel est le bon poids ? la taille optimale ? Le sport permet d'obtenir ce corps idéal.

Un peu d'histoire

Le Front populaire met en chantier la pratique collective du sport à des fins essentiellement hygiénistes. L'infrastructure – stades, terrains, piscines – est mise en chantier. Le sport est « la grande cause de la vitalité française, le salut de la race[25] », affirme Jean Zay, ministre de l'Éducation sous le Front populaire. Il s'y attelle avec Léo Lagrange : « Je me suis battu pendant trois ans pour obtenir les cinquante millions qui devaient rendre efficace, en permettant d'aménager les terrains, l'expérience d'éducation physique obligatoire dans les écoles, une demi-heure par jour ou une demi-journée par semaine[26]. » L'enseignement est mis en place : « Si simples que dussent être les leçons, encore fallait-il que les maîtres et les maîtresses fussent aptes à les donner. Aussi institua-t-on des stages spéciaux pour les instituteurs et institutrices. Des postes de moniteurs furent créés dans les écoles normales[27]. »

L'éducation physique sous Vichy

Vichy développe la démarche entreprise sous le Front populaire, mais sans s'en réclamer. La pratique du sport s'intitule désormais Éducation générale et sportive. Carcopino, ministre de l'Éducation et des Sports sous Vichy aura « son » Léo Lagrange : Jean Borotra, commissaire général

L'éducation physique individuelle

L'exercice physique revêt également un caractère individuel. La pratique quotidienne est recommandée. Comme le titre le magazine *La Semaine* à l'automne 1941 : « La "culture physique" permet de conserver sa ligne[28]. » Quelques semaines plus tard, on peut encore y lire : « La pratique des sports donne aux muscles des jeunes femmes une structure allongée particulièrement élégante[29]. » Un nouveau type de corps se fait jour, non seulement mince, mais aussi musclé.

« Le sport, cette chevalerie moderne[30] », titre une affiche de 1941. Il implique de partir quotidiennement en croisade à l'assaut de son propre corps. De nouvelles pratiques émergent, apportées par l'occupant, telle la *medecine ball*, méthode de musculation à l'aide de lourdes balles.

aux Sports. « C'est par les professeurs et les instituteurs sportifs, et non plus par les professeurs et les moniteurs de sport, qu'elle [l'éducation générale] attirerait à elle les masses de nos étudiants, de nos élèves et de nos écoliers[31]. » À l'école primaire, les enseignants suivent un stage d'un mois : « Les instituteurs et institutrices de France sont maintenant des moniteurs sportifs. Ils ont fait cette année un mois de stage pour une éducation physique qui s'intéresse non seulement aux sports, mais aussi au folklore, aux danses régionales et au théâtre populaire[32]. »

Borotra instaure dix heures de sport hebdomadaire qui passeront à neuf dans l'emploi du temps des élèves du secondaire. Les sports pratiqués y sont la « méthode naturelle » de Georges Hébert, la gymnastique corrective pour les plus faibles et la danse rythmique pour les filles.

Le magazine *L'Illustration* du printemps 1942 va encore plus loin : « Il faut organiser le contrôle physiologique des élèves [...]. Le problème de la jeunesse est avant tout un problème médical. [...] Les élèves doivent être classés par catégories pour que les activités d'éducation générale ne soient pas pour certains une cause de surmenage[33]. » Ainsi, le classement de la jeunesse en J1, J2, J3 n'est pas tant conçu par rapport à l'alimentation – en ce qu'il permet d'obtenir un certain nombre de tickets alimentaires – que par rapport au sport. L'article poursuit : « Un minimum d'efforts identiques est demandé à tous les jeunes Français de quatorze à vingt ans. » L'organisation est différente pour les filles et les garçons, mais elle est partout obligatoire.

Et aujourd'hui ?

Pratiquer un sport est devenu chose courante, et toujours obligatoire dans le cursus scolaire. Et si un stade ou une piscine porte le nom « Léo Lagrange » ou « Jean Borotra », il est facile de deviner sous quel régime il a été construit – Front populaire pour le premier, Vichy pour le second – et dans quelle visée.

Une leçon de culture physique en plein air. La pratique quotidienne du sport est fortement encouragée par Vichy. Être mince et musclé(e) fait désormais partie du nouvel idéal. (L'Illustration, *21 mars 1942)*

Moniteur de colonie de vacances

Le régime de Vichy crée un diplôme d'encadrement des enfants en colonie de vacances. Celui-ci consiste en un stage de formation.

Moniteur de colonie sous Vichy

Si les colonies de vacances se sont particulièrement développées dans l'entre-deux-guerres, notamment sous le Front populaire, le personnel d'encadrement ne dispose d'aucune formation spécifique. Le gouvernement de Vichy donne une autre orientation à ces activités de loisir réservées aux enfants. Celles-ci sont parrainées par le Secours national qui forme ses moniteurs.

« La France nouvelle »

Un stage de trois semaines suffit à former le futur moniteur de « gamins » de huit et dix ans. Il est recruté de façon à former des équipes mixtes d'une dizaine de membres choisis parmi les élèves d'écoles privées et publiques, « toutes origines confondues[34] ». Le but est d'abaisser « les barrières entre les sexes, entre les classes sociales, entre les convictions ». Les futurs moniteurs sont chargés de transmettre des valeurs « de fermeté morale, de loyauté, de courage », contribuant ainsi à former la « France nouvelle ». Chaque équipe choisit, à la façon scoute un « totem » (animal, plante ou « grand homme »), puis elle compose « une devise, un chant et un écusson que chaque membre arbore fièrement sur sa poitrine ». On y apprend beaucoup à chanter et se rassembler à intervalles réguliers. « Après quelques mots du chef, un silence religieux plane sur toutes les têtes. Un chant du soir s'élève, à peine murmuré[35]... »

Le stage comporte une partie théorique « alternant avec les chants, les jeux ou les techniques d'hébertisme » : psychologie de l'enfant, règles d'hygiène, discipline et sanctions. L'hébertisme est une méthode d'éducation physique militaire qui porte le nom de son fondateur, Georges Hébert (1875-1957). Celle-ci comporte marche, course, saut, grimper, lever, quadrupédie, lancer, équilibre, défense et natation. Cette « méthode naturelle » a le mérite d'être française par opposition à la gymnastique suédoise.

Et aujourd'hui ?

Tout mineur accueilli hors du domicile de ses parents est placé sous la protection des autorités publiques[36]. On parle de « centre de vacances et de loisirs » et non plus de « colonie de vacances ». Il existe un diplôme, le BAFA (Brevet d'aptitude aux fonctions d'animateur), qui « permet d'encadrer à titre non professionnel, de façon occasionnelle, des enfants et des adolescents en accueil collectif de mineurs[37]. » Les sessions de formation, payantes, sont dispensées par des organismes de formation agréés par le ministère de l'Éducation nationale. On est « animateur », et non moniteur. La durée de la formation est renforcée. Il n'est pas dit si l'on apprend toujours autant à chanter aux enfants.

Le rugby à XV

Vichy légifère une seule fois sur le rugby, en 1941. Il s'attache à destituer la pratique en cours, celle à treize joueurs, d'origine anglo-saxonne, pour instituer le rugby à XV. La « guerre des rugbys » se solde par un net avantage du rugby à XV. Les sports violents sont au goût du jour.

Le rugby à XIII, jeu ouvrier en Angleterre

À la fin du XIXe siècle, les régions ouvrières du nord de l'Angleterre rejettent le trop bourgeois rugby à XV et se mettent au rugby à XIII. Les règles en sont fixées en 1906. Alors que le rugby à XV est un sport de combat, âpre et plutôt lent, son homologue à XIII est plus rapide et accessible. Les patrons inventent rapidement le principe des places payantes pour permettre aux ouvriers de jouer le samedi, qui vient d'être octroyé en congé. Ainsi est contourné l'amateurisme. De son côté, le rugby à XV conserve sa prééminence dans la bonne société londonienne.

Du déclin du rugby à XV au rugby à XIII

Les Jeux olympiques de 1924, marqués par un match France-États-Unis très rugueux, signent la fin du rugby à XV en tant que sport olympique. À la suite de rencontres particulièrement violentes, les relations entre la France et les Britanniques sont rompues en 1931 en matière de rugby à XV. L'équipe de France, exclue du Tournoi des Cinq Nations, peut seulement jouer contre des équipes de second rang, l'Allemagne ou la Roumanie. Privé du rayonnement des grands matchs internationaux, le championnat de France à XV devient médiocre, avec un jeu stérile.

Le public français découvre alors le rugby à XIII, lors d'une rencontre Angleterre-Australie organisée à Paris en 1933. La Ligue française de rugby à XIII dépose ses statuts l'année suivante. En 1939, ce sport compte 225 clubs et 434 équipes. Treize clubs font jouer des professionnels (joueurs qui sont dédommagés). Le rugby à XIII devient le premier sport d'équipe à battre les Anglais sur leur sol, en 1939, puis à devenir champion d'Europe la même année[38]. Des clubs de rugby à XV passent au rugby à XIII. Les effectifs du rugby à XV fondent, passant de 784 clubs en 1930 à 471 en 1939. Le rugby à XIII, soutenu par le Front populaire, devient le sport des classes laborieuses, un sport de « rouges », s'opposant ainsi au rugby à XV, sport des universités et de l'aristocratie.

Vichy supprime le rugby à XIII

Alors triomphant en France, le rugby à XIII est victime de sa suppression en tant que jeu professionnel par Vichy. Plusieurs facteurs se conjuguent : rejet de la politique du Front populaire qui avait favorisé le rugby à XIII, et anglophobie du gouvernement.

Le rugby à XV est un sport encouragé par Vichy contre le rugby à XIII, jugé trop anglais. (Stade Jean Bouin, Paris, janvier 1943)

Jean Borotra (1898-1994), premier commissaire général à l'Éducation générale et sportive, crée un comité de réflexion sur le professionnalisme, recommandant sa disparition. Il est appuyé par Ybarnegaray, secrétaire d'État à la Jeunesse et à la Famille. Le 22 août 1940, ce dernier déclare que « le sort du rugby à XIII est clair : il a vécu et sera rayé purement et simplement du sport français[39] ». Un rapport sur l'état du rugby en France le confirme : ce sport a contribué, parce qu'il était réservé à une élite, au défaut d'éducation morale, et donc à la défaite de 1940. L'auteur du rapport, Voivenel, fait le lien entre sport, patriotisme et régénérescence morale : « Le rugby à XV [...] conserve le bénéfice de la pureté absolue de ses origines opposée à la pollution de la dissidence[40]. »

La fin du rugby à XIII est décidée en décembre 1941 par un décret de Carcopino, secrétaire d'État à l'Éducation : « L'Association dite la Ligue française de rugby à XIII [...] est dissoute[41]. » Les 13 clubs professionnels et les 145 clubs amateurs sont supprimés. Son patrimoine mobilier et immobilier, saisi, est transféré « sans modification au Comité national des sports[42] » et se trouve en partie récupéré par la Fédération de rugby à XV. Le rugby à XIII français perd jusqu'à son nom et doit désormais s'appeler « jeu à XIII ». Même les amateurs sont interdits de pratique. C'est le seul sport totalement interdit par Vichy : d'autres, tels la boxe, le cyclisme ou le football, ont bénéficié de trois ans pour s'adapter.

À l'inverse, la Fédération de rugby à XV reçoit le soutien total du gouvernement de Vichy et notamment de Borotra : « Il faut que chacun d'entre nous s'astreigne à pratiquer un de ces sports où on apprend à affronter les chocs, les coups, les risques [dont] le rugby[43]. » Borotra organise un match de rugby à XV avec l'Espagne. Il mène des équipes de plusieurs sports, notamment le rugby (et la pelote basque : Borotra était basque !) en Afrique du Nord, lors de la Quinzaine impériale organisée entre fin avril et début mai 1941, dans une sorte de diplomatie du sport à l'attention des colonies.

Deux jours après le retour de Laval au pouvoir, Borotra est remplacé le 20 avril 1942 par Pascot, lui-même ancien joueur de rugby à XV. En 1943, celui-ci crée la Coupe du Maréchal, qui regroupe quatre disciplines, dont le rugby, sport « parmi les plus virils[44] ».

Le rugby à XV récupérant les vedettes du rugby à XIII, le championnat est rétabli en octobre 1942. À cause de la ligne de démarcation, il est divisé en deux parties, les vainqueurs de chacune s'affrontant en finale. La mode se répand jusque dans les cours de récréation : à l'école, les élèves les plus âgés jouent au rugby[45].

Et aujourd'hui ?

Le rugby à XV, devenu professionnel en 1995, domine presque exclusivement le rugby en France. Au plan international, l'équipe de France de rugby à XV fait partie des cinq meilleures du monde. Elle remporte régulièrement le Tournoi des Six Nations et s'est trouvée, en 2011, finaliste de la Coupe du monde.

Quelques tentatives de renouveau du rugby à XIII dans les années 1980 n'ont pas abouti. Les clubs sont toujours deux fois moins nombreux qu'en 1939. Mais, soixante ans après ces événements, un arrêt de justice lui a rendu son honneur. À la suite d'un arrêt de la Cour de cassation, la fédération peut depuis le 4 juin 1993 s'appeler « Fédération française de rugby à XIII[46] ».

Dans la mêlée, le rugby à XV l'a emporté, mais jusqu'à quand ?

Le handball, sport allemand

Le handball est un sport typiquement allemand qui s'est imposé sous l'Occupation et a prospéré en France jusqu'à faire de ce pays le champion olympique de cette discipline sportive.

Un peu d'histoire

Le handball est un sport né pendant la Première Guerre mondiale. Le premier règlement est proposé par des Allemands en 1917. Karl Schlelenz, professeur d'éducation physique à Berlin, le fait pratiquer à ses étudiants et propose, en 1924, les premiers championnats d'Allemagne de handball. Terme allemand, le mot *handball* (balle à la main) se prononce donc « and-balle », et non pas « and-bole », et se dit plus simplement « hand ».

Ce jeu est une adaptation du football qui se joue à la main et dont les règles, à l'origine, sont semblables : même nombre de joueurs (onze), même surface du terrain, même dimension du but. Le premier match international voit s'affronter en Allemagne, à l'automne 1925, l'Allemagne et l'Autriche. Parallèlement, une version à sept joueurs, en salle, se développe en Scandinavie. La Fédération allemande de handball est créée en 1933 et officialisée au Congrès sportif de Nuremberg, le 27 juillet 1935. Il s'agit du seul sport collectif qui ne soit pas d'origine anglo-saxonne.

Le handball fait son entrée en 1936 aux Jeux olympiques de Berlin et l'Allemagne remporte le tournoi de handball à sept. En 1938, l'Allemagne gagne les premiers championnats du monde, à sept et à onze, qu'elle organise. Le handball est surtout pratiqué dans les pays germaniques, nordiques et d'Europe centrale.

En Allemagne, l'État national-socialiste en fait le sport de base de l'armée. Le handball dispose d'atouts pour les militaires : sport collectif facile à pratiquer (il suffit d'un ballon et d'un terrain plat), peu de risque de blessures, parties courtes et dynamiques qui sollicitent membres supérieurs (lancer) et inférieurs (course), décisions à prendre rapidement. Tout cela rappelle l'activité d'un soldat en campagne. Au groupement nazi *Kraft durch Freude* (« La force par la joie ») qui s'installe en France et dont les activités sportives constituent un modèle, Göring souhaite « moins de joie et plus de force[47] ».

En France, le handball connaît des débuts timides dans l'entre-deux-guerres. Les régions situées à proximité de l'Allemagne s'y adonnent les premières. Ce sport se fait connaître à l'échelle nationale lors des Jeux universitaires de Paris de 1937. L'équipe de France est un agrégat de handballeurs occasionnels et ce sport reste à un niveau amateur[48].

Le handball sous Vichy

Sous l'influence de l'occupant, la « marche du handball se propage à cadence accélérée[49] ». Le nombre de licenciés passe de 250 en 1938 à 5 780 en 1944[50] et ce sport fait son entrée dans les programmes scolaires. La Fédération française de handball voit le jour le 1er septembre 1941. Le premier championnat de France masculin de handball à onze est organisé cette même année.

Parallèlement, le handball à sept bénéficie de matchs de propagande, organisés par le commissariat aux Sports, au Vélodrome d'hiver, à Paris. Les premiers de ces matchs sont inclus dans des manifestations omnisports en faveur de la jeunesse.

Comme d'autres sports étrangers, le handball fait l'objet d'une récupération patriotique : le mois de mai de l'*Agenda de la France nouvelle* de 1941 propose une rubrique sur les « jeux sportifs folkloriques », présentés comme « des jeux rudes et simples, vénérables ancêtres des sports modernes », issus des provinces françaises. À côté du tennis, qui vient de la longue paume, et même du très américain baseball, censé venir de la thèque languedocienne, figure le handball : « Nous vous reconnaissons bien, toi mail ou toi soule ou choule des Flandres, de Picardie et d'Île-de-France, même lorsqu'on t'appelle football ou handball[51]. »

Et aujourd'hui ?

Fin 1944, la Fédération française de handball est dissoute. La suivante ne peut naître qu'en juillet 1952. La progression de la variante à sept joueurs de ce sport s'est confirmée après-guerre. Le nombre de licenciés atteint 25 000 en 1964, puis 100 000 en 1976. Il est aujourd'hui de 400 000. Longtemps considéré comme un sport scolaire et universitaire, le handball arrive aujourd'hui sur le terrain des sports généralistes, grâce notamment aux excellents résultats de l'équipe nationale. L'équipe de France de handball est en effet la deuxième à remporter un titre olympique dans un sport collectif, en devenant championne du monde en 1995. Elle accumule depuis les plus grands succès : médaille d'or olympique en 2008, championnat d'Europe en 2010, championnat du monde en 2011, et se trouve invaincue entre 2008 et 2011. Ce sport allemand est devenu l'une des vitrines du sport français.

Vichy rebaptise les fédérations sportives

Sous la direction énergique de Jean Borotra, l'ancien joueur de tennis devenu commissaire aux Sports, des fédérations sportives changent de nom pour comporter l'adjectif « française » : ainsi la Fédération française de cyclisme remplace l'Union vélocipédique de France ; la Fédération des salles d'armes et sociétés d'escrime de France devient la Fédération française d'escrime. De nombreuses fédérations voient le jour, qui comportent bien sûr toutes le terme « française » dans leur intitulé : Fédération française de judo, de handball, de voile, de cyclotourisme, de hockey sur glace, de la montagne.

L'époque de Vichy est propice aux Fédérations françaises : ici, celle d'escrime. Le journal nazi Signal *rappelle que « l'escrime donne au corps souplesse, beauté et élégance ».* (Signal, *1er mai 1943)*

Le handball, sport spécifiquement allemand, fait partie des nouvelles pratiques sportives sous l'Occupation. Joué par les hommes et les femmes, il s'impose durablement en France. (Affiche de Bernard Villemot pour le commissariat général à l'Éducation et aux Sports, 1941)

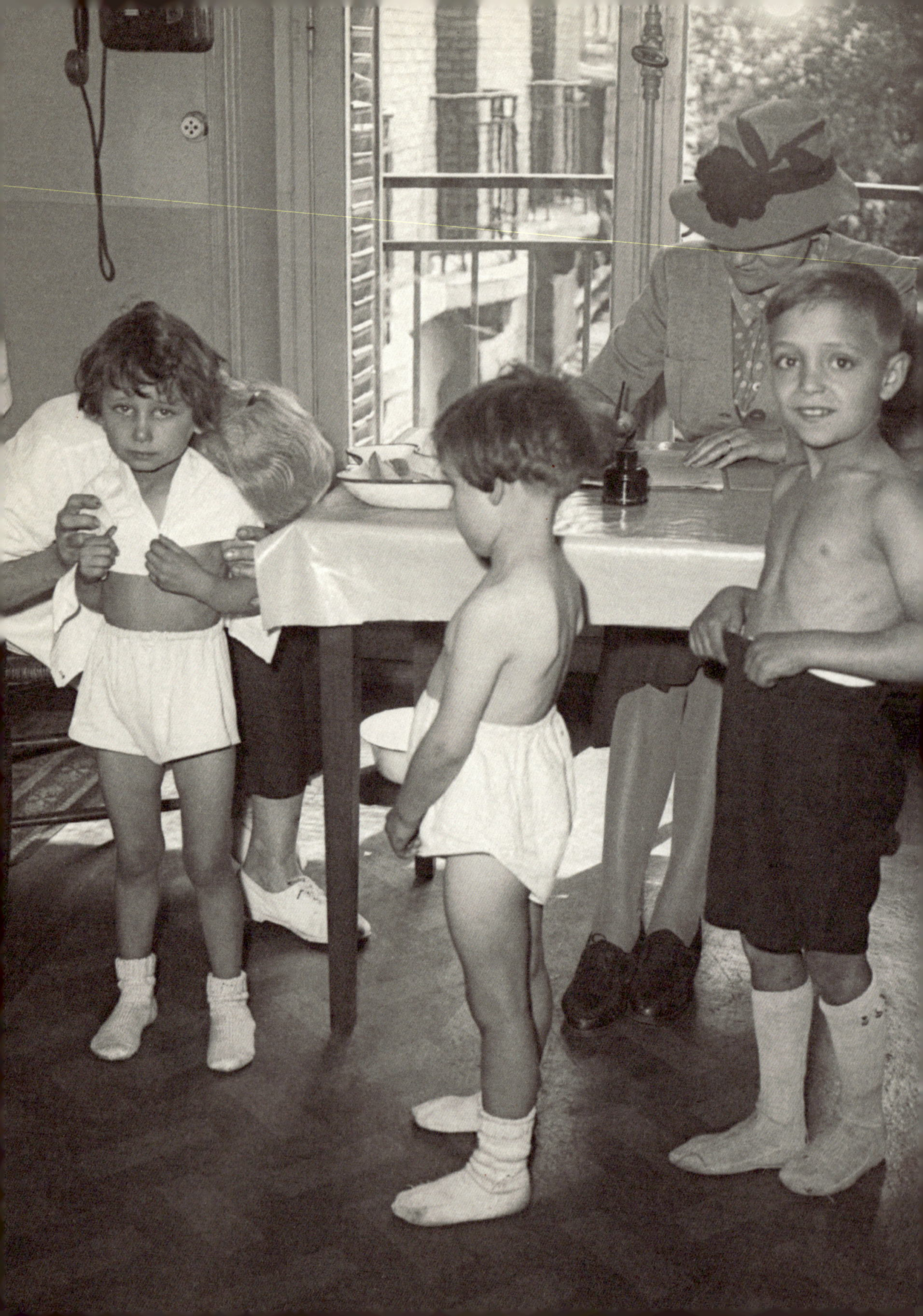

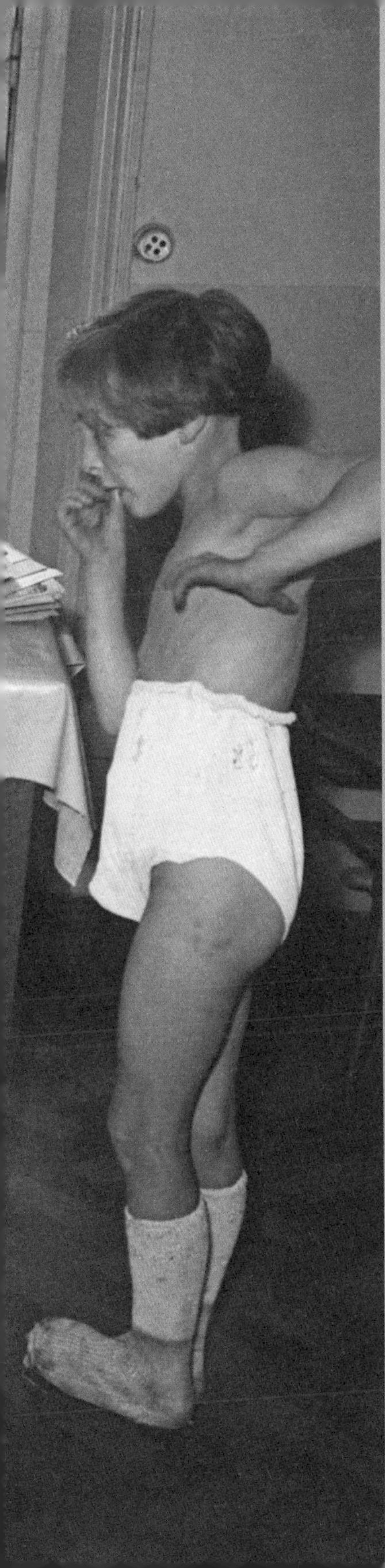

VII

Santé

La santé est l'un des domaines où l'influence de Vichy est la plus sensible, tant du point de vue de l'organisation des structures médicales – pratique, clinique, recherche – que de la création de nouveaux emplois paramédicaux.

La visite médicale obligatoire en milieu scolaire fait partie de la politique hygiéniste du gouvernement de Vichy. (Paris, 1944)

La fondation de l'hôpital public

La fondation de l'hôpital public est une initiative du gouvernement de Vichy créée par la loi de 1941 et renforcée par le décret de 1943.

Un peu d'histoire

Depuis l'âge classique, l'hôpital est réservé aux indigents – auxquels on préserve une vie sociale par une politique d'assistance par le travail – et aux fous – que l'on cherche à exclure de la société afin d'en protéger les membres –, comme l'ont montré les travaux du philosophe et historien Michel Foucault. Ce sont les legs, dons et subventions qui constituent ses revenus, auxquels participent les communes. Peu à peu, les missions de l'hôpital public s'étendent. De la charité, l'hôpital passe à l'assistance. La loi du 7 août 1851, considérée comme « la première charte hospitalière[1] », établit la fonction d'assistance publique à l'hôpital. En 1869, celui-ci se centre sur les malades et non plus sur les enfants assistés, qui ne sont plus de son ressort. Dans l'entre-deux-guerres, la loi du 5 avril 1928 crée les assurances sociales obligatoires pour tous les employés du commerce et de l'industrie. L'hôpital commence ainsi à tirer ses ressources des fonds publics.

Infirmier(e) hospitalier(e), un nouveau métier

Le personnel hospitalier change lui aussi de statut. Une nouvelle profession émerge. Celle d'infirmier(e) hospitalier(e) est créée par l'ordonnance du 28 août 1944 « portant validation et modification de l'acte dit loi n° 372 du 15 juillet 1943 relative à la formation des infirmiers et infirmières hospitaliers, à l'organisation et à l'exercice de leur profession[2] ». *In extremis*, mais le changement perdurera.

L'hôpital public sous Vichy

La loi de décembre 1941 « relative aux hôpitaux et hospices publics[3] » et le décret du 17 avril 1943, fondent l'hôpital public en tant qu'établissement sanitaire et social et pose les bases de l'institution moderne, en l'ouvrant à toutes les couches de la société, mais de manière payante. Les recettes de l'hôpital public changent ainsi de nature grâce à la généralisation et à l'extension du prix de la journée.

Cette loi instaure également la disparition des salles communes au profit de chambres à un ou deux lits. On passe ainsi « du secours aux pauvres à l'assistance aux malades[4] ». Elle renforce en outre la mainmise de l'État sur l'hôpital en créant la fonction de directeur, doté d'un pouvoir exécutif. Celui-ci est nommé par le préfet de département, comme l'ensemble du personnel médical.

Enfin, elle établit à l'échelle nationale un classement géographique des hôpitaux. Ceux-ci peuvent être des établissements à caractère communal (du type centre hospitalier général et régional), à caractère départemental (par exemple un centre hospitalier spécialisé en psychiatrie), ou enfin à caractère national (tel l'hôpital des Quinze-Vingts à Paris). Cette classification s'applique à tous les hôpitaux de France, hormis les hôpitaux psychiatriques.

Et aujourd'hui ?

La création de la Sécurité sociale, le 4 octobre 1945, est conçue au départ davantage « comme une assurance contre la perte de revenus que comme le moyen de garantir le financement des soins[5] ». Les soins aux malades étant désormais remboursés (tout ou partie), les hôpitaux publics font face à une fréquentation croissante. Et même si l'on distingue parfois en termes de qualité l'hôpital public du CHU (Centre hospitalier universitaire, créé par l'ordonnance de 1958, permettant la formation théorique et pratique des futurs professionnels médicaux, offrant un plateau technique développé et des services plus spécialisés), la structure de l'hôpital public en France vient sans aucun doute des transformations opérées sous Vichy.

Sous Vichy, la presse multiplie les reportages sur la transformation de l'hôpital public en France. On note la cigarette de l'interne de garde et la présence d'un chat : les règles d'hygiène ont évolué depuis. (La Semaine, *28 août 1941*)

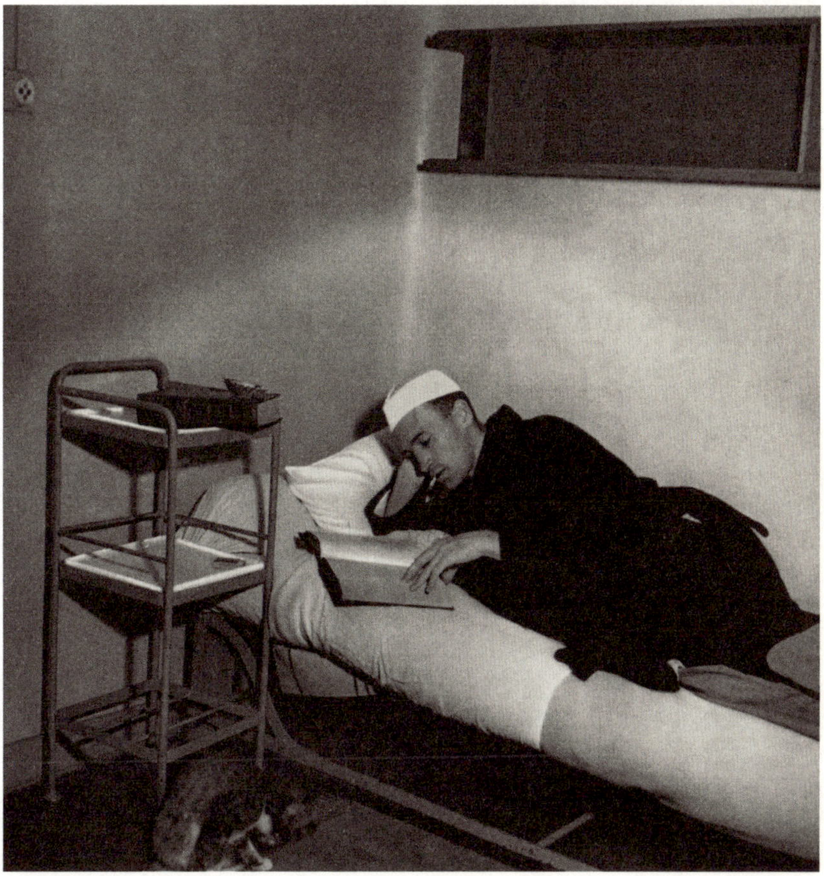

La médecine du travail

Dans la perspective d'une politique hygiéniste et sous influence de l'occupant préoccupé par les maladies contagieuses, une médecine spécifique est consacrée à chacune des catégories de population, particulièrement celles vivant en collectivité. Médecine scolaire pour les enfants, médecine du travail pour les adultes salariés. Vichy légifère à quatre reprises jusqu'en 1942 sur les conditions d'exercice de cette pratique. Une nouvelle profession est née.

Un peu d'histoire

En 1893, sous la IIIe République, un arrêté est promulgué pour combattre les épidémies. Dans une France encore largement rurale, cette intervention se fait à l'échelle nationale par le biais des communes. Trente-cinq mille maires et quatre-vingt-sept préfets sont ainsi chargés de faire appliquer la loi concernant les vaccinations antivarioliques.

Dans l'entre-deux-guerres, il existe un suivi médical des salariés limité à certaines grandes entreprises, mais il n'existe pas de médecine du travail proprement dite.

La médecine du travail sous Vichy

En 1941 est promulguée une loi « relative à la protection médicale du travail[6] ». L'organisation de services médicaux et sociaux du travail est mise en place[7]. Son action est destinée à dépister et prévenir les maladies en éloignant les éléments contagieux, faute de traitement curatif efficace.

Enfin, un comité permanent chargé d'élaborer la doctrine de la médecine du travail est instauré[8]. La création de cette profession contribue à « une avancée de la socialisation de la médecine[9] ».

Et aujourd'hui ?

Depuis la loi du 11 octobre 1946, la partie du Code du travail, intitulée « Santé et sécurité au travail », oblige les employeurs du secteur privé à créer des services médicaux du travail employant des médecins du travail. Ces derniers doivent passer un diplôme d'études spécialisées ou un certificat d'études en spécialité de médecine du travail pour exercer. Le rôle de ces praticiens, exclusivement préventif, consiste à surveiller les conditions d'hygiène des salariés, les risques de contagion et leur état de santé, et à dépister d'éventuelles maladies. La visite médicale est obligatoire tous les deux ans dans le privé. Sinon, elle peut être cause de rupture du contrat de travail, avec statut de licenciement abusif.

Depuis 2002, l'appellation a changé. Les services de médecine du travail s'intitulent services de santé au travail. Leur mission s'est étendue, notamment à « préserver la santé physique et mentale des salariés », en veillant aux ambiances de travail nocives – toxicité, éclairage, nuisances sonores, stress –, voire aux « contraintes morales » qui peuvent conduire au harcèlement.

Faute d'effectifs, le système serait au bord de l'implosion. Cette profession est peu valorisée et plus de la moitié des médecins ont dépassé cinquante-cinq ans. « Ce dispositif unique au monde pourrait s'éteindre[10]. » Espérons que non.

De l'Institut national d'hygiène à l'INSERM

Dans le cadre de sa politique familiale et hygiéniste, le gouvernement de Vichy donne naissance à l'Institut national d'hygiène (INH) en 1941.

L'Institut national d'hygiène sous Vichy

À l'automne 1940, un Comité consultatif d'hygiène de France est créé pour délibérer « sur toutes les questions intéressant la protection de la santé[11] ». Le domaine est vaste, tant d'un point de vue collectif qu'individuel. La notion de santé publique prend corps.

Le comité comprend initialement onze sections. Cinq d'entre elles sont attachées au soin des personnes : sections de l'enfance, tuberculose, maladies vénériennes, cancer, alcoolisme et toxicomanie. Les six autres concernent les moyens, naturels ou médicaux, pour maintenir la santé. Ce sont la section des laboratoires, sérums et vaccins, la section des eaux, de l'assainissement, de l'urbanisme et de l'hygiène rurale, la section des stations hydrominérales, climatiques et uvales, la section de l'alimentation (on y apprend que « nos aliments sont nos médicaments »), la section de l'épidémiologie et, enfin, la section de la propagande (contre la tuberculose) et de l'éducation sanitaire.

La loi de novembre 1941 promulgue la création de l'Institut national d'hygiène, sous l'égide du docteur Serge Huard, secrétaire d'État à la Santé de 1940 à 1942, à partir d'un projet du professeur de médecine André Chevallier, nommé directeur de l'INH en 1942. La mission de l'Institut consiste à réaliser des « travaux [de laboratoire] liés à la santé publique » et à « coordonner les enquêtes sanitaires menées dans le pays. [L'INH] est chargé de doter le pays de l'appareil de statistiques épidémiologiques qui lui fait défaut, mais également de recherches sur l'utilisation de vitamines pour pallier les pénuries alimentaires du fait de guerre[12] ».

La recherche médicale se trouve profondément modifiée par ces nouveaux objets auxquels elle s'attache, et au travers des moyens qu'elle se donne. L'INH comprend seulement quatre sections parmi les onze initialement retenues : section de la nutrition chargée de l'alimentation infantile (ancienne « section de l'alimentation »), section des maladies sociales attachées à l'étude de la tuberculose, de l'alcoolisme et de la syphilis, mais également du cancer (anciennes « sections de la tuberculose, des maladies vénériennes, du cancer et de l'alcoolisme ») vues sous leur angle sociétal, section de l'hygiène, essentiellement chargée des problèmes d'adduction d'eau et de médecine du travail (ancienne « section des eaux »), enfin section d'épidémiologie, qui reprend telle quelle l'ancienne section du même nom. L'approche est radicalement différente : la pratique, clinique ou non, et la recherche sont intimement liées. On peut être à la fois médecin et chercheur. Enfin, le budget alloué est important : quinze millions de francs en 1942, vingt et un millions en 1944. L'INH emploie une centaine de personnes en 1944.

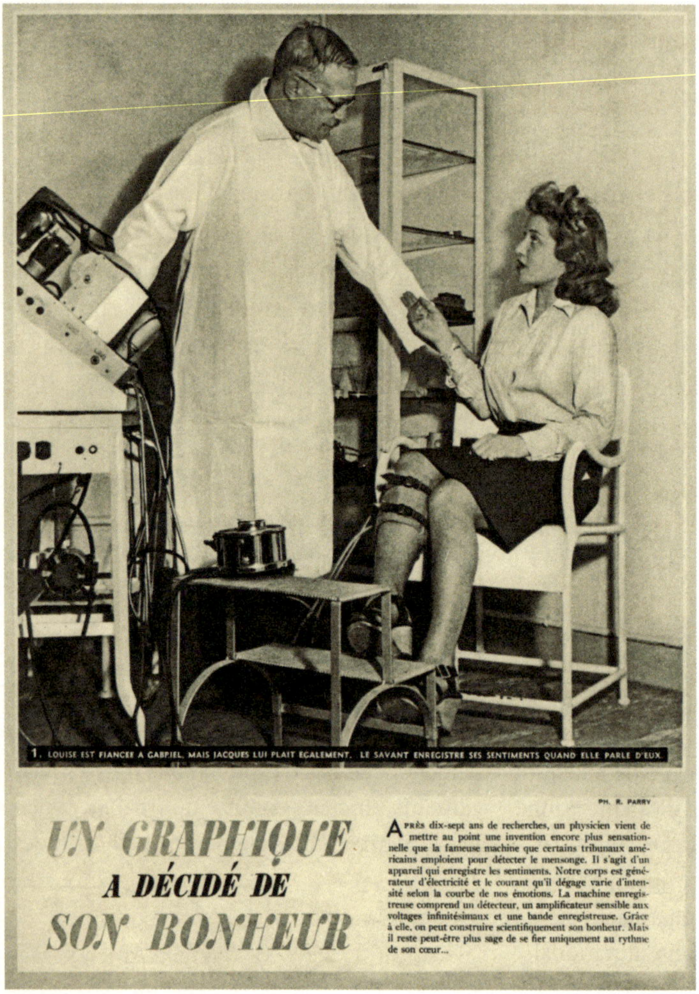
1. LOUISE EST FIANCÉE A GABRIEL, MAIS JACQUES LUI PLAIT ÉGALEMENT. LE SAVANT ENREGISTRE SES SENTIMENTS QUAND ELLE PARLE D'EUX.

PH. R. PARRY

UN GRAPHIQUE A DÉCIDÉ DE SON BONHEUR

Après dix-sept ans de recherches, un physicien vient de mettre au point une invention encore plus sensationnelle que la fameuse machine que certains tribunaux américains emploient pour détecter le mensonge. Il s'agit d'un appareil qui enregistre les sentiments. Notre corps est générateur d'électricité et le courant qu'il dégage varie d'intensité selon la courbe de nos émotions. La machine enregistreuse comprend un détecteur, un amplificateur sensible aux voltages infinitésimaux et une bande enregistreuse. Grâce à elle, on peut construire scientifiquement son bonheur. Mais il reste peut-être plus sage de se fier uniquement au rythme de son cœur...

« L'appareil qui enregistre les sentiments ». De quelle « section » relève cette invention digne du docteur Folamour ? L'Institut national d'hygiène en est à ses débuts. (La Semaine, *1er mai 1941)*

Et aujourd'hui ?

L'INH continue ses travaux à partir de 1946, sous la présidence de Robert Debré et la direction de Louis Bugnard. Un comité scientifique est installé à l'INH[13]. Les chercheurs sont institués en corps, leur hiérarchie alignée sur celle du CNRS : attachés, chargés, maîtres et directeurs de recherche. Cette disposition permet à une génération de jeunes médecins de consacrer davantage de temps à la recherche que leurs prédécesseurs.

L'Association Claude Bernard créée en 1952 et cofinancée par l'Assistance publique-Hôpitaux de Paris, des dons et divers legs, permet de mettre en place des groupes de recherche qui deviendront en 1964 les futures unités INSERM. Celles-ci sont numérotées dans le temps à partir de la première unité de recherche. Ainsi, l'INSERM a connu jusqu'ici près de mille directeurs d'unités de recherche. On peut travailler, par exemple, dans l'unité Inserm 687.

L'acronyme « INSERM » signifie Institut national de la santé et de la recherche médicale. Le mot « hygiène » a disparu de sa dénomination. Il s'agit aujourd'hui d'un institut de recherche qui s'appuie sur les Centres hospitaliers universitaires (CHU), créés en 1958 avec la réforme Debré. En 2008, il rassemble deux mille trois cents chercheurs et trois mille ingénieurs, techniciens et administratifs.

Enfin, depuis 1982, l'INSERM est placé sous la double tutelle des ministères de la Recherche et de la Santé et s'appuie sur un vaste réseau hospitalier. De Vichy, il n'est plus question.

L'autorisation de mise sur le marché pour un médicament

Depuis près d'un siècle et demi, l'organisation de la pharmacie est régie par la loi de Germinal an XI (11 avril 1803) qui en définit le cadre, même si un syndicat des pharmaciens voit le jour à la fin du XIXe siècle. Il faut attendre la loi de Vichy du 11 septembre 1941 pour créer, selon le mot d'un juriste, une « police de la pharmacie[14] ». Celle-ci met en place un certain nombre de protocoles, dont l'autorisation de mise sur le marché pour un médicament, désormais soumis au principe de précaution.

« La police de la pharmacie » sous Vichy

La longue loi de septembre 1941 « relative à l'exercice de la pharmacie » est fondamentale. « Il faut organiser la profession », titre ainsi l'une de ses parties[15]. Et de fait, de la production à la commercialisation, un protocole détaillé est rendu obligatoire. Les comités d'organisation des industries et du commerce des produits pharmaceutiques ont été mis en place quelques mois auparavant[16]. Une chambre des pharmacies siège dans chaque département. Au niveau national, il existe une Chambre des fabricants de produits pharmaceutiques située à Paris.

« Standardisation » est le mot clé : « Les médicaments seront vendus à l'avenir obligatoirement à un tarif national unique et ils devront être conformes aux exigences du Codex[17]. » La loi instaure ce qu'elle appelle des « bonnes pratiques » : indépendance, transparence et surtout principe de précaution (balance entre bénéfices et risques). Un médicament doit passer quatre groupes d'essai avant d'être mis en vente. D'abord, essai de conformité du médicament avec les données théoriques. Puis essais toxicologiques sur les animaux, suivis d'une confrontation de l'activité pharmacologique et toxicologique sur l'animal. Enfin, essais cliniques et pharmacologiques sur l'homme. Alors seulement l'autorisation de mise sur le marché est délivrée par le secrétariat à la Santé. « Celle-ci ne souffre d'aucune dérogation », comme le rappelle la loi.

Le Comité technique des spécialités reçoit les demandes de visa d'exploitation. Tous les médicaments, anciens comme nouveaux, doivent passer par ce protocole payant (2 000 francs).

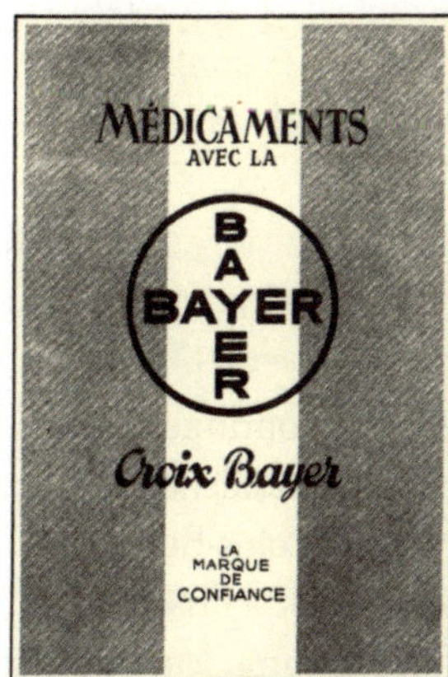

Le groupe chimique allemand Bayer, membre du conglomérat IG-Farben, s'implante aussi en France pour commercialiser un certain nombre de médicaments sous sa propre marque. (Publicité, La Semaine, *3 avril 1941)*

Le laboratoire français Rhône-Poulenc, via sa filiale Specia, s'est associé à l'allemand Bayer pour fabriquer et commercialiser l'aspirine, tout en donnant aux œuvres du Maréchal. On note la présence de la couleur. (Publicité, L'Illustration, *14 novembre 1942)*

Pendant la période 1941-1944, sur les 14 000 « anciens » médicaments pour lesquels est demandée l'autorisation de mise sur le marché, moins d'un tiers (4 000) reçoivent le visa. Et sur les 530 « nouveaux » médicaments, plus de 200 obtiennent leur visa d'exploitation[18]. Le paysage de la pharmacie s'en trouve bouleversé. La crème Mitosyl, par exemple, produite sous Vichy par les laboratoires Delagrange, est toujours en vente aujourd'hui.

Le décret du 5 octobre 1941 « autoris[e] la préparation et la mise en vente des produits visés par la loi du 14 juin 1934[19] », sans les nommer. En revanche, les laboratoires – seuls autorisés à les commercialiser – le sont. Il s'agit des « laboratoires Pasteur, de la Société parisienne d'expansion chimique [Specia] sise 21 rue Jean-Goujon à Paris VIIIe » et du laboratoire de « M. le Dr Roussel, 10 rue de Metz à Romainville ». Les affaires de la chimie allemande, alliée à la pharmacopée française, vont être florissantes. Le laboratoire français Rhône-Poulenc, via sa filiale Specia, s'est ainsi associé à l'allemand Bayer pour fabriquer et commercialiser l'aspirine.

Et aujourd'hui ?

À la différence d'un produit cosmétique, pour lequel aucune demande préalable avant la mise en vente n'est à faire, le médicament est soumis au principe de précaution. L'ordonnance du 23 septembre 1967, reprise dans le Code de la santé publique, a réinstauré une procédure d'autorisation de mise sur le marché. Ce processus nécessite de la part du fabricant de vérifier l'innocuité du produit dans les conditions normales d'emploi et leur intérêt thérapeutique. Elle maintient l'expérimentation des traitements sur l'homme. Les protocoles mis en place par Vichy demeurent ainsi pratiquement inchangés. Cependant, par l'arrêté du 20 mai 1975, la jurisprudence française invoquant « le caractère inaliénable du corps humain » interdit les essais sur l'homme.

Depuis 1999, l'Agence française de sécurité sanitaire des produits de santé (AFSSAPS), (anciennement Agence du médicament, elle-même issue de la Direction de la pharmacie et du médicament sous Vichy) et sa toute-puissante Commission d'autorisation de mise sur le marché, est un établissement public qui examine les risques sanitaires soulevés par un médicament avant de délivrer l'autorisation d'exploiter. Dirigée par un professeur de médecine, dotée d'un budget de cent onze millions d'euros en 2011, elle emploie mille salariés et deux mille experts réguliers ou occasionnels. Ceux-ci possèdent parfois une société de conseil… financée par des laboratoires[20]. Les choses ont-elles véritablement changé ?

La formule d'emploi des sulfamides

La formule d'emploi des sulfamides, puissant médicament anti-infectieux mis au point en 1941, est relayée par le gouvernement de Vichy et certains laboratoires pharmaceutiques qui jouent un rôle essentiel dans sa production et sa commercialisation. Vichy ne légifère pas explicitement à ce sujet, mais donne carte blanche en 1941 à quelques laboratoires, pour leur plus grand profit.

Une découverte de l'entre-deux-guerres

Depuis l'entre-deux-guerres, les grands laboratoires allemands et français sont à la recherche d'agents anti-infectieux, et mènent une « guerre » que le prix Nobel Daniel Bovet nomme plaisamment celle du « rouge » contre le « blanc[21] ». En effet, en 1935, aux laboratoires Bayer à Wuppertal – Bayer fait partie du puissant conglomérat IG-Farben qui fabrique des substances colorantes –, le chimiste Gerhard Domagk découvre l'action antimicrobienne d'un produit rouge, la sulfamidochrysoïdine. Le Prontosil, premier médicament antibactérien, est né. Domagk recevra le prix Nobel en 1939 pour ses recherches.

De son côté, à la même époque, le chercheur Daniel Bovet, d'abord engagé par Rhône-Poulenc, rejoint l'équipe de chimie thérapeutique de l'Institut Pasteur dirigée par Ernest Fourneau et composée de Jacques et Thérèse Tréfouël et du microbiologiste Federico Nitti. Ensemble, ils développent la découverte de leur confrère allemand Domagk et découvrent la même année, en 1935, un produit blanc, le P. amino phényl-sulfamide, aussi actif que le produit rouge, surnommé « le moteur blanc de la carrosserie rouge[22] ».

Les sulfamides sous Vichy

En 1941, Tréfouël est nommé directeur de l'Institut Pasteur par Louis Pasteur Vallery-Radot, le petit-fils du fondateur. La formule d'emploi des sulfamides connaît alors un formidable essor avec le sulfadiazine, dont le médicament est connu sous le nom de Dagénan, capable de guérir les blessures et certaines maladies vénériennes, telle la blennorragie. Des centaines de milliers de vies de civils et militaires sont sauvées. Dans le contexte de l'Occupation, ce médicament est le résultat d'une étroite collaboration entre l'occupant et l'Institut. La société IG-Farben (Bayer) sert de médiateur en montant à Auschwitz une unité de production avec main-d'œuvre gratuite[23] et – il est permis de le supposer – cobayes humains.

Et aujourd'hui ?

On évite d'administrer trop de sulfamides, qui peuvent provoquer des effets indésirables, notamment allergies cutanées, calculs rénaux et altération de la moelle osseuse. On lui préfère la pénicilline, plus efficace – une découverte qui arrive après-guerre en Europe.

Le carnet de santé et le carnet de vaccination

Dès l'été 1941, le gouvernement de Vichy instaure l'obligation pour tout adulte de posséder un carnet de vaccination qui l'accompagne tout au long de sa vie et doit régulièrement être mis à jour par un médecin. En 1942, un carnet de santé est imposé à chaque enfant. La possession de ce nouvel outil de suivi médical est une première. Il est mis en place à l'échelle nationale.

Le carnet de vaccination pour l'adulte

Chaque adulte est assujetti à un carnet de vaccination et se voit administrer deux vaccins contre la diphtérie et le tétanos. L'organisation des vaccinations dépend du secrétariat d'État à la Famille et à la Santé, dirigé par le Dr Huard.

Le décret d'août 1941 est explicite : « Au vu du fichier des vaccinations, le maire établit, chaque année, au plus tard le 15 mars, en double exemplaire, les listes des assujettis de l'année aux vaccinations antidiphtérique et antitétanique[24]. » En attendant la mise en place d'une infrastructure médicale à l'échelle nationale, les maires des communes sont chargés de tenir ce fichier de vaccinations, par la fourniture notamment de listes des personnes à vacciner ou à revacciner. Pour la première fois, le contrôle médical d'une population est en cours de réalisation. Parallèlement, l'« assujetti » peut se faire vacciner par le médecin de son choix, qui porte alors les « indications » sur son carnet de vaccination.

Le carnet de santé pour l'enfant

En même temps qu'est mise en place la protection maternelle et infantile, intitulée « protection de la maternité et de la première enfance », Raymond Grasset, secrétaire d'État à la Santé sous le gouvernement Laval, instaure en décembre 1942, le carnet de santé : « Tout enfant est pourvu d'un carnet de santé délivré gratuitement par le maire lors de sa déclaration de naissance[25]. » Encore une fois, le maire constitue le relais.

Le carnet de santé établit une sorte d'identité médicale de l'enfant, qui l'accompagne et lui tient lieu de sésame. En effet, « l'admission dans les collectivités d'enfants (crèches, pouponnières, garderies, écoles, colonies de vacances… tous établissements publics ou privés d'enseignement) est refusée aux mineurs qui ne peuvent présenter un carnet de vaccination[26] ». À jour, naturellement.

Dans une démarche désormais coutumière, la presse accompagne cette loi par la parution de chroniques. L'article « Politique de la famille » paru dans *Paris-Soir*[27] en salue l'initiative.

Et aujourd'hui ?

Le carnet de santé pour l'enfant existe toujours, selon les mêmes modalités que celles instaurées sous Vichy, hormis le fait que l'officier d'état civil ou la maternité le remettent eux-mêmes. Il accompagne l'enfant jusqu'à seize ans. Utilisable en tant que certificat de vaccination, il comporte

Un carnet de santé est remis à chaque enfant dans les écoles primaires. Certaines vaccinations, devenues obligatoires, doivent être notifiées. (Janvier 1944)

les données médicales de l'enfant qui doit obligatoirement passer trois examens de santé avant ses six ans. Quant au carnet de vaccination pour l'adulte, il n'a plus de caractère obligatoire, mais il est conseillé.

De quelques vaccins

La politique hygiéniste menée par le gouvernement de Vichy s'accompagne d'une démarche de prévention systématique, à une époque où un certain nombre de maladies contagieuses sont incurables. Mais elle nécessite également recherche et expérimentation. Souvent en partenariat avec l'occupant, un certain nombre de laboratoires publics et privés mettent au point des vaccins et les commercialisent à grande échelle. Le gouvernement de Vichy légifère sept fois à ce sujet entre 1940 et 1942, favorisant ainsi le développement de laboratoires publics et d'instituts privés.

Un peu d'histoire

Il existe un certain nombre de maladies contagieuses incurables et souvent mortelles – typhoïde, diphtérie, tétanos, tuberculose... Depuis les travaux de Pasteur en France et les investigations menées par des savants allemands, les recherches sur les vaccinations avancent à grands pas. Elles vont passer à l'ère industrielle avec le gouvernement de Vichy.

Les vaccins sous Vichy

Depuis une loi de novembre 1940, le Comité consultatif d'hygiène de France délibère « sur toutes les questions intéressant la protection de la santé », notamment celles de l'épidémiologie, des sérums et des vaccins.

Vaccins antitétanique et antidiphtérique

Depuis 1941[28], il existe deux vaccins obligatoires pour l'adulte : le vaccin antitétanique et le vaccin antidiphtérique. Le tétanos, maladie qui s'attrape au contact d'éléments souillés par des excréments d'animaux, est fréquent dans une France largement rurale. La diphtérie, appelée autrefois le « croup », est quant à elle une angine qui peut être mortelle.

Au début de l'année 1942, le secrétariat d'État à la Santé et à la Famille dirigé par le docteur Serge Huard, promulgue un arrêté limitant la consommation du sérum antidiphtérique[29]. Il est permis de penser que les soldats de l'armée allemande en bénéficient au moment où les combats se déroulent en Afrique du Nord.

Vaccin anti-typhique

La typhoïde est une maladie infectieuse qui s'attrape en consommant des aliments ou des eaux souillés.

En France, la fabrication et la mise en vente du précieux vaccin sont réservées à un nombre restreint de laboratoires. La loi de l'automne 1940[30] institue l'obligation de la vaccination « antityphoparatyphoïdique » pour certaines catégories de personnes. Le décret de 1941 « autoris[e] la préparation et la mise en vente des produits visés par la loi du 14 juin 1934 dans certains établissements[31] », dont celui du laboratoire de « M. le Dr Mérieux, 17 rue Bourgelat à Lyon, pour un vaccin injectable et buvable contre les typhoïdes, les paratyphoïdes et brucelloses ». Le docteur Charles Mérieux (1907-2001), médecin et chef d'entreprise lyonnais, dirige depuis 1937 l'Institut du même nom, fondé par son père. L'Institut va également fournir des millions de vaccins antitétaniques à l'armée allemande. Ce laboratoire, comme un certain nombre d'autres, passe ainsi à l'ère industrielle.

À l'automne 1943, l'exploitation à large échelle du sérum anti-typhique fait l'objet d'articles élogieux : « Grâce au nouveau sérum du Pr Vincent, la typhoïde est vaincue/Lyon, 30 septembre. » L'article se garde bien de mentionner la collaboration de l'Institut Pasteur avec l'occupant allemand depuis 1941. Leurs travaux communs permettent la commercialisation d'un vaccin anti-typhique à large échelle pour l'armée allemande[32].

Et aujourd'hui ?

Le rapport aux vaccins et à la vaccination semble avoir changé. La plupart de ces vaccinations n'ont plus de caractère obligatoire depuis 2007, sauf le tétanos qui le reste avant dix-huit ans, et dont on meurt encore aujourd'hui.

Concernant la vaccination anti-typhique (qui s'appelle aujourd'hui anti-typhoïdique), le vaccin TAB (vaccin antityphoïde et paratyphoïde A et B) a été utilisé jusqu'en 1989. Cependant, en raison d'une primovaccination longue et d'effets secondaires fréquents, c'est un autre vaccin, le Typhim Vi, qui lui est actuellement préféré. Il est conseillé dans le cadre de certains voyages.

La visite médicale obligatoire à l'école

Vichy instaure à la fin de 1941 la visite médicale obligatoire à l'école, en mettant l'accent sur la prévention des maladies contagieuses.

Un peu d'histoire

La visite médicale en milieu scolaire s'inscrit dans le courant hygiéniste de l'entre-deux-guerres, mais ne présente aucun caractère systématique et obligatoire. Prophylaxie, prévention et dépistage en sont les maîtres mots, à défaut de connaître des traitements curatifs pour les maladies contagieuses, telle la tuberculose. L'aération, l'espace et la chaleur des locaux scolaires sont préconisés et s'inscrivent dans un projet de constructions urbaines propres à ces collectivités.

Le Front populaire s'intéresse d'abord aux tout-petits, puis aux élèves avant de soigner les étudiants. Ils doivent pratiquer un sport en plein air, mais aussi être suivis médicalement. Jean Zay, ancien ministre de l'Éducation nationale, note ainsi : « Un décret-loi créa la "médecine préventive", l'examen obligatoire des élèves et bientôt des étudiants. L'éducation physique devenue obligatoire, la demi-journée de plein air allait être de règle dans tous les établissements[33]. »

Le « contrôle médical » sous Vichy

Sous le gouvernement de Vichy, la visite médicale prend le nom de « contrôle médical » ou « inspection médicale » et revêt un caractère obligatoire. La presse collaborationniste se fait largement l'écho de ces mesures présentées comme nouvelles. Le but est toujours le dépistage des maladies contagieuses afin d'empêcher leur propagation. « Obligation de soins à l'école/L'inspection médicale à l'école/Jusqu'à 10 ans : une visite par trimestre/À partir de 10 ans : une par semestre », titre ainsi *Paris-Soir*[34] dans l'éditorial signé de son rédacteur en chef, Raymond Manevy. La une du mois suivant apporte des précisions : « Le contrôle médical de la jeunesse est organisé dans toute la France. Il sera réalisé progressivement dans tous les établissements d'enseignement et dans les sociétés sportives[35]. » Des préceptes d'hygiène sont inculqués. La santé est étroitement liée à la prévention et au dépistage systématiques.

C'est pourquoi tout enfant atteint de maladie est retiré de la collectivité. Le carnet de vaccination mis en place depuis 1942 constitue à la fois un outil de contrôle et un sésame : « L'admission dans les collectivités d'enfants [...] est refusée aux mineurs qui ne peuvent présenter un carnet de vaccination[36]. » Sous Vichy, on assiste à la mise en place d'une véritable politique de santé publique.

Et aujourd'hui ?

La visite médicale au cours de la scolarité existe toujours, mais elle est désormais annuelle, tant au cours de la scolarité que de la vie professionnelle. Les services de santé scolaire sont composés de médecins, d'infirmiers et d'assistantes sociales. Tout est mis en œuvre pour la prévention, la vaccination et le dépistage : bilan de santé au cours de la sixième année de l'enfant, dépistage de troubles du langage, contrôle des vaccinations et de l'hygiène des locaux.

La médecine scolaire

La médecine préventive adaptée à l'enfant en milieu scolaire est une initiative du Front populaire, mais le gouvernement de Vichy la systématise en 1941 en instaurant une formation spécifique pour le médecin scolaire. C'est ainsi que le journal *Paris-Soir* annonce la création d'une médecine qualifiée pour « le contrôle médical de la jeunesse organisé dans toute la France[37] ». Le médecin doit en effet passer un examen de spécialité, intitulé Certificat d'aptitude au contrôle médical, appointé par le Commissariat général à l'Éducation générale et aux Sports.

Entre 1940 et 1942, la question des soins prodigués à l'enfant se trouve prise entre deux instances : le domaine individuel et familial relève du secrétariat général à la Famille et à la Santé, représenté par le docteur Huard ; le domaine de l'enfant inscrit dans une collectivité scolaire ou sportive relève, quant à lui, du secrétariat à l'Éducation générale, à la Jeunesse et aux Sports, dirigé par Carcopino. « Il nous arrivait souvent, en raison de l'antagonisme, permanent, insoluble et d'ailleurs cordial, entre les Facultés de médecine et l'Assistance publique, d'examiner ensemble [avec le Dr Serge Huard] les questions pendantes entre nos deux départements[38] », témoigne Carcopino. Les soins prodigués en milieu scolaire relèvent de ce dernier.

L'ordonnance du 11 octobre 1946 crée un service de santé scolaire. Le différend quant à la prise en charge de l'enfant est temporairement tranché entre le ministère de l'Éducation nationale et celui de la Santé. Le premier prend en charge cette mission jusqu'en 1964, puis le second jusqu'en 1984, avant de revenir, depuis, au premier, le ministère de la Santé gardant un « droit de regard » sur les activités de l'Éducation nationale.

Aujourd'hui, la médecine scolaire comporte trois volets : prévention, dépistage et vaccination. Concernant la prévention, seul un examen obligatoire de l'enfant permet de conduire un dépistage. Concernant la vaccination, celle-ci a été obligatoire de 1950 à 2007. Quant au rôle social tenu par l'institution scolaire, celui-ci s'est encore élargi. La médecine scolaire intervient à titre alternatif à la cellule familiale. Protectrice, correctrice, réparatrice, elle concerne aussi bien les troubles du langage que celui des signalements à l'assistante sociale en cas de maltraitance.

Le certificat prénuptial

Dans une démarche inspirée par l'eugénisme et incluse dans la loi sur la protection maternelle et infantile, le gouvernement instaure, en décembre 1942, le certificat prénuptial obligatoire.

Les « précautions prématrimoniales », un modèle allemand

Le gouvernement de Vichy rythme les temps de la vie en marquant de son empreinte naissance, mariage et maternité. De même que l'enfant reçoit à sa naissance un carnet de santé, les futurs mariés doivent passer un examen prénuptial, lui aussi obligatoire, qui donne lieu à un certificat, sorte de carnet de santé des futurs parents.

Au début de l'année 1941, le journal *Paris-Soir* annonce les deux mesures en même temps[39]. Celles-ci sont présentées comme la « décision du secrétariat général à la Santé et à la direction de la Famille », en l'occurrence le docteur Serge Huard. « Le nouveau statut de la maternité/Les fiancés seront astreints à un examen prénuptial/Jusqu'à six ans, les enfants seront soumis à une surveillance sanitaire », titre le journal. La future mariée est donc avant tout considérée comme une future mère, puisque son statut englobe déjà celui de son enfant. Le modèle est explicitement celui de l'Allemagne nazie, l'*Ehetauglichkeitszeugnis*, littéralement « certificat d'aptitude au mariage ». « Ce qui se fait à l'étranger/Actuellement, l'Allemagne et les pays qui ont adopté certaines précautions prématrimoniales[40] », poursuit *Paris-Soir.*

À l'automne 1941, nouvelles explicitations dans la presse : « Le principe est admis du certificat prénuptial/[...]/Chaque postulant au mariage devra, lors du dépôt de ses papiers à la mairie, joindre à ses papiers d'identité un certificat attestant que tel médecin certifie avoir examiné M., Mme ou Melle X en vue de son mariage[41]. » La loi sur la protection maternelle et infantile est promulguée par le gouvernement de Vichy quelques mois plus tard, sous la responsabilité de Raymond Grasset, secrétaire d'État à la Santé. « Pour la première fois apparaît dans la législation française une mesure d'eugénisme : le certificat d'examen médical avant le mariage, qui devient obligatoire, tout en ne restreignant en aucune façon la possibilité du mariage[42]. » L'eugénisme revendiqué est surtout un hygiénisme social, avec des mesures visant à empêcher par la protection de la femme enceinte, des tares que l'on croit alors héréditaires, telles la tuberculose et la syphilis. Mais cette mesure prend également la forme d'une politique nataliste et de soutien familial. La loi protège la future mère et son enfant pour les inclure dans un certain nombre de mesures protectrices, visant notamment à diminuer la mortalité à l'accouchement et dans la petite enfance. Mais cette loi a aussi pour but de détecter des maladies vénériennes, notamment la syphilis, contre laquelle aucun traitement curatif n'existe. L'examen prénuptial comprend en effet une prise de sang.

Chacun des futurs époux doit se présenter séparément pour l'examen moins de trente jours avant la cérémonie et obtenir un certificat portant la mention : « A été examiné(e) en vue du mariage[43]. »

avant le mariage

POUR SE MARIER

il faut :

1° UN ACTE DE NAISSANCE

datant de moins de trois mois. Le futur époux doit être âgé de 18 ans au moins, et la future épouse de 15 ans au moins.

2° UN CERTIFICAT DE DOMICILE

Le mariage peut être célébré à la mairie, soit du domicile du futur époux, soit du domicile de la future épouse. Cette domiciliation est acquise par une habitation continue d'au moins un mois.

3° LE CONSENTEMENT DES PARENTS

de chacun des deux futurs époux, lorsque ceux-ci n'ont pas atteint encore leur vingt et unième année. Le dissentiment entre le père et la mère de l'un des futurs époux n'empêche pas le mariage. En cas de décès du père ou de la mère, le consentement du survivant suffit. En cas de décès des deux parents, leur consentement doit être remplacé par celui des aïeuls paternels et maternels. En cas de décès de tous les ascendants, c'est le conseil de famille ou de tutelle qui doit donner son consentement.

4° POUR LES MILITAIRES

autorisation de leurs chefs, s'il y a lieu.

5° UN CERTIFICAT DE NOTAIRE

s'il y a contrat de mariage.

6° UNE DISPENSE D'AGE OU DE PARENTE

s'il y a lieu. Cette dispense doit être demandée au Chef de l'Etat par l'intermédiaire du Procureur de l'Etat Français.

7° UN CERTIFICAT MEDICAL

datant de moins d'un mois, et attestant, à l'exclusion de toute autre indication, que l'intéressé a été examiné en vue du mariage.

8° DECLARER LES ENFANTS A LEGITIMER

En effet, après le mariage, un enfant né avant la célébration de ce dernier, ne peut plus être reconnu que par jugement.

voici les formalités à remplir

1. Déposer les pièces à produire à la mairie où aura lieu le mariage.
2. La mairie procède à la publication des bans, qui dure 10 jours. Elle délivre un certificat de non-opposition qui est à joindre aux pièces à produire.

Le mariage peut alors être célébré

CERTIFICAT PRÉNUPTIAL

Toute personne qui va se marier, souhaite ardemment être assurée de pouvoir fonder une famille saine.

Pour aider à la réalisation de ce vœu, la loi oblige désormais chacun des futurs époux à présenter un certificat d'examen médical (1). Ce certificat peut être délivré par tout médecin, au choix du consultant, et ne comporte aucune indication sur le résultat de l'examen, qui est couvert par le secret professionnel. Seul, l'intéressé connaît l'avis favorable ou défavorable du médecin, et se trouve ainsi instruit de ses responsabilités et éventuellement averti d'un danger pour sa descendance.

La seule obligation matérielle faite à tous les Français, candidats et candidates au mariage, est celle de se faire examiner médicalement. Chacun reste ensuite libre d'agir selon ce que lui dicte sa conscience.

Les frais de l'examen médical obligatoire incombent :

aux Caisses d'Assurances sociales pour les assurés sociaux ;

au Service de l'Assistance médicale gratuite pour les indigents ;

aux intéressés eux-mêmes dans les autres cas.

DONATIONS AUX MARIAGES

Pour assurer la conservation des patrimoines dans les familles, il y a intérêt à favoriser les donations par contrats de mariage.

C'est pourquoi, ces donations bénéficient d'une réduction de droits de 25 % (2).

(1) J. O. du 22 décembre 1942.
(2) J. O. du 15 mars 1942.

Sous influence allemande, Vichy multiplie les informations sur le certificat prénuptial et procède à une médicalisation du mariage et de la maternité. (« Le Maréchal protège la famille », opuscule publié dans L'Espoir français *en 1943.)*

Et aujourd'hui ?

En France, toute tentative eugéniste relève du Code pénal et se trouve sévèrement punie. Le certificat prénuptial, qui figure dans le Code civil et celui de la santé publique, est resté obligatoire jusqu'en 2007. Depuis 2008, il est seulement conseillé. L'objectif de l'examen est triple : bilan médical, prévention obstétricale, information des jeunes époux (grossesse, contraception, maladies sexuellement transmissibles, hygiène de vie…). L'examen proposé n'est plus obligatoire.

Cependant, dans une certaine mesure, un certain eugénisme persiste. « Une consultation de conseil génétique peut être proposée en cas d'antécédents connus de maladie génétique dans la famille », dit la loi. Et comme sous Vichy, le médecin ne peut ni interdire le mariage ni informer l'un des deux époux d'une anomalie qu'il aurait détectée chez l'autre futur conjoint.

Aujourd'hui, un enfant sur deux naît hors mariage. Le certificat prénuptial existe toujours, mais il a moins de sens.

La protection maternelle et infantile

La protection maternelle et infantile, qui s'intitule « protection de la maternité et de la première enfance », est instaurée par le gouvernement de Vichy en 1942. Cet important système d'assistance propre à la mère et à l'enfant s'inscrit dans une politique nataliste et familiale.

La protection de la maternité et de la première enfance sous Vichy

Par la loi de 1942, la médecine préventive s'étend « à la protection de la maternité et de la première enfance ». Son domaine d'application est double, puisqu'il concerne la « surveillance sanitaire préventive ainsi que sociale[44] ».

La protection médico-sociale maternelle et infantile est organisée dans la « région sanitaire » de France dont relèvent la mère et l'enfant. Chaque région, qui dépend du directeur régional de la Santé et de l'Assistance publique, est divisée en circonscriptions, appelées « centres de PMI », dans le cadre du département.

La surveillance sanitaire préventive est indissociable de la prévention sanitaire sociale : les conditions d'hygiène de vie influent sur la santé. Concernant la mère, il est stipulé que « toute femme enceinte doit [...] faire l'objet d'au moins deux examens au cours de sa grossesse[45] ».

La mort en couches est en effet encore importante en 1940. Côté aide sociale, les mères reçoivent des « allocations journalières » mises en place sous Vichy. Quant à l'enfant, la mort du nouveau-né (17 000 cas en 1942) et les maladies souvent mortelles de la petite enfance faute de vaccins, sont encore des phénomènes importants. La maladie est aussi un effet du paupérisme : promiscuité, manque d'hygiène entraînent la contamination. L'enfant est pris dans son individualité, mais également considéré comme faisant partie d'une collectivité. « Jusqu'à l'âge de six ans révolus, tous les enfants sont l'objet d'une surveillance sanitaire préventive ainsi que sociale[46]. » La notion de « petite enfance » est née, avec ses besoins spécifiques.

Pour cela, vont être pris en compte dans chaque centre, les « éléments concourant à la protection de la maternité et de la première enfance ». Les moyens mis en œuvre consistent en une consultation de médecine générale, une consultation prénatale, un service d'accouchement (on accouche encore beaucoup à la maison), un service antivénérien, une consultation antituberculeuse (syphilis et tuberculose n'étant toujours pas curables), une consultation pour nourrissons et une autre de pédiatrie. Au total, sept services par centre offrent des soins gratuits, sans compter le personnel afférent. C'est une petite révolution – une petite Révolution nationale, sans aucun doute. Tout est fait pour encourager la mère à procréer et les enfants à croître en bonne santé. Et de fait, les statistiques montrent une progression de la natalité pendant ces années-là : 542 000 naissances en 1942, 590 000 en 1943[47], soit un bon de 8 %. Le *baby-boom* n'a pas eu lieu, comme on le croit communément après-guerre, mais il a commencé sous le gouvernement de Vichy.

Et aujourd'hui ?

La protection maternelle et infantile (PMI) est une loi importante et toujours d'actualité, remise en vigueur par l'ordonnance du 2 novembre 1945. Désormais régie par le conseil régional, la PMI a un effet correctif et réparateur. Ses objectifs ont depuis évolué, puisqu'elle conseille désormais en matière de contraception. La dimension sociale est prédominante par rapport à l'action préventive. Elle emploie médecins, sages-femmes, infirmiers et assistants du service social qui lui sont spécifiquement dédiés.

L'examen prénatal est toujours en vigueur et conditionne le versement de prestations sociales. L'esprit nataliste qui a présidé à l'instauration de la loi de 1942 – repeupler la France de beaux enfants nés de mères bien portantes – conserve cependant une certaine ambiguïté. Quel est le sens des visites prénatales où l'on peut conseiller un test génétique en cas d'antécédents familiaux ?

Le régime de Vichy s'intéresse aux petits. De nouveaux besoins sont créés et de nouveaux marchés naissent au bénéfice de certaines sociétés. Ici, une publicité pour les « petits pots » d'une marque alimentaire bien connue. (L'Illustration, 31 janvier 1942)

Massage et kinésithérapie

Sous l'influence de l'occupant, le gouvernement de Vichy légifère en 1943 et 1944 sur de nouveaux métiers de la santé qui n'existaient pas ou très peu en France, telle la massothérapie, ou soins par les massages. Cette nouvelle profession paramédicale nécessite une formation et la délivrance d'un diplôme.

Un peu d'histoire

Pendant la seconde moitié du XIXe siècle, la pratique des massages connaît un certain essor en France, avec le développement des activités sportives, dont la gymnastique. L'Allemagne sert de source d'inspiration. La pratique manuelle du massage à caractère médical qui associe le mouvement (kinésithérapie) et les massages (massothérapie) est en effet liée aux gymnastes médicaux allemands. Le docteur Metzger (1838-1909) à Bonn et le professeur Isaac Zabludowsky à Berlin font école. En France, le courant thermaliste du docteur Jean Estradère s'en inspire. Cependant, dans une France encore largement rurale, la visite au « rebouteux » prédomine dans les campagnes. Mais la Première Guerre mondiale, qui impose de soigner et rééduquer les blessés de guerre, va créer de nouveaux besoins.

De la massothérapie à la kinésithérapie

Avec le gouvernement de Vichy, un certain nombre de lois instituant la formation et la délivrance d'un diplôme paramédical, dont celui de massothérapeute vont être promulguées. Toutes ces professions ont en commun de voir le jour tardivement, dans une période comprise entre 1943 et juin 1944.

En janvier 1943 est institué le brevet professionnel de masseur médical, qui autorise « sur ordonnance médicale descriptive, qualitative et quantitative, l'exercice de la massothérapie[48] ». Au programme des épreuves de l'examen : anatomie, mécanique articulaire, hygiène et hydrologie, massages, gymnastique médicale et rééducation fonctionnelle. Une fois le diplôme obtenu, « les considérations d'exercice de la profession » sont à prendre en compte, c'est-à-dire que le massothérapeute s'inscrit en tant que profession libérale.

Le décret de 1944 « relatif à la délivrance du brevet de masseur médical[49] » revient sur les conditions prévues par la loi de 1943. Pour être massothérapeute, il faut désormais suivre une formation de deux ans d'enseignement, avec examen d'entrée, pratiquée dans une école de massothérapie agréée. Cette discipline relève du secrétariat d'État à la Santé. Dès lors, exercer cette profession sans avoir suivi le cursus est illégal.

Et aujourd'hui ?

La profession de masso-kinésithérapeute se met en place dès 1946[50]. Le métier appartient au corps professionnel des rééducateurs et non à celui des médecins, et nécessite une bonne connaissance de l'anatomie humaine. Les études se font désormais en trois ans et non plus deux, en sus de l'année de préparation au concours qui permet l'entrée dans un institut de formation en masso-kinésithérapie ou IFMK. L'accès à cette formation se fait par deux voies : celle de la première année, commune aux études de santé, et celle par concours avec une épreuve de biologie physique[51]. Il existe trente-sept instituts en France, le plus souvent privés, qui forment six mille six cents étudiants chaque année. Les soins sont remboursés par la Sécurité sociale s'ils sont prescrits par un médecin.

Le métier de pédicure-podologue

Le gouvernement de Vichy légifère en 1944 sur un nouveau métier de la santé qui relève du secteur paramédical : pédicure-podologue. La podologie est l'étude du pied, sain ou pathologique ; la pédicurie est le soin du pied.

La profession a connu ses prémices dans l'entre-deux-guerres avec la création de l'Institut national de podologie (1928), suivie du premier syndicat des pédicures de France (1935).

C'est en 1943 que la première société de podologie voit le jour. La loi promulguée au printemps 1944[52] « intim[e] un certificat d'aptitude à la profession de pédicure et défini[t] l'exercice illégal de cette profession ». Le diplôme s'obtient par le succès aux examens théorique, pratique puis au stage. Les pédicures n'ayant pas suivi la formation agréée seront déclarés illégaux. En juin 1944 est promulgué un « Conseil de perfectionnement des écoles préparant au certificat d'aptitude à la profession de pédicure[53] ». L'arrêté de 1944 crée le CAP de prothèse en podologie[54]. La même année, les premières consultations de podologie avec soins ouvrent aux hôpitaux parisiens du Val de Grâce et de Cochin. Il ne s'agit pas seulement de soigner les cors aux pieds mais de rééduquer et d'adapter les pieds blessés dans les combats ou les bombardements en les dotant de semelles orthopédiques.

La loi de 1946[55] institue le diplôme d'État, réglemente la profession de pédicure-podologue, en protège le titre et l'activité. L'exercice du métier nécessite toujours une double compétence en pédicurie et en soins, donc la connaissance de bases anatomiques. Les études se font en trois ans (au lieu de deux) et permettent au pédicure-podologue de s'inscrire en tant que profession libérale. La pédicurie restant un soin de confort, les actes médicaux ne sont pas remboursés par la Sécurité sociale. Les neuf dixièmes de sa clientèle sont constitués de personnes âgées, souvent des femmes.

Les pèse-personnes publics

En 1942, Vichy légifère sur une nouvelle habitude collective mise en place sous l'Occupation : l'action de se peser soi-même avec des pèse-personnes publics situés sur les trottoirs.

Les pèse-personnes publics sous Vichy

Les balances à bascule pèse-personnes font leur apparition en public en 1942. Ce sont des appareils solides, voire inusables, souvent situés à l'intérieur ou à proximité d'une pharmacie. Massifs, de la hauteur d'un homme, ils portent en français l'indication suivante, accompagnée d'une incitation : « Balance automatique à tickets – Faites-vous peser régulièrement. » Il suffit d'introduire une petite pièce, de monter sur la bascule et de recevoir un ticket en carton rougeâtre épais portant la mention de son poids réel accompagnée de celle de son poids idéal – de celui que l'on devrait peser, en fonction de son sexe et de ses mensurations. Ainsi, le magazine *La Semaine* titre-t-il en 1941 : « Voici le corps idéal de la femme moderne » et donne l'exemple d'une « jeune Suédoise de vingt ans qui mesure 1 m 65 et pèse 56 kg[56] ».

De fait, les Français sous l'Occupation ont quelque raison de souhaiter connaître leur poids. Pour ce qui concerne les Parisiens, ils maigrissent en moyenne de 4 à 8 kg au cours de ces quatre années, du fait des restrictions alimentaires[57].

Le poids, un précepte d'hygiène

L'hygiène est un précepte de Vichy. Pour conserver sa santé, il faut avoir une bonne hygiène de vie, une hygiène alimentaire satisfaisante, consommer des boissons hygiéniques et peser le « bon » poids. L'accent est mis sur la prévention et le pèse-personne est là pour le rappeler.

Curieusement, ce type de balance publique relève du secrétariat d'État à la Production industrielle dirigé par Jean Bichelonne, dans la section des poids et mesures, et non du secrétariat d'État à la Santé. Une loi de 1942[58] « relative aux appareils utilisés pour le pesage des personnes », concernant la « vérification périodique des bascules pèse-personnes », en donne la définition : « Les appareils de pesage mis à la disposition du public [...] comprennent les bascules, automatiques ou non, à romaines, cadrans ou tickets, que ces appareils fonctionnent ou non à l'aide d'une pièce de monnaie[59]. » Le nom et l'adresse de l'exploitant doivent être bien visibles. Ces pèse-personnes publics semblent avoir rencontré un certain succès.

Et aujourd'hui ?

Les pèse-personnes actuels n'ont plus un caractère public, mais individuel. Chacun se pèse dans sa salle de bain. La nature de la balance a changé. L'affichage numérique fournit un certain nombre d'indications supplémentaires : la mémoire récente de son poids, l'indice de masse corporelle, l'IMC, qui est celui de la masse grasse, etc. Plus que jamais, la balance individuelle indique le poids que nous *devrions* peser. Et quelques pèse-personnes publics toujours en fonction, à certains coins de rue, sont là pour nous le rappeler.

Une nouvelle habitude née sous l'Occupation : surveiller son poids grâce à un pèse-personne public. (Photographie d'André Zucca, Paris, 1942)

RÉPUBLIQUE FRANÇAISE
LIBERTÉ ÉGALITÉ FRATERNITÉ
LIGNE Nº 8
CHARENTON
METRO
AUTOB
81
81

VIII

Équipements et transports

Dans le cadre d'une reconstruction nationale, Vichy s'attache au développement de l'infrastructure routière, des transports publics et à la construction d'un nouveau type de paysage urbain. Une nouvelle France émerge grâce à l'ensemble des réglementations qui accompagnent ces changements.

Dans le cadre du Gross Paris, *un certain nombre de lignes de métro sont prolongées hors de la capitale. Ici, l'ouverture de la station Charenton-Écoles. À l'arrière-plan, l'église Saint-Pierre de Charenton. (Charenton-le-Pont, 5 octobre 1942)*

Le Code de la route

Le gouvernement de Vichy légifère à partir de 1940 sur la nouvelle signalétique routière mise en place par l'occupant. Le *Journal officiel* de l'État français reprend les articles du *Journal officiel du Haut Commandement militaire allemand en France* (*Vobif*), quelques jours après leur parution.

Un peu d'histoire

Dans une France encore largement rurale en 1940, la signalétique de la circulation routière est balbutiante au moment de l'arrivée de l'occupant. Les bornes Michelin, du nom du célèbre constructeur de pneus français qui les finance, font figure de panneaux indicateurs. Il en existe seulement quatre depuis 1921 pour signaler un croisement, un virage, un passage à niveau, un dos-d'âne ou un cassis. Un début de code de la route se met en place, avec quelques panneaux d'interdiction («sens interdit», par exemple, écrit en toutes lettres).

La «police de la circulation et du roulage»

En juin 1940, en France, les troupes d'occupation placent des soldats à chaque carrefour important pour régler la circulation des véhicules militaires motorisés, puis imposent rapidement leur signalétique. Panneaux d'avertissement ou d'interdiction remplacent les panneaux écrits en français, incompréhensibles pour l'occupant. Les bornes Michelin ont vécu.

Le futur Code civil de la route en France est d'abord un Code militaire de la route, mis en place par les Allemands. Le *Journal officiel du Haut Commandement militaire allemand en France* – également appelé *Vobif* –, qui paraît dans les deux langues, en détaille les composantes, schémas à l'appui, sur près de cinquante pages.

Au départ, il s'agit de permettre aux véhicules militaires allemands de circuler à grande vitesse en évitant les accidents grâce à une signalisation immédiatement compréhensible des destinations, priorités et interdictions. Ainsi, le panneau «sens interdit» est-il remplacé par un disque symbolisé par un rectangle blanc sur fond rouge. À partir de 1941, la nouvelle signalétique se généralise sur les routes de France. Désormais, les transports privés routiers français sont soumis au code de la route.

Premier code allemand, nouveau code français (1941)

En mars 1941, sous l'intitulé «Limitation de la circulation», l'article 10 du *Vobif*[1] donne droit de priorité aux «véhicules reconnaissables à leur laque gris fer, aux plaques d'immatriculation [...] et aux fanions de commandement».

Le *Journal officiel* allemand intime également à chaque conducteur d'allumer une lampe à feu blanc en cas de brouillard[2]. Cette obligation d'allumage d'un «phare de brouillard» existe toujours. Cinq jours plus tard, le *Journal officiel de l'État français* promulgue une loi «modifiant

Changement des disques «sens interdit». La nouvelle signalisation routière est désormais symbolisée, et non plus écrite en français, pour être compréhensible par l'occupant. (Paris, janvier 1941)

et complétant pour la zone occupée le règlement général sur la police de la circulation et du roulage[3] ». Celle-ci reprend mot à mot les injonctions du *Vobif*. Feux rouges, halte, rien n'est laissé au hasard. La vitesse maximale à l'intérieur d'une agglomération est de 40 km/h, hors agglomération, de 80 km/h. Le dépassement doit se faire à gauche.

Suite du code allemand, nouveau code français (1942)

Au printemps 1942[4] paraît dans le *Vobif* la suite détaillée du code de la route « prise pour l'application de l'ordonnance du 13 mars 1941 concernant la circulation et le roulage dans le territoire occupé de la France ». La première partie s'occupe des signaux d'avertissement, dessins à l'appui : « danger », « cassis », « virage », « croisement », « passage à niveau gardé », « passage à niveau non gardé », « pont mobile », « traversée à niveau sans barrière », etc. La deuxième partie s'occupe des signaux d'obligation et d'interdiction : « circulation interdite à tous véhicules », « sens interdit », « circulation interdite aux automobiles », « piste cyclable », « limitation du poids pour les véhicules », « vitesse maximale », « interdiction de parquer » (on relèvera ici le germanisme *parken* signifiant stationner pour un véhicule), « sens obligatoire », etc. Enfin, les troisième et quatrième parties concernent respectivement des signaux d'indication (« parcage autorisé », toujours ce germanisme) et de localisation, exemples à l'appui.

En ce qui concerne le « Règlement général sur la police de circulation et du roulage », le *Journal officiel* recopie, une fois de plus, le *Vobif* : « On doit se conformer aux ordres donnés au moyen de signaux officiels et autorisés des dispositifs officiels réglant la circulation[5]. » Les « tableaux déposés à la préfecture du département » constituent le modèle à observer. Dès lors, l'occupant allemand n'intervient plus. Le *Journal officiel de l'État français* légifère sur le code de la route.

À l'automne 1942[6], nouvelles injonctions qui doivent entrer en vigueur le 1er avril 1943. Au hasard : l'article 17 stipule, concernant le chargement des véhicules, que le fanion rouge en cas de dépassement doit être d'au moins vingt centimètres. L'article 38 commande de « laisser le parcours libre aux véhicules de la police, des sapeurs-pompiers et autres services publics ». Le premier de ces articles est resté longtemps en vigueur, le second l'est toujours.

Au printemps 1943 sont promulgués les derniers amendements concernant les agents : « On doit se conformer aux ordres et signaux des agents de la circulation : 1. Signe dans la direction de la circulation : voie libre ; 2. Bras levé : attention à l'arrêt/au départ[7]. »

Et aujourd'hui ?

Le Code de la route reste inchangé à la Libération. Il est repris en 1958 pour insister sur les dangers de la vitesse et de l'alcool puis récrit en 2000[8]. Modifié en permanence, il s'adapte à l'évolution de la société.

On s'oriente aujourd'hui vers un code de la rue et plus seulement de la route, pour protéger piétons et cyclistes. Mais l'essentiel du Code de la route demeure. Où voulez-vous « parquer » ?

Des autostrades aux autoroutes

Si le projet d'autoroute en France date de l'entre-deux-guerres, la mise en œuvre de celui-ci se fait sous l'Occupation. L'Europe nouvelle se doit d'être dotée de grandes voies reliant les capitales européennes entre elles. Pour les définir, les deux termes « autostrade » et « autoroute » cohabitent avec une prédominance du premier, construit à partir de l'italien *autostrada*, en usage dans l'Italie de Mussolini.

Un projet de l'entre-deux-guerres

Un premier projet, celui de l'autoroute de l'Ouest, est conçu en 1925. Puis le programme de grands travaux dit « d'outillage national » pour lutter contre le chômage lié à la crise économique, entamé en 1934, prévoit la construction d'autoroutes, afin de rationaliser les déplacements. Les tracés prévisionnels sont décrits de façon détaillée. La construction de cette autoroute est finalement décidée en 1935. Mais les travaux, limités au tunnel de Saint-Cloud et au tronc commun de la branche nord du triangle de Rocquencourt, sont arrêtés en juin 1940.

Les premières autostrades

Les constructions reprennent sous l'Occupation dans le cadre des grands travaux contre le chômage, dont les crédits sont ouverts[9]. Les chaussées de la branche nord et du tronc commun sont achevées et ce premier tronçon d'autoroute en France est mis en service le 4 octobre 1941, avec un débouché provisoire sur la route nationale 185 de Versailles à Saint-Cloud[10]. Le tunnel de Saint-Cloud terminé – à l'exception des installations de ventilation – est réquisitionné par la marine de guerre allemande, qui l'aménage en dépôt de torpilles.

En 1942, la chambre de commerce de Paris se prononce sur les futures autoroutes de France. Elle adopte un rapport qui privilégie l'aspect économique et réfléchit déjà aux projets à venir, une fois la paix rétablie. Faisant référence à

Relier Paris à l'Allemagne… et à l'Italie

Un grand projet figure dans le Plan d'équipement national de 1942 : celui de l'autoroute du Nord. Le service d'études créé spécialement auprès de la direction des Routes, sans doute sous l'impulsion de l'occupant, s'emploie à relier Paris à Berlin par l'autoroute. Comme l'annonce fièrement *Paris-Soir* en janvier 1944, « un projet vieux de quatorze ans va se réaliser. L'autoroute allant de la porte Maillot au Bourget côtoiera le barrage de Saint-Denis[11] ».

D'autres projets sont étudiés : l'autoroute du Sud pour faciliter l'accès à la Méditerranée et, partant, à l'Italie ou encore l'autoroute de l'Est (Paris-Champigny-Lognes-Torcy). Mais, en 1942, les sommes nécessaires à ces chantiers de construction ne sont plus disponibles et l'État met un terme à ces projets, qui ne seront repris et développés qu'après la guerre. Tous les matériaux nécessaires sont en effet réquisitionnés pour la construction du mur de l'Atlantique.

l'entre-deux-guerres, ce rapport observe la croissance du trafic routier dans les années 1920. Il anticipe un même mouvement « dès la fin des hostilités ». Une reprise accrue du trafic routier devrait alors être nécessaire pour reconstituer les stocks et rendre au pays une vie économique normale. Comme l'indique Jean Truille, rapporteur à la chambre de commerce de Paris, « en coordination avec le perfectionnement du réseau ferré existant, certaines amorces d'autostrades pourraient être entreprises à la sortie des grandes villes, surtout de Paris, sur une distance relativement courte ; les aérodromes devraient être immédiatement reliés aux grandes agglomérations voisines[12] ».

Deux circulaires au printemps 1941[13] définissent le Programme général d'équipement routier. Celle du secrétariat d'État aux Communications, dirigé par Jean Berthelot, fait suite aux divers programmes en cours d'exécution avant la guerre, mais « à l'exception des autoroutes ». Bien que les routes nationales soient privilégiées, les services des Ponts et Chaussées continuent d'étudier la construction d'autoroutes et établissent des plans détaillés des tracés envisageables, notamment pour l'autoroute du Sud. D'autant que les travaux non encore retenus « trouveront leur place dans le futur Plan décennal d'équipement projeté par le gouvernement[14] ». Mais la plupart des projets entrent en sommeil après 1942.

Autoroutes et aéroports

Comme cela avait été préconisé en 1942, les autoroutes sont conçues en relation avec les aéroports desservant les grandes villes. Ces derniers bénéficient ainsi d'un accès facile : l'autoroute du Sud passe notamment sous l'aéroport d'Orly. Celui-ci, créé à la fin de la Première Guerre mondiale, est devenu militaire en 1939. Il est utilisé par les Allemands, qui portent sa superficie de 280 à 775 hectares. Ils y construisent de nombreuses pistes, dont les premières en ciment[16].

Dès novembre 1944, le Gouvernement provisoire de la République française décide la création d'un grand aéroport à Orly, prenant la relève du Bourget devenu trop exigu et peut-être trop marqué par la Collaboration en ce qu'il était l'aéroport de tous les atterrissages de Berlin. Les réquisitions de terrain pour l'aéroport sont régularisées. Les travaux commencent en 1954 et l'aéroport d'Orly est inauguré en 1960.

Et aujourd'hui ?

Après-guerre, les grands projets d'autoroutes en radiale à partir de Paris reprennent les tracés de Vichy : autoroute du Sud (inaugurée en avril 1960), autoroute du Nord (inaugurée le 29 novembre 1967), autoroute de l'Est. Ces voies sont reliées entre elles par le boulevard périphérique. Ainsi, la branche ouest de l'autoroute du Sud part-elle de l'endroit prévu sous Vichy, porte de Gentilly[15].

À partir des années 1960, le réseau autoroutier se construit suivant un maillage de plus en plus serré. Des tronçons autoroutiers gratuits permettent de désenclaver le Massif central et la Bretagne.

Aujourd'hui, les autoroutes sont en grande partie privatisées. La France est loin de posséder la densité du réseau autoroutier allemand, construit en grande partie sous le nazisme et long de douze mille kilomètres, au deuxième rang mondial, juste après celui des États-Unis.

La région parisienne remodelée

Le projet du Grand Paris de l'entre-deux-guerres connaît plusieurs transformations dont celle, déterminante, du *Gross Paris* de l'occupant.

Un peu d'histoire

En région parisienne comme dans le reste du territoire français, le découpage administratif est resté celui des divisions départementales établies par l'Assemblée constituante en 1790 : le département de la Seine comprend Paris et les communes limitrophes (groupées elles-mêmes à un certain moment en deux arrondissements : Saint-Denis et Sceaux), le département de Seine-et-Oise, qui forme une couronne autour de celui de la Seine, et le département de Seine-et-Marne, à l'est de la Seine-et-Oise.

Un projet des années 1930

La loi du 14 mai 1932 définit les limites de la région parisienne, en indiquant que les communes concernées (656) sont comprises à l'intérieur d'un cercle de trente-cinq kilomètres autour de Paris. Ce découpage inclut une grande partie des départements de Seine-et-Oise et de Seine-et-Marne. N'en font pas partie, en Seine-et-Oise, les villes de Houdan, Rambouillet, Étampes, Magny-en-Vexin, non plus qu'une grande partie de la Seine-et-Marne, dont Meaux, Melun, Montereau et Provins.

En 1936, le gouvernement Blum envisage la création d'un secrétariat d'État à la Région parisienne, puis repousse cette mesure, de crainte de s'attirer l'hostilité du corps préfectoral. Mais le terme de « Grand Paris » est adopté et communément employé dès cette époque. Le plan d'aménagement régional élaboré par l'urbaniste Henri Prost dès 1932, prévoyant de limiter les constructions aux zones déjà urbanisées, est déclaré d'utilité publique en 1939[17]. Il se limite à la banlieue et la ville de Paris elle-même n'en fait pas partie.

Du *Gross Paris* à l'Île-de-France

Sous Vichy, la loi du printemps 1941[18] crée des préfectures régionales pour l'ensemble de la France, mais sans les nommer. Les départements de la région parisienne, soit la Seine, la Seine-et-Marne et la Seine-et-Oise ne forment pas encore une région spécifique. Cette lacune est comblée quelques mois plus tard, en août 1941 : le plan d'aménagement de la région parisienne de 1939 est confirmé et étendu à la totalité des deux départements de Seine-et-Oise et de Seine-et-Marne et même, au-delà, aux cinq cantons du sud du département de l'Oise les plus densément peuplés[19]. Les limites de cette région parisienne sont choisies pour des raisons pratiques, du fait de découpages préexistants.

La gestion de ce nouvel ensemble est facilitée par la loi du printemps 1943[20], première grande loi qui donne à l'État la gestion de l'urbanisme, en imposant la création d'une administration spécifique. Cette loi, qui inaugure la politique de décentralisation, institue un comité consultatif, le Comité d'aménagement de la région parisienne (CARP), qui reprend et modifie le plan Prost, sous le nom de Plan d'aménagement de la région parisienne (PARP)[21]. Celui-ci prévoit de contrôler le développement de l'agglomération pour la limiter aux zones déjà urbanisées, et dessine le réseau autoroutier actuel, avec notamment la construction du boulevard périphérique[22].

Le système de commandement territorial allemand est adapté au système administratif français. Cet ensemble est couvert par l'autorité de la Kommandantur de Paris. Les Parisiens utilisent d'ailleurs l'appellation allemande : le *Gross Paris.*

Sous Vichy, l'appellation Île-de-France commence à se généraliser – et remplace peu à peu celle de *Gross Paris* – pour désigner la région parisienne administrative et non plus seulement géographique[23]. Ce nom, déjà présent au XIVe siècle pour délimiter la partie de la Seine moyenne vers laquelle convergeait l'Oise, a désigné jusqu'à la Révolution, un gouvernement autour de Paris. Délaissée ensuite pendant un siècle et demi, l'appellation Île-de-France réapparaît sur la carte d'un géographe allemand impliqué dans les conquêtes nazies, Walter Christaller (1893-1969), à l'occasion d'un projet de redécoupage administratif de la France.

Et aujourd'hui ?

Après-guerre, les gouvernements de la IVe puis de la Ve République vont dans le sens de la régionalisation. Une loi de l'été 1961[24] organise le district de la région parisienne. Les départements de la Seine et de Seine-et-Oise sont supprimés par la loi de l'été 1964[25], réforme qui entre en vigueur en 1968. Mais la région Île-de-France garde des dimensions similaires à celles instituées par le découpage de 1941, mis à part le sud de l'Oise.

Aujourd'hui, le « Grand Paris », dont il est beaucoup question, concerne seulement l'agglomération parisienne : il couvre donc une surface plus restreinte que celle du Grand Paris des années 1930 et du *Gross Paris* de l'Occupation allemande : eux correspondent à l'actuelle Île-de-France.

Maquette du plan de Paris pour la mise en place de la signalisation électrique. Celle-ci participe d'un remodelage général de l'Île-de-France, impliquant notamment certaines destructions. (1943)

DENSITÉ DES CONSTRUCTIONS PARISIENNES

La réorganisation des transports parisiens

Élément quotidien et familier des Parisiens, le métro prend d'autant plus d'importance dans le Paris de l'Occupation qu'il est presque le seul moyen de transport, compte tenu des restrictions et du manque de carburant. Le gouvernement de Vichy légifère en 1941 en imposant la mainmise de l'État sur les transports parisiens.

Un peu d'histoire : le métro et les autobus en concurrence

Avant 1940, deux sociétés distinctes se partagent les transports parisiens. Le réseau de surface, c'est-à-dire les autobus – la dernière ligne de tramway a fermé en 1938 –, est la propriété du département de la Seine, par l'intermédiaire de la Société des transports en commun de la région parisienne (STCRP). Tandis que le métro, qui avait été inauguré en 1900, dépend de la Ville de Paris, via la Compagnie du métro parisien (CMP). D'où près d'un demi-siècle de forte concurrence entre les deux modes de transport, ruineuse pour la collectivité, car des dessertes font doublon au détriment de quartiers moins bien desservis.

Sous Vichy, la prédominance du métro

Le conseil des Transports parisiens est créé par la loi du 20 septembre 1940 : l'État instaure sa mainmise sur l'ensemble des transports publics à Paris. En imposant la fusion des deux réseaux, la loi de l'été 1941[26] met un terme à la concurrence et prépare la constitution d'un système de transport cohérent pour la desserte de la capitale. La CMP obtient l'exploitation du réseau de surface. C'est ce que l'on appelle la coordination des transports en commun[27]. Paris devient la seule des grandes capitales au monde à posséder un réseau unifié.

La carte hebdomadaire de travail

Le 4 août 1941, les billets aller et retour sont supprimés et remplacés par une carte hebdomadaire de travail. Cette carte « rigoureusement personnelle » permet d'effectuer douze voyages avec 33 % de réduction sur le prix ordinaire. Elle est composée de plusieurs billets devant être compostés les uns après les autres. Avec la quasi-disparition des autobus, cette carte hebdomadaire de travail ne concerne que le métro.

En 1975, la carte de transport Orange – transformée aujourd'hui en passe de transport Navigo – reprend ce principe, donnant la possibilité d'utiliser de manière illimitée, grâce à un abonnement mensuel, non seulement le réseau de la RATP (métro, autobus et, bien sûr, le réseau express régional RER, développé à partir de 1969), mais aussi les trains de banlieue et les lignes d'autobus privées.

En 1941, le manque de pneus et de carburant entraîne la disparition des autobus : il n'en reste plus que 600 sur les 3 600 utilisés avant la guerre, la plupart circulant en banlieue. Le trafic du métro augmente donc considérablement, passant de 761 millions de voyageurs par an en 1938 à 1,32 milliard en 1943. Le métro n'a jamais été aussi utile, même si de nombreuses stations sont condamnées. Il est fermé de 11 heures à 15 heures chaque jour ouvrable et toute la journée le samedi et le dimanche. Le soir, il cesse de fonctionner à 23 heures.

Deux lignes de métro prolongées sous l'Occupation

Trois prolongements de ligne sont en construction en 1940. Les deux premiers sont achevés à l'automne 1942. Le 5 octobre, la prolongation de l'actuelle ligne 8 est ouverte de Porte de Charenton à Charenton-Écoles et comporte deux nouvelles stations, le terminus et Liberté – étrange appellation en ces temps d'occupation.

Le 12 octobre 1942, la ligne Étoile-Gare du Nord via Place d'Italie est inaugurée jusqu'à Église de Pantin. Elle comporte huit nouvelles stations, en comptant la nouvelle station de passage Gare du Nord : Aubervilliers-Boulevard de la Villette, Jaurès, Laumière, Ourcq, Porte de Pantin et Hoche. Exploiter d'un seul tenant cette longue ligne n'étant pas envisageable, il est décidé de la scinder en deux : l'ancien tronçon

Le nouveau plan du métro de Paris, avec ses extensions hors de la capitale (1944). La station « Petits-Ménages » a pris, depuis 1945, le nom du résistant Corentin Celton.

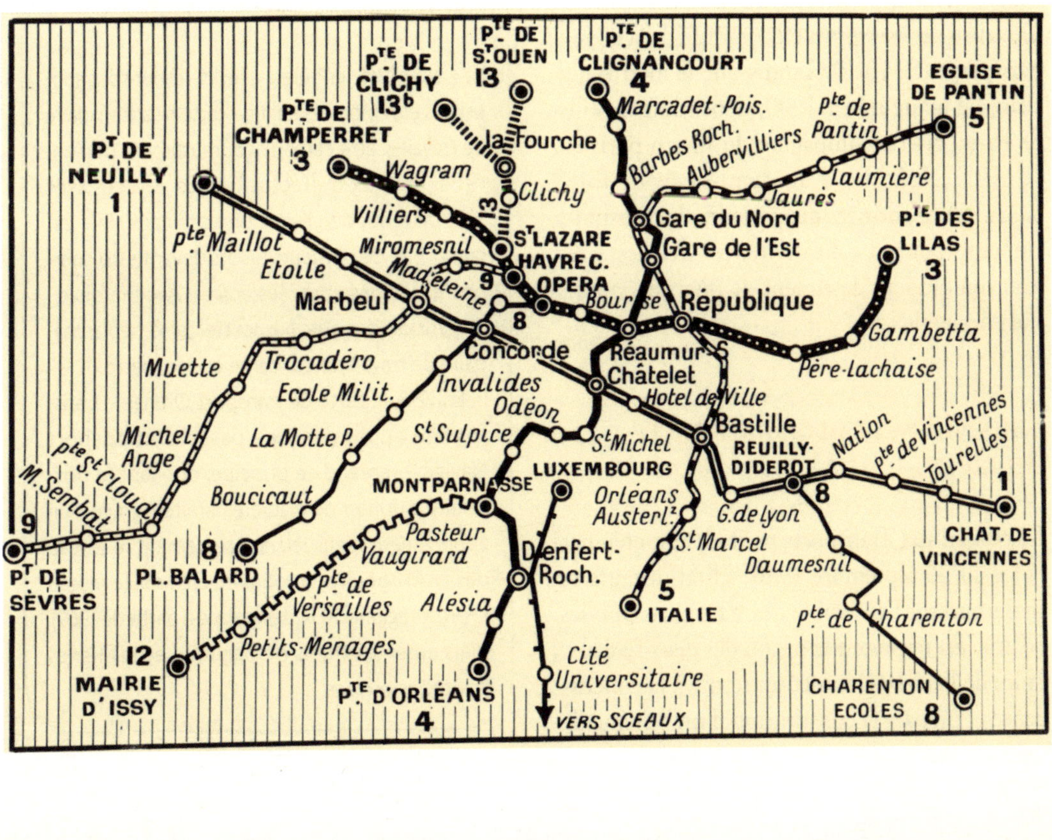

Étoile-Place d'Italie devient la ligne 6 et la partie nouvelle Place d'Italie-Église de Pantin est numérotée 5[28].

Et aujourd'hui ?

La Compagnie du métro parisien évolue. La loi de 1948[29] met en place la RATP : « Il est institué, sous le nom de Régie autonome des transports parisiens (R.A.T.P.), un établissement public, à caractère industriel et commercial, doté de l'autonomie financière et chargé [...] de l'exploitation des lignes de transports publics en commun de voyageurs concédées à la Compagnie du chemin de fer métropolitain, ou affermées à la Société des transports en commun de la région parisienne. »

Le développement du métro, quant à lui, se poursuit mais est ralenti, faute de budget. En novembre 1940[30] le prolongement de la ligne 13 vers le barrage de Saint-Denis avait été décidé. Les crédits avaient été octroyés, la déclaration d'utilité publique promulguée[31]. Les travaux commencent en février 1941 entre la Porte de Saint-Ouen et le Carrefour Pleyel pour trois nouvelles stations (Garibaldi, Mairie-de-Saint-Ouen, Carrefour-Pleyel) et sont abandonnés en 1943. L'extension sera finalement inaugurée en 1952. Le prolongement de la ligne 7, de Porte-d'Ivry à Mairie-d'Ivry, connaît une situation similaire. Les travaux sont suspendus en 1942 et l'extension inaugurée seulement le 1er mai 1946, en symbole de l'accessibilité à Paris de cette banlieue populaire.

Les décennies suivantes se consacrent au décloisonnement de la banlieue. Le métro s'étend peu à peu hors de Paris, selon les plans initiaux. Le prolongement de la ligne 1, envisagé jusqu'au Rond-Point de la Défense, sera remplacé par la construction de la ligne A du RER (station La Défense). L'extension de la ligne 8 jusqu'au Rond-Point d'Alfort est effective en 1970 (station École vétérinaire-Maisons-Alfort). Le prolongement de l'actuelle ligne 13 jusqu'à Saint-Denis, déclaré d'utilité publique en 1942, entre en circulation en 1976 (station Saint-Denis-Basilique). Enfin, l'extension de la ligne 4 de la Porte d'Orléans jusqu'à la mairie de Montrouge sera effective fin 2012.

Renommer les stations de métro, effacer les traces de l'Occupation

Sur les trois stations de métro ayant changé de nom en octobre 1942, deux ont été renommées à la Libération. Marbeuf (ligne 1) et Rond-Point des Champs-Élysées (ligne 9) ont été réunies, devenant Marbeuf-Rond-Point des Champs-Élysées. Puis cette station a été rebaptisée Franklin-D.-Roosevelt en 1946, du nom de l'ancien président des États-Unis, qui a déclaré la guerre à l'Allemagne.

Les stations Aubervilliers (ligne 2) et Boulevard de la Villette (ligne 7) ont elles aussi été groupées en une station unique renommée Aubervilliers-Boulevard de la Villette, avant de devenir Stalingrad en 1946, le nord de Paris étant traditionnellement un quartier « rouge ».

Un seul nom est resté. Après la réunion des stations de Montparnasse (lignes 4 et 12) et de Bienvenüe (lignes 6 et 14 de l'époque : Invalides-Porte de Vanves), la nouvelle station porte encore aujourd'hui le nom de Montparnasse-Bienvenüe, en hommage à Fulgence Bienvenüe, le constructeur du métro parisien.

Le périphérique, ceinture protectrice

« Tout sauf les Rouges », tel pourrait être le maître mot qui conduit, sous l'Occupation, à la mise en chantier du périphérique, à la fois ceinture de Paris et rocade permettant de rejoindre les autres autoroutes.

Un peu d'histoire : les boulevards des Maréchaux

Dès 1907, une étude de la Ville de Paris envisage la création de deux boulevards, l'un côté Paris et l'autre côté banlieue. L'enceinte de Thiers – construite entre 1841 et 1844 autour de Paris pour protéger la ville d'une possible attaque des Anglais –, occupe alors de grands terrains sur tout le pourtour de la capitale, au-delà des actuels boulevards des Maréchaux, appelés « zone des fortifs ».

Après la Première Guerre mondiale, sa destruction libère un vaste espace partiellement utilisé pour bâtir des immeubles bon marché et des terrains de sport. Le démantèlement définitif de la zone n'a toutefois pas encore commencé.

Le plan d'aménagement de 1924 prévoit seulement de mettre en valeur les boulevards des Maréchaux sur l'emplacement de l'ancienne route militaire de ceinture. Ils sont dotés de passages souterrains dans les années 1930 : portes de la Villette, de Champerret et de Clichy.

Sous Vichy : « Ne pas confondre Paris et Aubervilliers »

Les projets d'autoroutes sont développés en 1941 puis mis en sommeil après 1942. Cependant, un plan de la Ville de Paris, présenté le 1er juillet 1943, portant le titre de « boulevard périphérique », est ainsi décrit : « Une voie de grande circulation continuera, à l'extérieur, ce vaste ensemble [d'équipements sportifs] ; elle recevra toutes les circulations suburbaines et assurera, mieux que nos anciens boulevards militaires [des Maréchaux] devenus des voies urbaines, une liaison rapide entre les autoroutes Nord, Est, Sud et Ouest prévue au plan directeur de la région parisienne[32]. » Les autoroutes Nord et Est sont mentionnées en premier : il s'agit d'abord de relier Paris à l'Allemagne.

Plusieurs lois permettent la mise en œuvre de ce projet. Celle d'octobre 1940 autorise l'éviction des habitants de la zone, espace interdit de construction au-delà des boulevards des Maréchaux : « La ville de Paris est autorisée à prendre possession, par voie de réquisition [...] des terrains à assainir et des constructions qui y sont élevées[33]. » La loi d'août 1941 accorde au préfet un droit d'intervention sur l'aménagement des cent cinquante mètres bordant Paris à l'extérieur de ses limites administratives[34]. Celle du 1er mars 1942 simplifie les procédures d'expropriation, facilitant ainsi le repérage des populations qui s'y trouvent. Le dédale des ruelles permet d'abriter des résistants et de dissimuler des imprimeries clandestines. Ces organisations sont traquées et démantelées sans pitié par la Gestapo, notamment dans la zone de Gentilly[35].

Mais cette nouvelle voie n'a pas seulement pour but d'améliorer la circulation routière. Il s'agit aussi d'individualiser nettement Paris, de

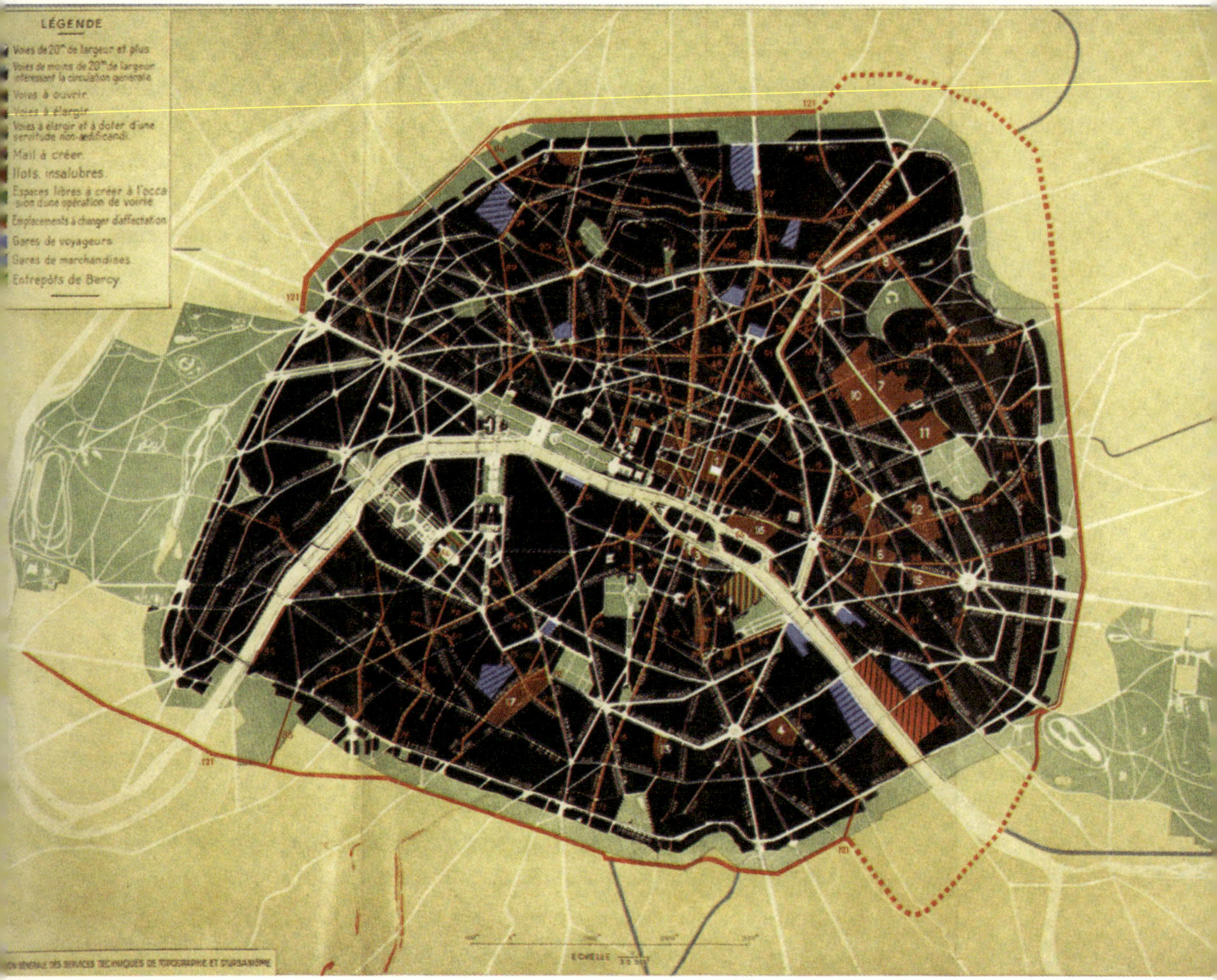

Un plan d'aménagement de Paris. On note la présence en vert dans la légende d'une classe « espaces libres à créer à l'occasion d'une opération de voirie » tout autour de la capitale, à l'emplacement du futur périphérique. Les aires en rouge, numérotées, correspondent aux ilôts insalubres à démolir. (Services techniques de topographie et d'urbanisme de la Ville de Paris, 1943)

l'embellir et de l'aménager de telle sorte que la « ville lumière » ne soit pas confondue avec sa banlieue. Comme l'indique l'inspecteur général René Mestais, « il importe d'éviter à tout prix que Paris ne coule dans une banlieue qui l'enliserait pour un siècle. Paris, grand salon de l'Europe, requiert des soins, des sacrifices et des égards particuliers, afin que les étrangers, en abordant en Île-de-France, puissent dire : voici Paris, sans le confondre avec Levallois, Aubervilliers, Pantin, Vitry ou Malakoff. Ce sera le rôle dévolu au boulevard périphérique de sertir [...] le territoire parisien[36] ». Les communes mentionnées étaient avant-guerre des municipalités communistes, des « banlieues rouges » honnies : une autoroute permettra désormais de les séparer nettement de Paris.

La rocade prévue, d'une largeur de cinquante mètres, doit comporter deux voies séparées dans chaque sens. Un premier tronçon est construit dans le XVe arrondissement, entre le pont de la Vallée, à côté de la porte de Vanves, et la porte de la Plaine. Mais les matériaux nécessaires sont réquisitionnés pour la construction du mur de l'Atlantique et le périphérique s'arrête là.

Et aujourd'hui ?

En 1948, un projet strictement identique à celui de Vichy voit le jour. En 1952, la commission qui étudie le projet propose « la création d'une sorte d'autoroute, avec passages en viaduc ou en tranchée[37] ». Une délibération, en décembre 1954, approuve la partie du projet comprise entre la porte d'Italie et la porte de la Plaine[38]. En 1956, le tracé actuel est approuvé par le conseil général de la Seine : les travaux peuvent commencer. Le premier tronçon du boulevard périphérique est inauguré le 12 avril 1960. Achevé à la porte de Champerret, l'ensemble est ouvert le 25 avril 1973.

Aujourd'hui, le périphérique double les boulevards des Maréchaux. C'est une autoroute d'un genre particulier en tant que voie urbaine où la circulation est limitée à 80 km/h avec priorité à droite. Il entoure Paris sur trente-cinq kilomètres et sa largeur d'emprise varie, selon les endroits, entre trente-cinq et soixante mètres, suivant les plans établis sous Vichy. Avec son million de véhicules par jour, cette voie est la plus fréquentée d'Europe.

La ville nouvelle : fin des îlots d'insalubrité et Code de l'urbanisme

Vichy légifère sur le visage de la « ville nouvelle » à partir de 1941. Nombre d'îlots déclarés insalubres sont détruits. Le Code de l'urbanisme réglemente à l'été 1943 le protocole de toute construction. Tels sont les paradoxes de Vichy.

« Donner raison aux hygiénistes plus qu'aux archéologues »

« Le XIXe siècle [...] transforma peu à peu les quartiers anciens en une masse compacte, à peine éclairée de quelques trous, où la tuberculose, la promiscuité, la saleté et la révolte poursuivaient leur lent travail de désagrégation sociale[39]. » Ainsi, le magazine *L'Illustration* justifie-t-il au printemps 1944 la destruction de certains quartiers de Paris, principalement dans le Marais, pour raison d'insalubrité. « La suppression d'un îlot insalubre, comme le fait observer M. Roux-Spitz [architecte] n'est pas une simple entreprise de nettoyage, avec la suppression de quelques appentis, mais une véritable opération chirurgicale[40]. » Une opération qui ressemble à une saignée à blanc dans certains quartiers parisiens.

Paris sert en effet de laboratoire au nouveau visage de la « ville nouvelle » mis en place par Vichy. La loi de février 1941 instaure un commissariat aux Travaux de la région parisienne[41]. Celle du 4 juin autorise l'exécution d'un programme de travaux d'équipement et d'urbanisme à réaliser dans cette même région. La loi du 21 septembre 1941[42] relative à l'aménagement des îlots insalubres de Paris, met en place des procédures multiples : l'insalubrité est signalée par un avis du bureau d'hygiène de l'habitation ou de la commission sanitaire, puis elle est dénoncée par un arrêté du préfet de la Seine. L'îlot 16 en est l'exemple le plus visible : dans ce quartier du Marais, où réside une importante population juive, on procède à la suppression de pâtés de maison entiers, y compris en bordure de Seine. Mais le contexte de pénurie en 1943 donne un coup d'arrêt à ce programme.

Paris connaît d'autres transformations : le lac du bois de Boulogne est curé ; l'île aux Cygnes (XVe arrondissement) est aménagée en promenade ; la rue Raynouard (XVIe arrondissement) est élargie, comme un certain nombre d'autres voies.

Enfin, la loi du 28 décembre 1941 généralise le permis de construire, en même temps qu'elle interdit l'augmentation sauvage des loyers[43]. Désormais, avant de construire un immeuble ou le modifier substantiellement, il faut demander l'autorisation de l'État[44].

Le Code de l'urbanisme

La loi du 15 juin 1943 est la première grande loi qui organise la gestion de l'urbanisme en France et en donne la responsabilité à l'État[45]. Le Code de l'urbanisme est né.

Une nouvelle génération d'architectes voit le jour. Comme en témoigne le chef de cabinet civil de Pétain, « [Jean Giraudoux, l'écrivain]

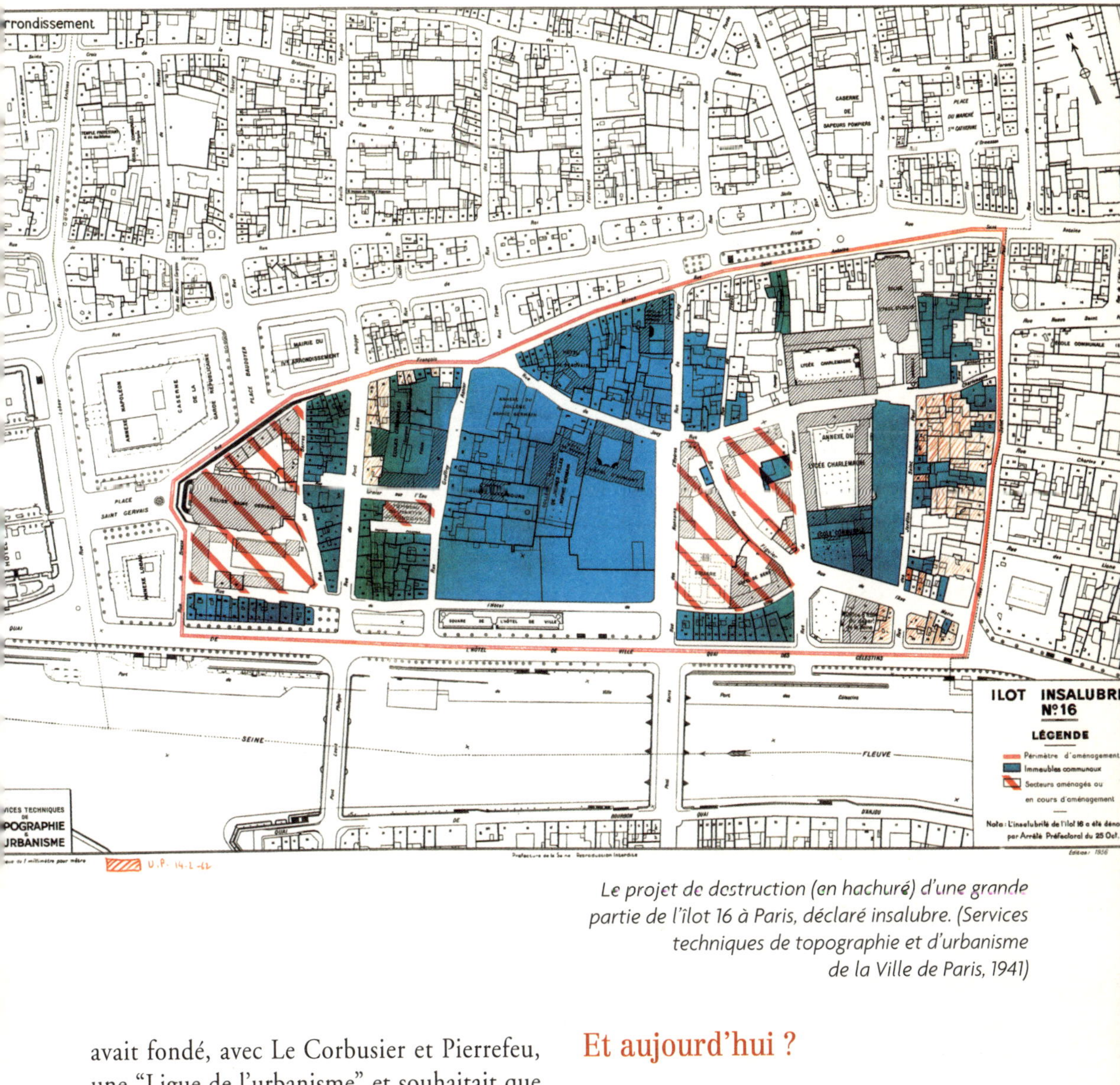

Le projet de destruction (en hachuré) d'une grande partie de l'îlot 16 à Paris, déclaré insalubre. (Services techniques de topographie et d'urbanisme de la Ville de Paris, 1941)

avait fondé, avec Le Corbusier et Pierrefeu, une "Ligue de l'urbanisme" et souhaitait que nous renouvelions, à ses côtés, le visage bâti de la France. Le projet ne manquait pas d'audace. Il fallait transformer, de fond en comble, l'habitat des campagnes, planter, le long des rivières, des villes d'aluminium ou de mica, tirer du verre ou de la matière plastique de durables effets[46] ». De futures cités radieuses, en quelque sorte.

Et aujourd'hui ?

Le Code de l'urbanisme est maintenu après la Libération et perdure aujourd'hui. À sa suite, le Code de l'urbanisme et de l'habitation, créé en 1954, présente deux volets : le Code de l'urbanisme d'une part, le Code de la construction et de l'habitation d'autre part. Ayant force de loi, il ne cesse d'évoluer depuis 1983, régulièrement enrichi de nouveaux textes.

Notes

Introduction

1.Le Crom (Jean-Pierre), « L'avenir des lois de Vichy », *in* Durand (Bernard), Le Crom (Jean-Pierre) et Somma (Alessandro), *Le Droit sous Vichy*, publication de l'université de Nantes, 2007, p. 5.
2.*Ibid.*, p. 10.
3.La loi du 25 février 1943 introduit l'obligation de respecter un champ de visibilité minimal de 500 mètres autour de tout monument historique, celui-ci étant aussi définit par l'impression produite à ses abords.
4.Le Crom (Jean-Pierre), *op. cit.*, p. 5.
5.*Journal officiel*, 25 octobre 1941.
6.Baruch (Marc Olivier), *Servir l'État français, L'administration en France de 1940 à 1944*, Fayard, Paris, 1997, p. 571.

I. Vie quotidienne

1.Piazza (Pierre), *Histoire de la Carte nationale d'identité*, Odile Jacob, Paris, 2004.
2.*Journal officiel*, loi du 20 novembre 1940.
3.Piazza (Pierre), *op. cit.*
4.*Journal officiel*, loi n° 444 du 28 mars 1942.
5.*Journal officiel*, décret n° 1171 des 13 et 14 avril 1942.
6.*Journal officiel* du 28 novembre 1943, loi n° 667.
7.*Journal officiel*, loi n° 1077 du 11 décembre 1942.
8.*Journal officiel* du 6 septembre 1941, loi n° 3730 du 1er septembre 1941, art. 1 et 3.
9.*Journal officiel*, décret-loi du 28 novembre 1943, art. 8.
10.*Journal officiel*, décret n° 55-1397 du 22 octobre 1955.
11. Noiriel (Gérard), *Les Origines républicaines de Vichy*, Hachette Littératures, Paris, 1999, p. 186.
12.*Le Matin*, 2 août 1940.
13. Carcopino (Jérôme), *Souvenirs de sept ans (1937-1944)*, Flammarion, Paris, 1953, p. 47.
14.*Journal officiel* du 23 avril 1942.
15. Source privée.
16. Virgili (Fabrice), *Naître ennemi. Les enfants de couples franco-allemands nés pendant la Seconde Guerre mondiale*, Payot, Paris, 2009.
17.*Le Monde*, 2 février 2011.
18.*Journal officiel* du 14 septembre 1941, loi n° 3763 du 2 septembre.
19.*Journal officiel* du 21 décembre 1941, loi n° 5270 du 18 décembre.
20.*Journal officiel* du 18 avril 1943, loi n° 182 du 15 avril.
21. Baruch (Marc Olivier), *Servir l'État français. L'administration en France de 1940 à 1944*, Fayard, Paris, 1997, p. 332.
22.*Journal officiel* des 11 octobre 1940 et 19 novembre 1940, loi du 18 novembre, art. 1 et 4.
23.*Journal officiel* du 1er août 1941.
24.*Journal officiel*, loi du 16 décembre 1942.
25. Le Crom (Jean-Pierre), « L'avenir des lois de Vichy », *in* Durand (Bernard), Le Crom (Jean-Pierre) et Somma (Alessandro), *Le Droit sous Vichy*, publication de l'université de Nantes, 2007, p. 474-475.
26.*Ibid.*, p. 468.
27. De Gaulle(Charles), *Mémoires de guerre*, t. III, *Le Salut*, p. 94-95, cité par Dreyfus (François-Georges), *Histoire de Vichy*, Éditions De Fallois, Paris, 2004, en exergue de son ouvrage.
28.*Journal officiel*, loi du 24 août 1940, art. 1.
29.*Le Maréchal aux liens*, p. IX et 82, *in* Carcopino (Jérôme), *Souvenirs de sept ans (1937-1944), op. cit.*, p. 308.
30.*Journal officiel*, arrêté du 26 mai 1941.
31.*Journal officiel*, décret du 25 mai 1942.
32.*Journal officiel*, décret du 22 février 1942.
33. Du Moulin de Labarthète (Henry), *Le Temps des illusions, juillet 1940-avril 1942*, À l'enseigne du Cheval ailé, Genève, 1946, p.185.
34.*Paris-Soir*, 11 avril 1941.
35. Du Moulin de Labarthète (Henry), *op. cit.*, p. 300-301.
36.*Journal officiel*, 23 septembre 1942.
37. Le Boterf (Hervé), *La Vie parisienne sous l'Occupation*, Éditions France-Empire, Paris, 1974, *passim.*
38.*Paris-Soir*, 6 septembre 1940.
39.*Journal officiel*, loi du 1er juillet 1901 sur les associations, articles 13 et 14.
40.*Journal officiel*, loi du 7 juillet 1904, article premier.
41.*Paris-Soir*, 6 septembre 1942.
42.*Journal officiel*, loi du 4 mars 1941.
43.*Journal officiel* du 16 mars 1941.
44. Baudrillart (Alfred), *Les Carnets du Cardinal, 20 mai 1941-14 avril 1942*, Éditions du Cerf, Paris, 1999, p. 303.
45. Chauvin (Pascal), *Artas, berceau de la fête des Mères*, Association Mémoire et patrimoine d'Artas, 1996.
46. Cocteau (Jean), *Journal*, Gallimard, Paris, 1989, 2 juin 1942, p. 140.
47.*Journal officiel* du 20 avril 1941, loi du 12 avril.
48.*Paris-Soir*, 30 avril 1941.
49. Carcopino (Jérôme), *op. cit.*, p. 434.
50.Témoignage de Michel Frumin, *in* Pontaut (Jean-Marie) et Pelletier (Éric), *Chronique d'une France occupée, 1940-1945, Les rapports confidentiels de la gendarmerie*, Michel Lafon, Paris, 2008, p. 716.
51. Burrin (Philippe), *La France à l'heure allemande, 1940-1944*, Le Seuil, Paris, 1995.
52.*Journal officiel*, 9 janvier 1941.
53.*Paris-Soir*, 30 avril 1941.
54.*Paris-Soir*, 4 octobre 1941.
55. Zay (Jean), *Souvenirs et Solitude, 1945*, Belin, Paris, 2011, p. 88.
56. Le Boterf (Hervé), *La Vie parisienne sous l'Occupation, op. cit.*, t. I, p. 67.
57. Cocteau (Jean), *op. cit.*, p. 20.
58.*Paris-Soir*, 26 août 1940.
59.*Paris-Soir*, 1er décembre 1941.
60. Correspondance avec la préfecture de la Seine, 25 août 1942, disponible aux Archives de Paris.
61. Cocteau (Jean), *op. cit.*, p. 360.
62. Veillon (Dominique), *La Mode sous l'Occupation*, Payot, Paris, 1990, p. 237.
63. Revue *Mode du jour*, n° 1019, 29 mai 1941, cité par Veillon (Dominique), *ibid.* p. 237.
64.*L'Illustration*, 12 juillet 1941. Reportage avec photos d'André Zucca, p. 352, *sq.*
65. Veillon (Dominique), *op. cit.* p. 232.
66. Ternier (Annick) et Veillon (Dominique), « Du chic parisien à la Nouvelle vague, la mode des années soixante », CNRS info, mai-juin 2001, n° 393, p. 1.

67. Rossignol (Christian), « La législation “relative à l'enfance délinquante” », *Revue d'histoire de l'enfance « irrégulière »*, n° 3, 2000, p. 17.
68. Joxe (Pierre), *Pas de quartier ? Délinquance juvénile et justice des mineurs*, Fayard, Paris, 2012, p. 189 *sq.*
69. *Paris-Soir*, 27 août 1940, p. 2.
70. *Journal officiel* du 13 août 1942, loi n° 683 du 27 juillet.
71. La majorité civile est alors établie à 21 ans.
72. Ruchat (Martine), Vilbrod (Alain), *Roland Assathiany. Un fonctionnaire militant au service de l'éducation spécialisée*, L'Harmattan, coll. L'Histoire du Social, Paris, 2011, p. 65.
73. Muel-Dreyfus (F.), *Le métier d'éducateur*, Éditions de Minuit, Paris, 1983, p. 238.
74. Peyre (Vincent) et Tétard (Françoise), *Des éducateurs dans la rue. Histoire de la prévention spécialisée*, La Découverte, Paris, 2006, 272 p.
75. *Journal officiel*, ordonnance n° 45-174 du 2 février 1945.
76. Le Crom (Jean-Pierre) « Droit de Vichy ou droit sous Vichy ? Sur l'historiographie de la production du droit en France pendant la Deuxième Guerre mondiale », *Histoire@Politique. Politique, culture, société*, n° 9, septembre-décembre 2009, p. 9. Disponible sur www.histoire-politique.fr
77. *Journal officiel*, loi n° 2002-938 du 2 septembre 2002.
78. Le Crom (Jean-Pierre), « L'avenir des lois de Vichy », *in* Durand (Bernard), Le Crom (Jean-Pierre) et Somma (Alessandro), *Le Droit sous Vichy, op. cit.*, p. 477.
79. *Paris-Soir*, 28 octobre 1941, p. 1.
80. *Journal officiel*, loi n° 4553 du 25 octobre 1941.
81. *Vobif*, 18 décembre 1942.
82. *Code pénal*, art. 223-6, 1994, amendé en 2002.
83. La Fontaine, « La Femme noyée », *Fables*, III, 16.

II. Alimentation

1. Prime (Christophe), « Le Fanta, une invention des nazis ? », *Axe et Alliés*, n° 26, juillet-août 2011, Marseille, p. 11.
2. Pendergast (Mark), *For God, Country and Coca-Cola*, Basic Books, New York, 1993, « *Coca-Cola über alles* », p. 213 *sqq.*
3. *Journal officiel*, loi du 1er juillet 1941.
4. « La publication par l'affiche, le journal, les panneaux réclames, la TSF ou par quelque mode que ce soit en faveur des boissons visées à l'article 1 et 2 [vins et apéritifs] est interdite en France. » (Article 4)
5. Cointet (Jean-Paul), *Pierre Laval*, Fayard, Paris, 1993, p. 71.
6. Du Moulin de Labarthète (Henry), *Le Temps des illusions, juillet 1940-avril 1942*, À l'enseigne du Cheval ailé, Genève, 1946, p. 169.
7. Cointet (Jean-Paul), *op. cit.*, p. 74.
8. *Le Monde*, 17 août 2011.
9. *Bulletin de la Société botanique de France*, n° 121, CNRS, Paris, 1983, p. 82.
10. *Journal officiel*, loi du 21 juin 1942.
11. Kladstrup (Don et Petie), *La Guerre et le Vin*, traduction et adaptation Vincent Noce, Perrin, Paris, 2002, p. 200-201.
12. Filhol (Dominique) et Chatelet (Alain), *Historique des AOC et pratiques œnologiques*, Direction générale de la concurrence, de la consommation et de la répression des fraudes, Bureau des Boissons, Paris, s.d., p. 6.
13. Kladstrup (Don et Petie), *op. cit.*, p. 49.
14. *Ibid.*, p. 78.
15. Un « climat » en Bourgogne est à peu près l'équivalent d'un château bordelais, sauf qu'il n'a pas un seul propriétaire. C'est donc un petit vignoble ou « clos » produisant un type de vin déterminé.
16. Le sigle AOC est toujours employé pour les produits validés par l'Inao (Institut national des appellations d'origine) tant qu'ils ne sont pas enregistrés par la Commission européenne. Cela peut prendre plusieurs années.
17. La différence avec une AOP vient d'un lien moins fort au terroir : les opérations de production et de transformation peuvent être réalisées dans des endroits différents.
18. Exposition « Archives de la vie littéraire sous l'Occupation », Hôtel de ville de Paris, 12 mai-9 juillet 2011.
19. *L'Illustration*, 15 novembre 1941, p. 270.
20. Ce discours fut écrit par Emmanuel Berl.
21. Conférence faite par M. François Lehideux, commissaire au Chômage, École libre des Sciences politiques, 7 février 1941, pp. 21-23, *in* Couzon (Isabelle), « De la décentralisation industrielle à l'aménagement du territoire rural : Pierre Coutin, 1942-1965 », *Ruralia*, 2000, n° 7.
22. Maux-Robert (Antoinette), *La Lutte contre le chômage à Vichy 1939-1945*, Lavauzelle, 2002, *in* Maux (Henri), *Qui a eu l'idée du riz en Camargue ?*
23. À ne pas confondre avec la MOI, Main d'œuvre immigrée, organisation communiste fondée en 1923 qui allait jouer un rôle dans la Résistance.
24. Daum (Pierre), *Immigrés de force, les travailleurs indochinois en France 1939-1952*, Actes Sud, Paris, 2009.
25. Séchelles (Daniel), « La culture du riz en Camargue », *Revue d'Arles*, octobre-novembre 1942, n° 14.
26. Rochebrune (Renaud de), Hazera (Jean-Claude), *Les Patrons sous l'Occupation*, Odile Jacob, Paris, 1995.
27. Séchelles (Daniel), *op. cit.*
28. Soulilou, « Rizière en Camargue, du Mékong au Rhône », *Chantiers. Journal du Commissariat de lutte contre le chômage*, 10 avril 1943.
29. Données du Parc naturel régional de Camargue.
30. *Journal officiel*, 24 octobre 1940.
31. *Paris-Soir*, 24 janvier 1942, p. 2.
32. *Paris-Soir*, 14 février 1942, p. 1.
33. *Paris-Soir*, 13 avril 1941.
34. *Code du travail*, art. R 232-10.1.
35. La Roche-sur-Yon, 30 juillet 1942, rapport du chef d'escadron Pentel, commandant la Compagnie de gendarmerie de la Vendée, à Monsieur le préfet de la Vendée, *in* Pontaut (Jean-Marie) et Pelletier (Éric), *Chronique d'une France occupée, 1940-1945. Les rapports confidentiels de la gendarmerie*, Michel Lafon, Paris, 2008, p. 469.

III. Culture

1. *Journal officiel*, loi du 14 janvier 1939.
2. Zay (Jean), *Souvenirs et Solitude*, Éditions de l'Aube, Paris, 2004, p. 63, 21 février 1941.
3. Breker (Arno), *Paris, Hitler et moi*, traduction de Jean-Pierre Tafforeau, Presses de la Cité, Paris, 1970, p. 100-101.
4. Chimènes (Myriam) (dir.), *La vie musicale sous Vichy*, Éditions Complexe, Paris, 2001, p. 111.
5. *Journal officiel* du 26 novembre 1940.
6. Chimènes (Myriam), *op. cit.*, p. 114.
7. Cocteau (Jean), *Mémoires*, Gallimard, Paris, 1988, p. 259.
8. Chimènes (Myriam), *op. cit.*, p. 111.
9. *Ibid.*, p. 119.
10. Entrepôts de décors et de spectacles.
11. *Journal officiel* des 1er et 2 mars 1943, décret n° 370 du 25 février 1943.
12. Chimènes (Myriam), *op. cit.*, p. 119.
13. *Journal officiel* du 23 avril 1944, arrêté du 15 mars 1944.
14. Chimènes (Myriam), *op. cit.*, p. 109.
15. Dussurget (Gabriel), *Mémoires intimes*, Actes Sud, Paris, 2011, p. 112.
16. Chimènes (Myriam), *op. cit.*, p. 119.
17. Dussurget (Gabriel), *op. cit.*, p. 153.

18. *Ibid.*, p. 76.
19. *La Semaine*, 13 novembre 1941, n° 68, p. 4.
20. *Paris-Soir*, 6 décembre 1943.
21. Dussurget (Gabriel), *op. cit.*, p. 130.
22. *Ibid.*, p. 109.
23. *Ibid.*, p. 109.
24. Carcopino (Jérôme), *Souvenirs de sept ans (1937-1944)*, Flammarion, Paris, 1953, p. 468.
25. Chimènes (Myriam), *op. cit.*, p. 119.
26. *Ibid.*, p. 212.
27. *Ibid.*, p. 157.
28. *Journal officiel* du 16 mai 1942.
29. Dussurget (Gabriel), *op. cit.*, p. 88.
30. Chimènes (Myriam), *op. cit.*, p. 111.
31. Dussurget (Gabriel), *op. cit.*, p. 151.
32. Poulain (Martine), « Le cas Bernard Faÿ », *Bulletin des bibliothèques de France*, Paris, 2010, n° 2, p. 98-99.
33. *Paris-Soir*, 23 octobre 1941.
34. Mission Mattéoli, *Rapport de synthèse*.
35. Poulain (Martine), *op. cit.*, p. 99.
36. *Paris-Soir*, 23 octobre 1941.
37. Jünger (Ernst), *Journal, 1942-1945*, Gallimard, Paris, 1989, p. 140, 2 juin 1942.
38. Chimènes (Myriam), *op. cit.*, p. 270.
39. *Ibid.*, p. 270.
40. *Ibid.*, p. 215.
41. *Paris-Soir*, 13 septembre 1943, p. 2.
42. Chimènes (Myriam), *op. cit.*, p. 116.
43. Le Boterf (Hervé), *La Vie parisienne sous l'Occupation*, Éditions France-Empire, Paris, 1974, t. 1, p. 346.
44. Dubois (Edmond), *Paris sans Lumière*, Payot, Lausanne, 1946, p. 165.
45. *Journal officiel*, loi du 16 avril 1895.
46. Carcopino (Jérôme), *op. cit.*, p. 495.
47. *Ibid.*, p. 496.
48. *Journal officiel* du 29 novembre 1941, loi n° 2465.
49. *Journal officiel*, décret n° 2466 pour l'application de la loi du 10 août 1941.
50. *Journal officiel*, arrêté du 17 mars 1942.
51. *Journal officiel* du 3 novembre 1943, décret n° 2571.
52. *Bottin mondain*, 1942.
53. Carcopino (Jérôme), *op. cit.*, p. 364.
54. Achache (Carole), *La Plage de Trouville*, Stock, Paris, 2008, p. 281.
55. *Journal officiel* du 23 juin 1941, loi n° 2595.
56. *Ibid.*, art. 2.
57. Carcopino (Jérôme), *op. cit.*, p. 444.
58. Zay (Jean), *Souvenirs et Solitude*, Éditions de l'Aube, Paris, 2004, p. 234, 8 mai 1942.
59. *Paris-Soir*, 10 mai 1941.
60. *Journal officiel* du 19 décembre 1940, déclaration d'association du 2 décembre.
61. *Je suis partout*, 12 mai 1944.
62. *Paris-Soir*, le 11 mai 1942.
63. *Ibid.*
64. Celle-ci est située 3, rue de la Chaussée-d'Antin à Paris.
65. Baudrillart (Alfred), *Les Carnets du Cardinal*, 11 avril 1939-19 mai 1941, Éditions du Cerf, Paris, 1998, p. 543, 21 juillet 1940.
66. Carcopino (Jérôme), *op. cit.*, p. 495.
67. *Journal officiel*, loi du 27 septembre 1941.
68. *Journal officiel*, loi du 21 janvier 1942.
69. Reboul (Jean-Pierre), « La genèse de la loi Carcopino », INREP, intervention du 15 février 2008, Université Paris-I.
70. Carcopino (Jérôme), *op. cit.*, p. 442.
71. *Journal officiel*, loi du 27 septembre 1941, art. 1.
72. Carcopino (Jérôme), *op. cit.*, p. 495.
73. *Journal officiel*, loi du 27 septembre 1941, art. 11.
74. Carcopino (Jérôme), *op. cit.*, p. 495.
75. *Paris-Soir*, 9 mars 1943.
76. Le Boterf (Hervé), *op. cit.*, p. 158.
77. Sadoul (Georges), *Dictionnaire des Films*, Seuil, Paris, 1965.
78. Zay (Jean), *op. cit.*, p. 181, 3 février 1942.
79. *Ibid.*, p. 181.
80. *Ibid.*, p. 53.
81. *Journal officiel* du 6 décembre 1940.
82. *Journal officiel* du 3 juin 1941, loi n° 2110 du 19 mai 1941.
83. *Ibid.*, article premier.
84. *Paris.Soir*, 1er mars 1942, p. 2.
85. Ferro (Marc), *Pétain*, Fayard, Paris, 1987, p. 261.
86. Zay (Jean), *Souvenirs et Solitude*, *op. cit.*, p. 181, 3 février 1942.
87. *La démoralisation de la jeunesse par le cinéma*, plaquette publiée par le Cartel d'action morale, 92 rue du Moulin vert, Paris, 1942.
88. *Paris-Soir*, 20 juin 1942.
89. Le Boterf (Hervé), *op. cit.*, p. 129.
90. *Ibid.*, p. 128.
91. *Ibid.*, p. 92.
92. *Paris-Soir*, 29 mars 1943.
93. *L'Illustration*, 24 avril 1943, p. 254.
94. Barbin (Pierre), *La Cinémathèque française, 1936-1986. Inventaires et légendes*, Vuibert, Paris, 2005, p. 12.
95. *Ibid.*, p. 31.
96. *Ibid.*, p. 38.
97. Dr Derichsweiler, *Rapport d'activité* n° 110, 4 mars 1944, Archives nationales, AJ 40/1001.
98. Barbin (Pierre), *op. cit.*, p. 46.
99. Dr Derichsweiler, *op. cit.*
100. Dr Derichsweiler, *Rapport d'activités* n° 117, 25 avril 1944, Archives nationales, AJ 40/1001.
101. Le Boterf (Hervé), *op. cit.*, p. 93.
102. Roffat (Sébastien), *Animation et propagande*, L'Harmattan, Paris, 2005, p. 126.
103. Cocteau (Jean), *Journal*, Gallimard, Paris, 1988, p. 213-214, 4 décembre 1942.
104. Zay (Jean), *op. cit.*, p. 219, 25 mars 1942.
105. *Journal officiel*, loi du 22 juillet 1941.
106. Carcopino (Jérôme), *op. cit.*, p. 441.
107. *Journal officiel* du 14 novembre 1941, loi n° 4012 du 17 septembre 1941.
108. *Journal officiel* du 21 juin 1941.
109. Chartier (Roger) et Martin (Henri-Jean), *Histoire de l'édition française*, t. IV, Fayard-Cercle de la Librairie, Paris, 1986, p. 237.
110. *Journal officiel* du 3 mai 1941. Arrêtés de nomination dans le *Journal officiel* du 5 juin 1941.
111. Chartier (Roger) et Martin (Henri-Jean), *op. cit.*, p. 242.
112. *Journal officiel*, loi du 16 août 1941.

IV. Éducation

1. *Journal officiel* du 21 juin 1944. Décret du 30 mai.
2. Claval (Paul), *Histoire de la géographie française de 1870 à nos jours*, Nathan, Paris, 1998, p. 91.
3. *Ibid.*, p. 141.
4. Vilar (Pierre), *La Catalogne dans l'Espagne moderne*, p. 9.
5. Carcopino (Jérôme), *Souvenirs de sept ans (1937-1944)*, Flammarion, Paris, 1953, p. 420.
6. *Journal officiel*, 6 janvier 1942, programmes officiels de

l'enseignement secondaire.
7.Carcopino (Jérôme), *op. cit.*, p. 420.
8.*Ibid.*, p. 419.
9.*Journal officiel* du 15 août 1941.
10.*Journal officiel* du 30 octobre 1941.
11.*Journal officiel* du 24 décembre 1941.
12. Le Boterf (Hervé), *La Vie parisienne sous l'Occupation*, Éditions France-Empire, Paris, 1974, t. I, p. 300.
13.*Journal officiel* du 21 juin 1941.
14.*Journal officiel* du 29 août 1941.
15.*Journal officiel* du 21 juin 1941.
16. Zay (Jean), *Souvenirs et Solitude*, Belin, Paris, 2011, p. 349. Témoignage du 31 août 1943.
17.*Ibid.*, p. 61. Témoignage du 18 février 1941.
18. Carcopino (Jérôme), *op. cit.*, p. 291.
19.*Ibid.*, p. 420.
20. Corcy-Debray (Stéphanie), *Jérôme Carcopino. Un historien à Vichy*, L'Harmattan, Paris, 2001, p. 326.
21. Carcopino (Jérôme), *op. cit.*, p. 512.
22.*Journal officiel* du 7 septembre 1941.
23.*Journal officiel* du 17 avril 1942.
24. Carcopino (Jérôme), *op. cit.*, p. 420.

V. Métiers

1.Bordeaux (Michèle), *La victoire de la famille dans la France défaite: Vichy, 1940-1944*, Flammarion, Paris, 2002, *passim.*
2.*Journal officiel* du 27 octobre 1940.
3.*Journal officiel*, loi du 11 octobre 1940, art. 11.
4.*Paris-Soir*, 6 juin 1941. Les photos de l'article proviennent du journal allemand *Süddeutsche Zeitung.*
5.*Paris-Soir*, 16 juillet 1941.
6.*Journal officiel* du 26 avril 1941.
7.*Paris-Soir*, 26 mars 1943, p. 1.
8.*Paris-Soir*, 24 mars 1944, p. 2.
9.*Le Monde*, 8 mars 2011.
10. Barthélemy (Joseph), *Mémoires*, Pygmalion, Paris, 1989, p. 285.
11.*Mémoires du XXe siècle, 1940-1949*, SGED Encyclopédies Bordas, 1989, p. 137.
12.*Journal officiel* du 26 octobre 1941, loi n° 4260 du 4 octobre 1941.
13.*Paris-Soir*, 2 novembre 1941, p. 1.
14. Le Crom (Jean-Pierre), « Droit de Vichy ou droit sous Vichy ? ». Sur l'historiographie de la production du droit en France pendant la Deuxième Guerre mondiale, *Histoire@Politique. Politique, culture, société*, n° 9, septembre-décembre 2009, p. 3. www.histoire-politique.fr
15. Ferro (Marc), *Pétain*, Fayard, Paris, 1987, p. 280.
16. Le Crom (Jean-Pierre), « L'avenir des lois de Vichy », *in* Durand (Bernard), Le Crom (Jean-Pierre) et Somma (Alessandro), *Le Droit sous Vichy*, publication de l'université de Nantes, Francfort-sur-le-Main, 2007, p. 468.
17.*Ibid.*, p. 477.
18. Loi n° 4261 du 4 octobre 1940.
19. Durand (Paul), « Rémunération du travail et socialisation du droit », *Droit social*, n° 3, juin 1942, p. 85.
20.*Journal officiel*, décret du 2 janvier 1970.
21.*Journal officiel*, lois du 18 septembre 1940 (fonction de PDG) et du 16 novembre 1940 (statut des sociétés anonymes).
22.*Paris-Soir*, 21 septembre 1940.
23.*Journal officiel*, loi du 16 novembre 1940.
24.*Journal officiel*, loi du 4 mars 1943, art. 11.
25.*Journal officiel*, loi du 24 juillet 1966.
26.*Paris-Soir*, 16 octobre 1941.
27.*Journal officiel* du 15 août 1943, loi n° 387 du 14 août 1943.
28.*Journal officiel*, décrets n° 2948 et n° 2992 des 3 et 19 novembre 1943.
29.*Journal officiel* du 18 février 1944, décret n° 394 du 11 février 1944.
30. Barthélemy (Joseph), *op. cit.*, p. 67.
31.*Journal officiel* du 26 octobre 1940, art. Ier, titre Ier, section I, « Du Conseil supérieur de la médecine ».
32.*Ibid.*, art. 2.
33.*Journal officiel* du 26 octobre 1940, art. Ier, titre II, section I, « Du tableau et de la discipline ».
34.*Journal officiel* du 9 janvier 1942, loi n° 5271 du 31 décembre 1941 modifiant et complétant la loi du 7 octobre 1940 instituant l'Ordre des médecins.
35.*Bulletin du Conseil de l'ordre*, 7 décembre 1940.
36.*Le Concours médical*, 22 juin 1941, n° 25, p. 1108-1110.
37. Halioua (Bruno), *Blouses blanches, étoiles jaunes. L'exclusion des médecins juifs en France sous l'Occupation*, Liana Lévi, Paris, 2009.
38.*Bulletin de l'Ordre des Médecins*, août 1941.
39.*Le Concours médical*, 8 juin 1941, n° 23, p. 1027.
40. Paxton (Robert) et Marrus (Michael), *Vichy et les Juifs*, Calmann-Lévy, Paris, 1981, p. 152.
41.*Journal officiel*, loi du 31 décembre 1940.
42.*Ibid.*
43.*Ibid.*, art. 3.
44.*Journal officiel* du 12 mars 1941.
45.*Journal officiel* du 26 janvier 1941, loi du 31 décembre 1940, art. 6.
46. Degos (Jean-Guy), « Les années sombres de l'Ordre national des experts-comptables: quelques textes oubliés », *Cahiers électroniques du CRECCI*, université de Bordeaux-IV, IAE, n° 11, 2005, p. 4.
47.*Journal officiel* du 25 septembre 1941, décret du 24 septembre 1941.
48.*Journal officiel* du 13 décembre 1942.
49. Le comité est également composé du directeur général de l'Enregistrement du Domaine et du Timbre, de directeurs de banques (Banque de France, Crédit national, Crédit foncier de France), du président de la chambre des notaires de Paris et de représentants de la commission scientifique pour l'étude des questions de biologie raciale (MM. Jean Darquier et Roger de Vilmorin).
50.*Journal officiel* du 14 décembre 1942.
51.*Journal officiel* du 22 avril 1942, décret du 17 avril 1942.
52.*Journal officiel*, décret du 22 mai 1927.
53. Bloch (Marc), *Apologie pour l'histoire ou Métier d'historien*, Armand Colin, Paris, 1993, p. 81.
54. Degos (Jean-Guy), *art. cit.*, p. 3.
55.*Journal officiel*, lois du 3 avril 1942.
56.*Ibid.*, art. 8.
57.*Journal officiel*, décret du 3 avril 1942.
58.*Ibid.*, décret du 22 mai 1942.
59. Ouriemmi (Oussama), « L'histoire de la normalisation comptable en France (1936-1944) », université de Poitiers, Institut d'administration des entreprises, Poitiers, 2008, Mémoire, p. 59 *sqq.*
60.*Paris-Soir*, 30 mai 1942.
61. Degos (Jean-Guy), *art. cit.*, p. 14.
62.*Ibid.*, p. 17.
63.Décision ministérielle n° 2, 22 septembre 1942.
64.*Journal officiel*, ordonnance n° 45-2138 du 19 septembre 1945.
65. Degos (Jean-Guy), *art. cit.*, p. 21.
66. Dreyfus (François-Georges), *Histoire de Vichy*, Éditions De Fallois, Paris, 2004, p. 281.
67.*Journal officiel*, loi du 16 juin 1940.
68.*Journal officiel* du 19 novembre 1941, loi n° 4615 du 31 octobre 1941.

69.*Journal officiel* du 5 septembre 1941, arrêté du 13 août 1941.
70.*Journal officiel* du 20 novembre 1941, loi du 31 octobre 1941, art. 2.
71.*Journal officiel*, 17 février 1941.
72.*L'Illustration* n° 5215, 20 février 1943, p. 100.
73.*Ibid.*
74.*Ibid.*
75.*Journal officiel*, ordonnance du 17 novembre 1944 validant les actes promulgués depuis le 16 juin 1940 en matière d'accidents du travail.
76. Le Crom (Jean-Pierre), *op. cit.*, p. 468.
77. Baruch (Marc Olivier), *Servir l'État français, L'administration en France de 1940 à 1944*, Fayard, Paris, 1997. Préface de Jean-Pierre Azéma, p. 5.
78. Berlière (Jean-Marc), « La police sous la IIIe République. La difficile construction », *in* Aubouin (Michel), Teyssier (Arnaud), Tulard (Jean), *Histoire et Dictionnaire de la Police*, Robert Laffont, Paris, 2005, Chapitre XI, p. 353 *sqq.*
79.*Ibid.*, p. 353.
80.*Journal officiel* du 15 juillet 1941, décret du 7 juillet 1941. 154 articles détaillent les modalités de carrière des agents des polices régionales d'État.
81.*Journal officiel*, décret du 13 mai 1941.
82. Baruch (Marc Olivier), *op. cit.*, p. 73.
83. Le Boterf (Hervé), *La Vie parisienne sous l'Occupation*, Éditions France-Empire, Paris, 1974, t. 1, p. 14.
84. Du Moulin de Labarthète (Henry), *Le Temps des illusions, juillet 1940-avril 1942*, À l'enseigne du Cheval ailé, Genève, 1946, p. 296-297.
85.*Journal officiel* du 7 juin 1943.
86.*Journal officiel* du 19 avril 1942.
87. Baruch (Marc Olivier), *op. cit.*, p. 388.
88. Noiriel (Gérard), *Les Origines républicaines de Vichy*, Paris, Hachette Littératures, 1999, p. 204.
89.*Journal officiel* du 27 janvier 1943.
90. Lois des 4 octobre 1942 (*Journal officiel* des 9-10 novembre 1942) et 17 avril 1943 (*Journal officiel* du 20 avril 1943) et loi du 27 novembre 1943 (*Journal officiel* du 28 novembre 1943) portant création d'un Service de police technique.
91. Baruch (Marc Olivier), *op. cit.*, p. 393.
92.*Journal officiel*, loi du 10 juillet 1966.
93.*Journal officiel*, loi du 23 avril 1941.
94.*Paris-Soir*, 31 décembre 1941, p. 1.
95.*Journal officiel*, 7 mai 1943, loi du 27 mars 1943.
96. Zay (Jean), *Souvenirs et Solitude*, Éditions de l'Aube, Paris, 2004, p. 358.
97.*Journal officiel*, lois du 4 octobre 1942 (parues les 9-10 novembre 1942) et 17 avril 1943 (parue le 20 avril 1943).
98. Rapport du préfet, Archives départementales du Vaucluse, 11 janvier 1944, SW 33.
99. Cité par Baruch (Marc Olivier), *op. cit.*, p. 393.
100. Zay (Jean), *op. cit.*, p. 327, 15 mai 1943.
101. Correspondance avec le préfet, Archives départementales du Vaucluse, 1944, 6 W 33.
102. Noiriel (Gérard), *op. cit.*, p. 247.
103.INSEE, *L'histoire de l'Insee et la conquête du chiffre, s.d.* site officiel, p. 6.
104. Sauvy (Alfred), Témoignage écrit de 1975, *in* INSEE, *L'histoire de l'Insee et la conquête du chiffre, s.d.*, p. 6.
105.*Journal officiel* du 19 septembre 1940.
106.*Journal officiel*, décret du 7 juillet 1941, « Statut du personnel de la statistique générale de la France, notamment quant à la Direction de la statistique ».
107. Sauvy (Alfred), *op. cit.*, p. 7.
108. Noiriel (Gérard), *op. cit.*, p. 177.
109. Dreyfus (François-Georges), *Histoire de Vichy*, De Fallois, Paris, 2004, p. 519.
110. Noiriel (Gérard), *op. cit.*, p. 178.
111.*Journal officiel*, loi du 17 novembre 1941.
112. Cité par Sartori (Éric), *Histoire des grands scientifiques français, d'Ambroise Paré à Pierre et Marie Curie*, Paris, Plon, 1999, p. 386.
113. Drouard (Alain), « Les trois âges de la Fondation française pour l'étude des problèmes humains », *Population*, Ministère de l'Enseignement et de la Recherche, 1983, n° 6, p. 1027.
114. Drouard (Alain), *op. cit.*, p. 30.
115. Noiriel (Gérard), *op. cit.*, p. 217.
116.*Journal officiel*, décret du 24 octobre 1945.
117. Fayet-Scribe (Sylvie) et Danet (Cyril), *Histoire de la normalisation autour du livre et du document*, université de Caen, Mémoire, 1999.
118.*Journal officiel* du 10 août 1941.
119. Lhoste (Ernest), « La normalisation ». Journée d'études et de propagande du 16 décembre 1942, Paris, Comité national de l'organisation française, Afnor, cité par Fayet-Scribe (Sylvie) et Danet (Cyril).
120. Lapprand (Marc), *V comme Vian*, Presses de l'université de Laval, 2007, p. 21.
121. Vian (Boris), *Vercoquin et le Plancton*, cité par Lapprand (Marc), *ibid.*
122.*Le Temps*, 29 et 30 septembre, 1er et 14 octobre 1940.
123. Maurras (Charles), *La Seule France*, Lardranchet, Paris, 1941, p. 165.
124. Baruch (Marc Olivier), *op. cit.*
125.*Journal officiel* du 22 avril 1941.
126.*Journal officiel* des 12 juin et 31 novembre 1941.
127.*Journal officiel* des 12 et 26 août 1941.
128. Barral (Pierre), « Idéal et pratique du régionalisme dans le régime de Vichy », *Revue française de science politique*, n° 5, 1974, p. 927.
129. Baruch (Marc Olivier), *op. cit.*, p. 5.
130. Legendre (Jean-Pierre), Olivier (Laurent), Schnitzler (Bernadette) (dir.), *L'Archéologie nationale-socialiste dans les pays occupés à l'ouest du Reich*, Infolio Éditions, 2007.
131. Fresnay (Henri), *La Nuit finira*, Robert Laffont, Paris, 1973, p. 112.
132.*Journal officiel*, décret du 16 avril 1943.
133. Bouthillier (Yves), *Le Drame de Vichy*, t. 1, « Face à l'ennemi, Face à l'allié », Plon, Paris, 1950, p. 226.
134.*Paris-Soir*, 13 septembre 1940.
135.*Journal officiel* du 15 janvier 1942, loi du 16 décembre 1941.
136. Le Crom (Jean-Pierre), *op. cit.*, p. 468.
137.*Journal officiel* du 27 septembre 1942, loi n° 892 du 26 septembre 1942.
138. Du Moulin de Labarthète (Henry), *op. cit.*, p. 394.
139.*Paris-Soir*, 1er avril 1944, p. 1.

VI. Pratiques sportives

1.Cité par Gay-Lescot (Jean-Louis), « L'Évolution du discours politique sportif français durant l'Occupation (1940-1944) », *Mots*, décembre 1991, n° 29, p. 23-43.
2.« L'Éducation par la montagne », conférence à l'école libre des Sciences politiques, Paris, 31 mars 1942, *in* Gay-Lescot (Jean-Louis), *Sport et Éducation sous Vichy (1940-1944)*, Lyon, PUL, 1991.
3.*Journal officiel* du 6 août 1943, loi n° 397 du 29 juillet 1943.
4.Travers (Alice), *in* Arnaud (Pierre), *Le Sport et les Français pendant l'Occupation, 1940-1944*, vol. 1, p. 359.
5.*Paris-Soir*, 12 janvier 1943.
6.*Journal officiel*, décret du 26 mars 1941.

7.Giolitto (Pierre), *Histoire de la jeunesse sous Vichy*, Perrin, Paris, 1991, 691 p.
8.Attali (Michaël) et Saint-Martin (Jean) (dir.), *Dictionnaire culturel du sport*, Armand Colin, Paris, 2010, 582 p.
9.*Journal officiel* du 19 février 1948, loi du 18 février, art. 1.
10.Jackson (Julian), *La France sous l'Occupation*, 1940-1944, Flammarion, Paris, 2004, 853 p.
11.*Mémoires du XXe siècle, 1940-1949*, Encyclopédie Bordas, SGED, Paris, 1989, p. 149.
12.Boulet, *Les Montagnes françaises*, p. 97-100, *in* Jackson (Julian), *op. cit.*
13.Ehrlich, *Cinema of Paradox*, New York, 1985, p. 112, *in* Jackson (Julian), *op. cit.*
14.Hoibian (Olivier), « Jeunesse et Montagne, fleuron de la Révolution nationale ou foyer de dissidence ? », *in* Arnaud (Pierre), *Le Sport et les Français pendant l'Occupation*, vol. 1.
15.Rondet (Christian), *Montagne, des terrasses aux arêtes*, Séquana, 1941, p. 7, cité par Mestre (Michel), « La politique de la jeunesse du Club alpin français sous Vichy, comparaison avec le DOAV (Club alpin austro-allemand) », *in* Arnaud (Pierre), *op.cit.*
16.*Bulletin officiel Jeunesse et Montagne*, organe de liaison administrative du commissariat, n° 1, novembre 1941, cité par Hoibian (Olivier), *op. cit.*
17.*Trait d'union*, n° 17, mars 1942, p. 16, *in* Hoibian (Olivier), *op. cit.*
18.Terray (Lionel), *Les Conquérants de l'inutile. Des Alpes à l'Annapurna*, Gallimard, Paris, 1961, 568 p.
19.*Journal officiel*, loi du 18 juillet 1941.
20.Vallet (Odon), « L'alpinisme, techniques et symbolisme de l'ascension », *Médiologie*, p. 253-260.
21.Moralès (Yves), « Le ski français et le renouveau national (1939-1945) », *in* Arnaud (Pierre), *Le Sport et les Français pendant l'Occupation, 1940-1944*, vol. 1, p. 363.
22.Perrin-Pelletier (Georges), « Le ski français. Un idéal – Un programme », *Ski français – Bulletin officiel de la fédération française de ski*, 20 décembre 1940, n° 1, p. 3, *in* Moralès (Yves), *op. cit.*
23.*Journal officiel*, loi du 7 novembre 1940, complétée par l'arrêté du 13 novembre 1941.
24.*Journal officiel* du 19 février 1948, art. 3.
25.Zay (Jean), *Souvenirs et Solitude*, journal du 18 février 1941, Éditions de l'Aube, Paris, 2004, p. 61.
26.Zay (Jean), *ibid.*, journal du 17 janvier 1941, p. 53.
27.Zay (Jean), *ibid.*, journal 19 octobre 1941, p. 135.
28.*La Semaine*, 13 novembre 1941.
29.*La Semaine*, 11 décembre 1941, n° 72, p. 21.
30.Affiche de 1941.
31.Carcopino (Jérôme), *Souvenirs de sept ans (1937-1944)*, Flammarion, Paris, 1953, p. 291.
32.*La Semaine*, 2 octobre 1941, p. 23.
33.*L'Illustration*, 21 mars 1942, p. 202.
34.*L'Illustration*, n° 5182 du 4 juillet 1942.
35.*Ibid.*
36.Code de l'action sociale et des familles, art. L227-1.
37.Site officiel du Gouvernement français.
38.Fassolette (Robert), *La modernité sportive assassinée par décret. La mort du rugby à XIII en 1941*, mémoire de DEA.
39.Villepreux (Olivier), *Larousse du rugby*, Larousse, Paris, 2007, p. 308.
40.Voivenel (Paul), *Mon Beau Rugby*, L'Héraclès, Paris, 1942, p. 225, *in* Fassolette (Robert), *op. cit.*
41.*Journal officiel*, décret du 19 décembre 1941, art. premier.
42.*Ibid.*, art. 2.
43.Conférence donnée à l'École libre des sciences politiques, Paris, janvier 1942, *in* Gay-Lescot (Jean-Louis), *Sport et Éducation sous Vichy (1940-1944)*, PUL, Lyon, 1991.
44.Dime (P.), *French Rugby Football*, Oxford, 2001, *in* Jackson (Julian), *op. cit.*
45.Attali (Michaël) et Saint-Martin (Jean), *L'éducation physique de 1945 à nos jours, les étapes d'une démocratisation*, Armand Colin, Paris, 2009, 272 p.
46.Villepreux (Olivier), *op. cit.*
47.Exposition « Le sport européen à l'épreuve du nazisme », Mémorial de la Shoah, 9 novembre 2011-29 avril 2012. Commissaire général : Caroline François.
48.*Encyclopédie générale des sports et sociétés sportives*, CNS, Ardo, 1946.
49.Gay-Lescot (Jean-Louis), *Sport et Éducation sous Vichy*, PUL, Lyon, 1991, 253 p.
50.Attali (Michaël) et Saint-Martin (Jean) (dir.), *Dictionnaire culturel du sport*, *op. cit.*, 582 p.
51.Hubscher (Ronald), Durry (Jean), Jeu (Bernard), *L'Histoire en mouvement. Le sport dans la société française (XIXe -XXe siècle)*, Armand Colin, Paris, 1992, 559 p.

VII. Santé

1.Molinié (Éric), *L'hôpital public en France, bilan et perspectives*, rapport dactylographié du Conseil économique et social, section des affaires sociales, 2004, p. 15.
2.*Journal officiel* du 31 août 1944.
3.*Journal officiel*, loi du 21 décembre 1941, complétée par un décret du 17 avril 1943.
4.Molinié (Éric), *op. cit.*, p. 20.
5.*Ibid.*, p. 21.
6.*Journal officiel*, loi du 31 octobre 1941.
7.*Journal officiel*, loi du 25 juillet 1942.
8.*Journal officiel* du 8 novembre 1942, rectificatif à la loi du 25 octobre 1942.
9.Guillaume (Pierre), cité par Le Crom (Jean-Pierre), « L'avenir des lois de Vichy », *in* Durand (Bernard), Le Crom (Jean-Pierre) et Somma (Alessandro), *Le Droit sous Vichy*, publication de l'université de Nantes, 2007, p. 476.
10.*Le Monde*. Rapport présenté en avril 2010 par Christian Dellacherie, Paul Frimat et Gilles Leclercq.
11.*Journal officiel* du 20 novembre 1940.
12.*Journal officiel*, loi du 30 novembre 1944.
13.*Journal officiel*, décret du 18 mai 1946.
14.« Origine, naissance et réforme de l'Ordre », *Bulletin de l'Ordre des Pharmaciens*, n° spécial XVIII, mars 1962, Éditions Maisonneuve.
15.*Journal officiel*, loi du 11 septembre 1941, titre III.
16.*Journal officiel*, loi du 24 mars 1941.
17.*Ibid.*, titre IV.
18.Bonnemain (Bruno), « L'industrie pharmaceutique pendant la Seconde Guerre mondiale », *Revue d'Histoire de la pharmacie*, Ministère de l'Enseignement supérieur et de la Recherche, Paris, 2002, n° 336, p. 633 *sqq.*
19.*Journal officiel* du 14 juin 1934. Cette loi détermine les conditions dans lesquelles un praticien est autorisé à procéder à l'expérimentation de ses produits. Elle lie l'essai de traitement à la justification d'un intérêt thérapeutique, nécessaire à l'obtention d'un visa administratif.
20.*Le Canard enchaîné*, 12 octobre 2011, p. 3, à propos du médicament Mediator.
21.Bovet (Daniel), *Une chimie qui guérit, histoire de la découverte des sulfamides*, Payot, Paris, 1989, 322 p.
22.*Ibid.*, *passim.*
23.*Ibid.*, *passim.*
24.*Journal officiel*, décret du 20 août 1941, art. 3.
25.*Journal officiel*, loi du 16 décembre 1942, art. 11.
26.*Journal officiel*, décret du 20 août 1941, art. 13.
27.*Paris-Soir*, 23 décembre 1942.

28.*Journal officiel*, décret du 20 août 1941.
29.*Journal officiel* du 22 janvier 1942.
30.*Journal officiel* du 26 novembre 1940.
31.*Journal officiel*, décret du 18 novembre 1941.
32.Chevassus-au-Louis (Nicolas), *Savants sous l'Occupation. Enquête sur la vie scientifique française entre 1940 et 1944*, Le Seuil, Paris, 2004.
33.Zay (Jean), *Souvenirs et Solitude*, journal du 14 mars 1942, Éditions de l'Aube, Paris, 2004, p. 212.
34.*Paris-Soir*, 4 décembre 1941, p. 1.
35.*Paris-Soir*, 15 janvier 1941, p. 1.
36.*Journal officiel*, décret du 20 août 1941, secrétariat d'État à la Santé et à la Famille.
37.*Paris-Soir*, 15 janvier 1941, p. 1.
38.Carcopino (Jérôme), *Souvenirs de sept ans (1937-1944)*, Flammarion, Paris, 1953, p. 556.
39.*Paris-Soir*, 14 janvier 1941, p. 1.
40.*Ibid.*
41.*Paris-Soir*, 26 septembre 1941, p. 1.
42.*Journal officiel*, loi du 16 décembre 1942, art. 1.
43.*Journal officiel*, loi du 16 décembre 1942, cosignée par Raymond Grasset, secrétaire d'État à la Santé et à la Famille.
44.*Journal officiel*, 16 décembre 1942, art. 7. Loi cosignée par Raymond Grasset, secrétaire d'État à la Santé.
45.*Ibid.*, art. 5.
46.*Ibid.*, art. 7.
47.Mauco (Georges), « La situation démographique de la France de 1939 à 1945 », *Annales de géographie*, Paris, 1945, n° 294, p. 117.
48.*Journal officiel*, loi du 15 janvier 1943, article premier.
49.*Journal officiel*, décret du 9 février 1944.
50.*Journal officiel*, loi du 30 avril 1946.
51.« Chères études en kinésithérapie », *Le Monde*, 24 novembre 2011, p. 15.
52.*Journal officiel*, loi du 20 mars 1944.
53.*Journal officiel*, du 14 juin 1944.
54.*Journal officiel*, arrêté du 16 mars 1944.
55.*Journal officiel*, loi du 30 avril 1946.
56.*La Semaine*, 11 décembre 1941, n° 72, p. 21.
57.Le Boterf (Hervé), *La Vie parisienne sous l'Occupation*, Éditions France-Empire, Paris, 1974, t. 1, p. 26.
58.*Journal officiel*, loi du 15 mai 1942, article premier.
59.*Ibid.*, article premier.

VIII. Équipements et transports

1. *Vobif* du13 mars 1941, p. 202 *sqq.*
2. *Vobif* du 13 mars 1941, art. 15.
3.*Journal officiel* du 18 mars 1941.
4. *Vobif* du 21 mai 1942, pp. 400-406.
5.*Journal officiel*, art. 3.
6.*Journal officiel* du 7 novembre 1942.
7.*Journal officiel* du 23 juillet 1942, art. 3.
8.*Journal officiel*, ordonnance n° 2000-930.
9.*Journal officiel*, loi du 20 novembre 1940.
10.Cottour (Claude), *Une brève histoire de l'aménagement de Paris et de sa région, la planification à l'échelle de la région parisienne*, DREIF, Paris, 2008.
11.*Paris-Soir*, 11 janvier 1944, p. 1.
12.Truille (Jean), *Rapport à la chambre de commerce de Paris*, adopté le 25 novembre 1942.
13.Circulaires du 11 avril 1941.
14.Lettre-circulaire du secrétariat d'État aux Communications, à tous les ingénieurs centraux-Ponts et Chaussées, 9 juillet 1941.
15.Autoroute Sud – Branche Ouest, plan carte dressé le 21 février 1942, service des Ponts et Chaussées.
16.Brunel (S.), *Bulletin SESAM*, n° 7, et Roux (B.), K. V. 33, *in* Bastié (Jean), *La Croissance de la banlieue parisienne*, Presses universitaires de France, 1964, 624 p.
17.*Journal officiel*, décret du 22 juin 1939.
18.*Journal officiel*, loi du 19 avril 1941.
19.*Journal officiel*, loi du 28 août 1941.
20.*Journal officiel*, loi du 15 juin 1943.
21.Couzon (Isabelle), « Espaces savants et divisions administratives dans l'invention et la mise en place de la politique d'aménagement du territoire, thèse de doctorat », EHESS, *in* Cottour (Claude), *op. cit.*
22.Subra (Philippe), « Le Grand Paris, stratégies urbaines et rivalités géopolitiques », *Hérodote*, France, Enjeux territoriaux, n° 135, 4e trimestre 2009.
23.Legendre (Jean-Pierre), Olivier (Laurent), Schnitzler (Bernadette) (dir.), *L'archéologie nationale-socialiste dans les pays occupés à l'ouest du Reich*, Infolio Éditions, 2007, 496 p.
24.*Journal officiel*, loi du 2 août 1961.
25.*Journal officiel*, loi du 10 juillet 1964.
26.*Journal officiel*, loi du 26 juin 1941, mise en vigueur au 1er janvier 1942.
27.Morpain (Claude), *La coordination des transports en commun dans la région parisienne*, 1941, 244 p.
28.Robert (Jean), *Notre métro*, 2e édition, 1983, 511 p., chez l'auteur.
29.*Journal officiel* du 26 mars 1948, loi du 21 mars, art. 2.
30.Décision ministérielle du 18 novembre 1940.
31.*Journal officiel*, loi du 27 décembre 1942.
32.Cottour (Claude), *op. cit.*
33.*Journal officiel*, loi du 11 octobre 1940.
34.*Journal officiel*, loi du 28 août 1941.
35.Leveau-Fernandez (Madeleine), *La Zone et les Fortifs*, Le Temps des cerises, Paris, 2005, 172 p.
36.Mestais (René), « L'Inspecteur général, chef des services techniques de topographie et d'urbanisme », *Projet d'aménagement de la ville de Paris. La voirie parisienne*, dactylographié, 1943, *in* Cohen (Jean-Louis), *op. cit.*
37.Sous-commission chargée de l'étude de l'avant-projet d'aménagement de la ville de Paris, procès-verbal de la séance du 22 décembre 1952, pp. 3-4, *in* Cohen (Jean-Louis), *op. cit.*
38.Leveau-Fernandez (Madeleine), *op. cit.*
39.*L'Illustration*, 29 janvier-5 février 1944, hors texte inséré p. 38.
40.*Ibid.*
41.*Journal officiel*, loi du 2 février 1941.
42.*Journal officiel* du 10 octobre 1941.
43.Le Crom, (Jean-Pierre), « L'avenir des lois de Vichy », *in* Durand (Bernard), Le Crom (Jean-Pierre) et Somma (Alessandro), *Le Droit sous Vichy*, publication de l'université de Nantes, 2007, p. 471.
44.*Ibid.*, p. 15.
45.Couzon (Isabelle), *art. cit.*
46.Du Moulin de Labarthète (Henry), *Le Temps des illusions, juillet 1940-avril 1942*, À l'enseigne du Cheval ailé, Genève, 1946, p. 249.

Bibliographie

I. Annuaires et presse

XXe siècle, Qui était qui ?, Who's who in France, dictionnaire biographique, 2e édition, Éditions Jacques Laffitte, Paris, 1993.

A selected Who's who in Vichy, 1944.

Das Reich, Berlin, 26/05/1940-29/12/1940, 5/01/1941-16/02/1941. Microfilms consultés au Zentrum für Antisemitismusforschung, Technische Universität, Berlin, Réf. 3XW85.

Je suis partout, « L'hebdo qui monte », 6/01/1939-7/06/1940, 7/02/1941-30/06/1941.

Journal officiel de l'État français, juin 1940-août 1944, Bibliothèque nationale de France, microfiche M-35133 [01/06/1940 (N138)-30/06/1940 (N161)] à microfiche M-35133 [31/07/1944 (N183)-25/08/1944 (N204)].

Gringoire. Le grand hebdomadaire politique, parisien, littéraire, 7/07/1941-25/06/1943, microfilms consultés au Zentrum für Antisemitismusforschung, Technische Universität, Berlin, Réf. 3XW211/6.

La Semaine, hebdomadaire, 1940-1944.

Le Matin, juin 1940-août 1944, Bibliothèque nationale de France.

Le Temps, 29, 30 septembre et 1er octobre 1941, publiés en zone Sud.

L'Illustration, hebdomadaire, 1940-1944.

Paris-Soir, juin 1940-août 1944, Bibliothèque nationale de France, L 1.15 – MFM, MICR. D-67, juin 1940-août 1944.

Vobif (*Verordnungsblatt des Militärbefehlshabers in Frankreich*), juillet 1940-août 1944, Bibliothèque nationale de France, L. 1.15-MFM, microfilm M-608, juillet 1940-août 1944.

Völkischer Beobachter, Norddeutsche Ausgabe, 1939-27-11-31.12, 1940 1.1-4.5. *sqq*, Zentrum für Antisemitismusforschung, Technische Universität, Berlin, Réf. n° 28.

II. Souvenirs, mémoires et témoignages

BARTHÉLEMY (Joseph), *Ministre de la Justice, Vichy 1941-1943*, Pygmalion, Paris, 1989.

BOUTHILLIER (Yves), *Le Drame de Vichy*, 2 tomes, Plon, Paris, 1950 et 1951.

CARCOPINO (Jérôme), *Souvenirs de sept ans (1937-1944)*, Paris, Flammarion, 1953.

COCTEAU (Jean), *Journal*, Paris, Gallimard, 1989.

DU MOULIN DE LABARTHÈTE (Henry), *Le Temps des illusions. Juillet 1940-avril 1942*, À l'enseigne du Cheval ailé, Genève, 1946.

DUSSURGET (Gabriel), *Mémoires intimes*, Actes Sud, Paris, 2011.

HAUTECŒUR (Louis), *Les Beaux-Arts en France*, Picard, Paris, 1948.

JAMMET (Pierre), *Du Bristol au Pavillon Henri-IV*, Fragments international, Paris, 2010.

LAMBLIN (Bianca), *Mémoires d'une jeune fille dérangée*, Balland, Paris, 1993.

SACHS (Maurice), *Le Sabbat*, Gallimard, Paris, 1942.

ZAY (Jean), *Souvenirs et Solitude, 1945*, Belin, Paris, 2011.

III. Études

AUBOUIN (Michel), TEYSSIER (Arnaud), TULARD (Jean), *Histoire et dictionnaire de la police*, Robert Laffont, Paris, 2005. Voir en particulier BERLIÈRE (Jean-Marc), « La police sous la IIIe République. La difficile construction », chap. XI, p. 353 *sqq*.

AZÉMA (Jean-Pierre), *1940 : l'année noire*, Fayard, Paris, 2010.

AZÉMA (Jean-Pierre), LÉVY-BRUHL (Raymond),

BARBIN (Pierre), *La Cinémathèque française, inventaires et légendes*, Vuibert, Paris, 2005.

BARUCH (Marc Olivier), *Servir l'État français. L'administration en France de 1940 à 1944*, Fayard, Paris, 1997. Préface de J.-P. Azéma.

BOVET (Daniel), *Une chimie qui guérit. Histoire de la découverte des sulfamides*, Payot, Paris, 1989, 322 p.

BURRIN (Philippe), *La France à l'heure allemande, 1940-1944*, Le Seuil, Paris, 1995.

CHABOT (Georges), « La genèse de l'agrégation de géographie », *Annales de géographie*, t. 85, n° 469, mai-juin 1976, p. 333-340.

CHARTIER (Roger) et MARTIN (Henri-Jean), *Histoire de l'édition française*, t. IV, Fayard-Cercle de la Librairie, Paris, 1986.

CHEVASSUS-AU-LOUIS (Nicolas), *Savants sous l'Occupation*, Le Seuil, Paris, 2004.

CHIMÈNES (Myriam) (dir.), *La vie musicale sous Vichy*, Complexe, Paris, 2001.

CLAVAL (Paul), *Histoire de la géographie française de 1870 à nos jours*, Nathan, Paris, 1998, 543 p.

COATES (Clive), *Côte d'Or : A celebration of the great wines of Burgundy*, Weidenfeld and Nicolson, Londres, 1997.

COINTET (Jean-Paul), *Pierre Laval*, Fayard, Paris, 1993, 586 p.

CORBIN (Alain) et CSERGO (Julia), *L'avènement des loisirs*, Aubier, Paris, 1998.

CORCY (Stéphanie), *La vie culturelle sous l'Occupation*, Perrin, Paris, 2005.

CORCY-DEBRAY (Stéphanie), *Jérôme Carcopino, un historien à Vichy*, L'Harmattan, Paris, 2001.

COTILLON (Jérôme), *Ce qu'il reste de Vichy*, Armand Colin, Paris, 2003.

DE ROCHEBRUNE (Renaud), HAZERA (Jean-Claude), *Les patrons sous l'Occupation*, Odile Jacob, Paris, 1995, 874 p.

DEGOS (Jean-Guy), « Les années sombres de l'Ordre national des experts-comptables : quelques textes oubliés », *Cahiers électroniques du CRECCI* (Centre de recherche en contrôle et comptabilité internationale), Institut d'administration des entreprises, université de Bordeaux-IV, n° 11, 2005.

DREYFUS (François-Georges), *Histoire de Vichy*, De Fallois, Paris, 2004.

DROST (Wolfgang) et al., *Paris unter deutscher Besatzung* [*Paris sous l'Occupation*], Universitätsverlag C. Winter, Heidelberg, 1995.

DURAND (Bernard), LE CROM (Jean-Pierre) et SOMMA (Alessandro), *Le Droit sous Vichy*, publication de l'université de Nantes, 2007.

FILHOL (Dominique) et CHATELET (Alain), *Historique des AOC et pratiques œnologiques*, DGCCRF, Bureau des Boissons.

GADREY (Jean), *Hôtellerie et restauration : héberger et restaurer l'emploi*, La Documentation française, Paris, 2002.

GAY-LESCOT (Jean-Louis), *Sport et éducation sous Vichy, 1940-1944*, Presses universitaires de Lyon, 1991.

HALIOUA (Bruno), *Blouses blanches, étoiles jaunes. L'exclusion des médecins juifs en France sous l'Occupation*, Liana Lévi, Paris, 2009.

JOLY (Laurent), *Vichy dans la « solution finale » : histoire du commissariat général aux Questions juives (1941-1944)*, Grasset, Paris, 2006.

KLADSTRUP (Don et Petie), *La Guerre et le Vin*, traduction et adaptation de Vincent Noce, Perrin, Paris, 2002.

LE BOTERF (Hervé), *La vie parisienne sous l'Occupation*, France-Empire, Paris, 1974.

LE CROM (Jean-Pierre), « L'avenir des lois de Vichy », *in*

MÉRIOT (Sylvie-Anne), « Le cas de la restauration collective en France et aux États-Unis », *in* MOLINIÉ (Éric), *L'hôpital public en France, bilan et perspectives*, rapport dactylographié du Conseil économique et social, section des affaires sociales, 2005.

NOIRIEL (Gérard), *Les origines républicaines de Vichy*, Hachette Littératures, Paris, 1999.

PAXTON (Robert Owen), *La France de Vichy (1940-1944)*, Paris, Le Seuil, 1973.

PIAZZA (Pierre), *Histoire de la carte nationale d'identité*, Odile Jacob, Paris, 2004.

PICARD (Jean-François), « Aux origines de l'Inserm, André Chevallier et l'Institut national d'hygiène », *Sciences sociales et santé*, vol. 21, 1er mars 2003.

PONTAUT (Jean-Marie) et PELLETIER (Éric), *Chronique d'une France occupée, 1940-1945. Les rapports confidentiels de la gendarmerie*, Michel Lafon, Paris, 2008.

REBOUL (Jean-Pierre), « La genèse de la loi Carcopino ». Colloque « La fabrique de l'archéologie en France », 15 février 2008.

ROUSSO (Henry), *Le syndrome de Vichy, de 1944 à nos jours*, Le Seuil, Paris, 1987.

ROUSSO (Henry), CONAN (Éric), *Vichy, un passé qui ne passe pas*, Fayard, Paris, 1994.

SINGER (Claude), *Vichy, l'université et les Juifs*, Les Belles Lettres, Paris, 2002.

TALBOT RICE (E.) et HARDING (M.), *Butterflies and bayonets : the soldier as collector*, National Army Museum, Royal Hospital Rd- Chelsea, Londres, 1989, 40 p.

TOUCHELAY (Béatrice), *Mission d'analyse historique sur le système de statistique français de 1940 à 1945*, INSEE, 1998 (dact.).

VEILLON (Dominique), *La mode sous l'Occupation*, Payot, Paris, 1990.

VIGREUX (Jean), *La vigne du maréchal Pétain ou un faire-valoir bourguignon de la Révolution nationale*, Éditions universitaires de Dijon, Dijon, 2005.

VIRGILI (Fabrice), *Naître ennemi. Les enfants de couples franco-allemands nés pendant la Seconde Guerre mondiale*, Payot, Paris, 2009.

Table des matières

V. Métiers **138**

VI. Pratiques sportives **180**

VII. Santé **196**

Remerciements

Je souhaite tout d'abord remercier :
Michel Giraud pour son aide et ses lumières, particulièrement concernant les thématiques traitées aux pages 74, 170, 182, 185, 190, 193, 225, 227, 230 et 233 ;
Anne-Sophie Dreyfus pour son constant soutien dans l'organisation de ce projet ;
Anne-Marie Pathé pour avoir ouvert grand la bibliothèque de l'IHTP et permis l'accès à des archives inexploitées ; Sylvie Carriat pour sa relecture attentive et Natalie Levisalles.

Ainsi que :
MM. Dominique Chaillouet, Thomas Degré, Rémy Dubost, le Dr François Gros, le Dr Bruno Halioua, Jean-Pierre Lebrun, Denis Wolff et Mme Suzy Mouchet pour leurs lumières ponctuelles et bien sûr le Centre national du livre qui m'a permis de mener à bien ce travail.

Crédits photographiques

ADAGP : André Galland, « La récolte de colza », 1941 © ADAGP, Paris, 2012 : 70 ; Bernard Villemot, « Jeunes gens, jeunes filles, pratiquez le hand-ball. Vitesse, résistance, adresse », 1941-1943 © ADAGP, Paris, 2012 : 195.

Bibliothèque de l'Institut d'histoire du temps présent : 17 ; 18 ; 26 ; 29 ; 32 ; 34 ; 35 ; 70 ; 72 ; 75 ; 77 ; 78 ; 88 ; 97 ; 102 ; 107 ; 109 ; 112 ; 115 ; 119 ; 131 ; 136 ; 157 ; 164 ; 175 ; 177 ; 178 ; 183 ; 188 ; 194 ; 199 ; 202 ; 203 ; 204 ; 213 ; 215.

Bundesarchiv Koblenz : BArch, Bild 146-1978-053-34/Hermann : 82.

Kestone-France : © Keystone-France . 57 , © JM Steinlein/Keystone-France . 61 , © Keystone-France : 94 ; © Patrick Horvais/Keystone-France : 105 ; © JM Steinlein/Keystone-France : 159 ; © Keystone-France : 167.

Roger-Viollet : © Laure Albin Guillot/Roger-Viollet : 14 ; © André Zucca/BHVP/Roger-Viollet : 23 ; © Roger-Viollet : 33 ; © LAPI/Roger-Viollet : 37 ; © André Zucca/BHVP/Roger-Viollet : 42 ; © LAPI/Roger-Viollet : 45 ; © Roger Schall/Musée Carnavalet/Roger-Viollet : 48 ; © André Zucca/BHVP/Roger-Viollet : 54 ; © LAPI/Roger-Viollet : 124 ; © LAPI/Roger-Viollet : 134 ; © Musée Carnavalet/Roger-Viollet : 138 ; © Albert Harlingue/Roger-Viollet : 141 ; © Roger-Viollet : 162 ; © LAPI/Roger-Viollet : 191 ; © Bibliothèque Forney/Roger-Viollet : 195 ; © LAPI/Roger-Viollet : 196 ; © LAPI/Roger-Viollet : 207 ; © André Zucca/BHVP/Roger-Viollet : 219 ; © LAPI/Roger-Viollet : 220 ; © LAPI/Roger-Viollet : 223 ; © LAPI/Roger-Viollet : 229 ; © LAPI/Roger-Viollet : 231.

Rue des archives : © Süddeutsche Zeitung/Rue des archives : 149.

Mairie de Paris/DU/SDAF/Service de la Topographie et de la Documentation Foncière : 234 ; 237.

Fonds privés : 20 ; 51 ; 58 ; 65 ; 67 ; 85 ; 91 ; 135 ; coll. B. Fousse : 172 ; 180.

Malgré toutes nos recherches, il ne nous a pas été possible de retrouver les auteurs ou ayants droits de certains documents. Leurs droits leur sont bien entendu réservés aux éditions Armand Colin.

Armand Colin Editeur
21, rue du Montparnasse - 75006 Paris
11021696/03 - (III) - (2) - MUNK° - CCO
Dépôt légal: Novembre 2012